Die Deutsche Bibliothek –
CIP-Einheitsaufnahme
Naturoase Wildgarten: Überlebensraum
für unsere Pflanzen und Tiere;
Planung, Praxis, Pflege / Reinhard Witt.
Mit Ill. von Heidi Janicek. –
München; Wien; Zürich: BLV, 1992
  ISBN 3-405-14254-7
NE: Witt, Reinhard; Janiček, Heidi

BLV Verlagsgesellschaft mbH,
München Wien Zürich
8000 München 40

Das Werk einschließlich aller seiner Teile
ist urheberrechtlich geschützt. Jede Verwertung außerhalb der engen Grenzen
des Urheberrechtsgesetzes ist ohne
Zustimmung des Verlags unzulässig und
strafbar. Das gilt insbesondere für
Vervielfältigungen, Übersetzungen,
Mikroverfilmungen und die Einspeicherung und Verarbeitung in
elektronischen Systemen.
© 1992 BLV Verlagsgesellschaft mbH,
München
Lektorat: Barbara Kiesewetter
Herstellung: Hermann Maxant
Satz: Filmsatz Schröter GmbH, München
Druck und Bindung:
Neue Stalling GmbH, Oldenburg

Printed in Germany · ISBN 3-405-14254-7

Bildnachweis

Alle Fotos vom Autor außer
Angermeyer: 28 l, 28/29, 30, 31 o, 32 l, 32 o
Limbrunner: 19 l, 31 u
Meier: 27 u
Pforr: 22 l, 22 r, 26, 33, 55, 57, 65, 85 r, 87 r,
  111, 115 l, 145 l
Pott: 1, 15 r, 119, 127 r, 145 r
Reinhard: 12/13, 16/17, 39, 50, 69 o, 89, 90,
  91, 97, 101 u, 113, 114, 115 r, 131, 135, 136,
  137, 143 l, 143 r, 147
Sammer: 56, 62, 75, 79 o, 82, 138/139,
  146/147
Stein: 2/3, 8/9, 72, 74 l, 74 r, 84/85, 114/15
O. Willner: 128 r, 128/129, 152
W. Willner: 5, 13, 18, 28 r, 59, 60, 64, 92,
  138/139, 144

Titelfotos vorne: Reinhard, Handel
         hinten: Reinhard Witt
Grafik: Heidi Janiček, Bernried
Pläne und Entwürfe:
Seite 44/45 Heidi Janiček
Umschlaggestaltung:
Studio Schübel, München
Layout: Anton Walter, Gundelfingen

Vorwort

»In der Enge unseres heimatlichen Gartens kann es mehr Verborgenes geben als hinter der Chinesischen Mauer«
ANTOINE DE SAINT-EXUPÉRY

Naturschutz beginnt im Wildgarten

Vor einigen Jahren geriet ein Mitglied des deutschen Bundestages mit einer nicht ganz alltäglichen Angelegenheit landesweit in die Schlagzeilen: Der Abgeordnete war dadurch auffällig geworden, daß er die Ordnung verletzt hatte: die Gartenordnung. Er hatte mit Fleiß und Kreativität einen Wildgarten geschaffen.

Die Zeiten, daß ein Wildgärtner in die Presse und vielleicht sogar vor Gericht käme, sind vorbei. Inzwischen hat sich das Gartenbild der Deutschen gewandelt. Die Menschen spüren den alltäglichen Verlust von naturnahen Lebensräumen und den damit einhergehenden Rückzug von Fauna und Flora. In dem Maße aber, in dem das Naturbewußtsein steigt, fallen die althergebrachten Ordnungsvorstellungen. Der klinisch reine, steril gepflegte Garten ist tot. Es lebe der Wildgarten.

Was uns hierdurch natürlich zuwachsen könnte, ist aus Naturschutzperspektive bemerkenswert. Schon von der reinen Flächenbilanz her: Die 17 Millionen Gärten in Deutschland nehmen 6800 Quadratkilometer ein, rund 1,9 Prozent der Landesfläche. Unser privates Gartengrün (die städtischen Grünanlagen und Parks nicht eingerechnet) übersteigt also die derzeit ausgewiesene Gesamtgröße aller Naturschutzgebiete. Auch das Artenspektrum von naturnahen Gärten lohnt der näheren Betrachtung: Im Wildgarten können sage und schreibe 2500 Tier- und mindestens 1000 Pflanzenarten vorkommen, eine unglaubliche Artenfülle. Damit eröffnet sich dem Naturschutz vor der Haustür eine Jahrhundertchance. Voraussetzung wäre freilich, daß die Gärten im Sinne der *Naturoase Wildgarten* naturnah genutzt werden.

Anregungen dazu enthält das Buch in Hülle und Fülle. Es stellt – unter Berücksichtigung des Artenschutzes – die verschiedenen Lebensräume in Wildgärten vor und listet Praxisvorschläge zur Umfeldverbesserung auf. Besonders wertvoll wird der Band für umstellungswillige Ziergartenbesitzer, die den Mut zu Neuem bereits besitzen, denen aber das Handwerkszeug und Detailkenntnis noch fehlen.

Naturschutz braucht Partner. Der *Naturschutzbund Deutschland* und *Landesbund für Vogelschutz in Bayern* haben das Rotkehlchen zum *Vogel des Jahres 1992* gewählt. Dieses Wildgartenbuch ist dem hübschen Sänger sozusagen »auf den Leib geschrieben«. Wo, wenn nicht in naturnahen Gärten, soll er im Siedlungsbereich seinen Stammplatz finden? Der Unterholzbewohner profitiert dabei freilich nicht nur von den heimischen Sträucherhecken, sondern von sämtlichen Wildgarten-Lebensräumen: Naturteich, Trockenflächen und Blumenwiesen versorgen ihn und seinen Nachwuchs mit genügend Futternachschub. Dies als Beleg dafür, daß sich Artenschutz, nicht allein für Sing-

Die Natur als Vorbild für Wildgärtner. Sie liefert Gestaltungsideen, Beispiele auch für Zuhause. Wer sich an ihre Anschauungspraxis hält, profitiert von einem Jahrmillionen alten Erfahrungsschatz. Natürlich wird unser Garten deswegen nicht gleich zum Klatschmohnfeld mit jener dekorativen Eselsdistel im Vordergrund. Aber ein Ackerstandort, diese Pflanzenkombination beispielsweise, die stände doch auch Wildgärten gut zu Gesicht.

vögel, nur durch ökologische Vernetzung erzielen läßt. Im Wildgarten gelingt das auf ideale Weise. Mit seiner Vielzahl an Biotopen schafft er ein ökologisch intaktes Netzwerk. Vielfalt der Kleinstrukturen heißt das Zauberwort für den Artenschutz vor der Haustür.

Ich möchte der *Naturoase Wildgarten* eine weite Verbreitung wünschen: als Überlebensraum für Tier, Pflanze und Mensch.

Klaus Dürkop

Präsident des Naturschutzbundes Deutschland

Inhalt

Ein Wildgarten für jeden — 9
Was ein Wildgarten ist 10
Vorbild Natur 12
Heimisch oder exotisch? 14

Wildtiere im Wildgarten — 17
Artenschutz vor der Haustür 18
Wildtiere im Wildgarten 20
Insekten – heimliches Leben in heimischen Hecken 22
Noahs Blumenarche 24
Futter für die Raupen 25
Ein Reich für den Froschkönig – Lurche und Kriechtiere 26
Auch Vögel brauchen Vielfalt 28
Von wilden Beeren und Vogelscharen 30
Gute Nachbarschaft mit Säugetieren 32

Von der Planung bis zur Praxis — 35
Aller Anfang ist schwer 36
Gartentraum oder Traumgarten 38
Nichts ist unmöglich – Größe und Lage des Gartens 40
Kosten und Pflege 42
Wie man einen Garten neu anlegt 44
Wie man einen Garten umgestaltet 46

Beispiele helfen planen — 49
Den »roten Faden« finden 50

Wiesengarten — 53
Der Standort bringt's 54
Vom Rasen zur Blumenwiese 56
Einsaat einer Blumenwiese 58
Magerrasen und Trockenwiese 60
Viele Möglichkeiten: Blumenrasen, Feucht- und Fettwiese 62
Schnitt muß sein 64

Wildstaudengarten — 67
Platz für Vertriebene 68
Pionierstandorte 70
Das Wildblumenbeet – ein Blütenrausch 72
Wildstauden brauchen Pflege 74

Wassergarten — 77
Die Phantasie plant mit 78
Die Qual der Wahl: Welches Material eignet sich? 80
Natürliche Materialien für die Abdichtung 82
Faszination Feuchtgebiet: Sumpfbeet und Miniteich 84
Der Sumpfgraben – eine Kläranlage Marke Natur 86
Ein Wassergraben schafft Vielfalt 88
Der Bachlauf – ökologisch ein Gewinn? 90
Gewußt wie – den Wassergarten richtig pflegen 92

Wildsträuchergarten — 117

Ein Wildstrauch tut's auch   118
Hecken für alle Fälle   120
Schneiden und Pflegen   122

Baum- und Waldgarten — 125

Spielereien mit Licht und Schatten   126
Blumenteppiche unter Bäumen   128
Nichtstun erlaubt   130

Kletterpflanzengarten — 133

Mut zu grünen Wänden   134
Schlinger, Ranker und Kletterer   136
Obhut zahlt sich aus   138

Dachgarten — 141

Geschenk an den Himmel   142
Das Revier von Mauerpfeffer und Zwergmandel   144
Extensiv bedeutet wenig Pflege   146

Stein und Felsengarten — 95

Schlicht und schön   96
Wie ein Steingarten entsteht   98
Trockenmauern   100
Plätze und Wege   102
Natürlich treppauf und treppab   104
Pflege mit Hacke und Händen   106

Heidegarten — 109

Wo paßt ein Heidegarten hin?   110
Welche Heidetypen gibt es?   112
Bitte nicht betreten!   114

Der ideale Wildgarten — 149

Die Planung eines idealen Gartens   150

Wildpflanzen — eine Auswahl für alle Ansprüche — 153

Literatur   165
Adressen   166
Register   167

Ein Wildgarten für jeden

Viele Gartenbesitzer träumen von einem Stück paradiesisch anmutender Natur im Garten. Doch daran, daß dieser Traum gar nicht so schwer zu verwirklichen ist, denken wenige. Mit einem Wildgarten zum Beispiel geht es ganz leicht.
Einen Wildgarten anzulegen ist ein fast schon »schöpferisches« Vorhaben und eine Aufgabe mit Verantwortung. Denn ein Wildgarten entsteht Stück für Stück im Einklang mit der Natur: Dort finden Tiere und Pflanzen wieder einen »Überlebensraum«, der ihnen anderswo längst streitig gemacht worden ist. Im Wildgarten können einheimische Pflanzen wieder ungestört wachsen, finden Insekten Nektar und Vögel Nahrung und Nistplätze. Und der Mensch hat die Chance, ein Stück Natur zu erleben und zu genießen.

Paradiesische Wildnis im Garten – eine Heimat für Pflanzen und Tiere.

Wildgarten

Was ein Wildgarten ist

Ein jeder Gartenbesitzer übernimmt in gewisser Hinsicht Verantwortung für die Natur. Indem er seinen Garten plant, ihn anlegt, bestimmte Pflanzen darauf wachsen läßt, bestimmt er den Charakter des Gartens. Er übt dadurch einen nachhaltigen Einfluß auf die Tierwelt innerhalb der Gartengrenzen aus.

Ein Stückchen Gartengrün kann so zum alltäglichen Paradies auf Erden heranwachsen. Der Garten Eden für die Natur. Ein Ort, an dem die Große Waldschwebfliege mit Steinhummeln um die Wette summt. Einer, an dem einem Grasfroschgequake vertraut vorkommt. Einer für Heupferde, für Blattschneiderbienen, Raubfliegen, Spitzmäuse und Rotkehlchen. Und, nicht zu vergessen, ein Ort für Menschen. Vielleicht besonders einer für Kinder und Eltern, die jung genug geblieben sind zum entdeckenden Staunen, zum Wertschätzen und Werte schützen.

Macht der menschliche Gärtner es hingegen schlecht, herrscht Eintönigkeit vor, Immergrün überall und Friedhofsruhe rundherum. Statt elementarer Vielfalt erleben wir künstliche Einfalt. Statt Leben zu lassen, lassen wir sterben. Statt natürlicher Ordnung wird systematisch Unordnung erzeugt. Diese Gärten müssen eine Wüste sein für Tiere, Plätze der Artenarmut, der Leblosigkeit, der Unzufriedenheit auch. Es sind Orte, an denen der Mensch nicht im Einklang steht mit der Natur, Plätze des Unfriedens. Nur ab und zu flieht eine Amsel mit lautem Gezeter in die nächste Thujahecke, während zufällige Schmetterlingsbesucher so schnell wie möglich über die kurzgeschorene Rasenmatte flattern. An der Stelle von Rhododendron, Serbischer Fichte und anderen immergrünen Exoten könnten genausogut Plastikgewächse stehen. Sie haben einen vergleichbaren Ökowert; er geht gegen Null. Die Besitzer solcher Anti-Natur-Gärten haben nicht Lebensmöglichkeiten geschaffen, sondern verhindert.

Zugegeben, so manches Leben, so manches Naturerlebnis läßt sich auch im normalen Ziergarten sehen oder erfahren. Und dennoch unterscheidet sich der Durchschnittsgarten sehr wesentlich von der Art Wildgärten, wie wir sie hier verstehen. Im Grunde könnte man die vielfachen Differenzen alle von einer einzigen Regel ableiten, die da heißt: Gärtnern Hand in Hand mit Mutter Natur. Das, die weitgehende Orientierung am Vorbild Natur, hebt einen Wildgarten aus der Masse heraus.

Dabei dürfen wir den Begriff »wild« nicht mißverstehen: Wildgärten haben nichts mit Wildnis, mit Natur pur zu tun; sie sind niemals als Abbild natürlicher Verwilderung geplant. Wenn überhaupt, finden sich höchstens Gemeinsamkeiten mit einer kontrollierten Wildnis, mit bewußten und von Zeit zu Zeit nötigen Eingriffen in natürliche Abläufe. Deshalb auch keine Angst vor fürchterlichem Wildwuchs. Die meisten Grundstücke sind ohnehin viel zu klein, als daß dies noch unbegrenzt möglich wäre.

Nein, jeder Wildgarten wird immer ein künstlicher, durch Menschenkraft gezielt gestalteter Lebensraum sein müssen. Hier soll die Natur nur begrenzt Zutritt haben: Wege dürfen nicht zuwachsen, Wiesen sich nicht in Wald wandeln oder Wildblumenbeete nicht unter Unkrautwuchs ersticken. Gegebenenfalls müssen Hecken geschnitten

Einführung

werden, aus dem Naturteich wären Algen und Laub zu entfernen... Pflegerische Eingriffe, ja sogar ein überlegt planender Kopf und die helfende Hand sind im Wildgarten unabkömmlich. Schon deswegen wird der Wildgarten nie nur Natur sein. Er kann, und daran wollen wir uns annähern, aber ein <u>naturnaher Garten</u> sein. Doch wie weit diese Annäherung geht, wie weit wir uns

Wildwuchs bedeutet nicht automatisch Wildnis. Die Lebensräume im Wildgarten bedürfen menschlicher Obhut. Pflegerische Eingriffe müssen sein. Fazit: Der Wildgarten ist höchstens ein naturnaher Garten. Kiesplatz am Teichrand mit Rainfarn (rechts). Auch im Winter bietet der Wildgarten einen schönen Anblick (unten).

auf die Natur im Gartengrün in Form eines Wildgartens einlassen, das liegt ganz an uns. Wichtig nur ist, sich »ein Herz zu fassen«, wie der Volksmund bildlich umschreibt. Denn sogar in heutiger Zeit gehört teilweise noch eine gehörige Portion Mut und Zivilcourage zum Rüstzeug eines Wildgarten-Besitzers. Sein Hang zur Natur wird nicht von allen gleichermaßen getragen, zumal, wenn links und rechts der Gartenzäune von Ordnungssucht geplagte Zeitgenossen herrschen.

Lassen wir uns hierdurch jedoch nicht irritieren. Mit dem Wildgarten sind wir zeitlos über jegliche Modeströmung und Gartencenter-Neuheit erhaben. Der Wildgarten ist keine Saisonware und auch kein kurzlebiges Konsumvergnügen. Er ist, nicht mehr, aber auch nicht weniger, eine Lebens-Einstellung. Im Wildgarten sagen wir ja zum Leben. Und eben, weil wir uns am Vorbild Natur orientieren, ist dieses eines der wenigen Beispiele, für das wir mit Fug und Recht behaupten, daß es nicht falsch sein kann. Kein geringerer als die natürliche Evolution, die Erzeugerin allen Lebens, lieferte uns das Rohmaterial, die Zutaten gleichsam, für den Wildgarten. Wir statten ihn mit einem Jahrmillionen alten Inventar aus, mit der Flora und Fauna unserer, der heimischen Natur. Es ist das wohl gewichtigste Argument, mit dem wir überzeugen können. Schon allein deswegen muß die Ökobilanz der Wildgärten positiv ausfallen.

Wildgarten

Vorbild Natur

Die unterschiedlichsten Motive machen Menschen zu Liebhabern eines Wildgartens. Sie sind sowohl ideller Art wie auch handfest-praktisch orientiert. Mit am wichtigsten dürfte für viele das Naturerlebnis sein. Jedes Stück Wildgarten bietet alltäglich Naturerfahrung. Dabei steht nicht nur die konkrete Begegnung mit der Flora und Fauna im Vordergrund – mit Nachtkerzen und Wasserschwertlilie, mit Schmetterlingen und Bienen –, sondern genauso die Möglichkeit, natürliche Entwicklungsprozesse und Abläufe verfolgen zu können. Der Wildgarten in diesem Sinne ist der Ort der vier Jahreszeiten, der natürlichen, unentwegten Veränderungen, des Werdens, Wachsens und Vergehens.

Von besonderer Bedeutung wird ein Wildgarten deswegen als Station für eine ökologisch anschauliche Umwelterziehung. Speziell für Kinder und Jugendliche zahlt sich diese Investition vielfach aus. Nur die Dinge, die sie auf natürliche Weise erfahren und begreifen durften, werden sie auch als Erwachsene schützen und bewahren wollen. Ein Frosch will einmal in die Hand genommen worden sein, die Wasserminze errochen, das samtene Blatt vom Wolligen Schneeball gestreichelt. Die Kinderzeit im Wildgarten verzinst sich auf mentaler Ebene tausendfach bis ins Erwachsenenalter.

Jeder Wildgarten erlaubt wunderschöne Augenblicke (links) und wundervolle Erlebnisse (oben). Das Abenteuer Natur findet dabei gratis statt.

Nicht weniger bedeutsam ist die Ästhetik, die das naturnahe Gartengrün uns bietet. Es kann – perfekt geplant und professionell angelegt – zum Feuerwerk von Farben und Formen werden. Was sich da im Jahreslauf vor unseren Augen abspielt, ist eine wahrlich alle Sinne reizende Komposition höchster Gartenkunst. Doch wird dies gewiß nur die eine Seite sein, denn Natur ist nicht nutzlos schön, ihre Optik hat immer Funktion. Die »Scheinblüten« des Gemeinen Schneeballs sind nicht nur anmutiger Selbstzweck, sondern sollen – anders als Züchtungen – tatsächlich Insekten anlocken. Vielfach wird die Wildgartennatur sich auch weniger griffig präsentieren, weniger schnell zu-

Erlebnis Natur

bemüht. Es kann ein kleiner, ein eigener und immer doch nur bescheidener Beitrag sein, die negativen Folgen menschlichen Tuns einzuschränken.
Womit wir unmittelbar beim Stichwort Naturschutz wären. Gewiß, der Wildgarten kann nicht globale Umweltfrevel wettmachen, er eignet sich auch nicht als Rückzugsort für weltferne Träumereien. Doch davon abgesehen findet durch ihn wirklich Naturschutz statt: Naturschutz vor der Haustür! Indem er anders als genormte Vorzeigegärten heimischen Pflanzen und Tieren Überlebensraum bietet, schafft er eine Freizeitalternative, die aus sich heraus lebt.
Und – nicht zuletzt – sollten wir die Kosten nicht vergessen, auch sie sind ein Argument für den Wildgarten. Es ist logisch, daß heimische Pflanzen und heimische Materialien in der Regel nicht so teuer geraten wie exotische Ware. Ein Wildstrauch kostet im Durchschnitt nur ein Fünftel eines Rhododendrons und Lärchenholz aus dem Bergwald kommt billiger als Teak oder Mahagoni vom Regenwald. Und weil im Wildgarten vieles von alleine wächst und weniger eingeht, sparen wir zusätzlich Geld.
Was die gesparte Zeit angeht, so macht der Umgang mit der Natur einfach weniger Arbeit, als wenn man mit Gewalt dagegen arbeitet. Im Naturgarten wird wenig, möglichst wenig gepflegt. Der Natur bleibt so viel Raum – und dem Menschen viel Zeit. Boshaft gesagt: Ein Wildgarten ist ein rechter Ort für Faulenzer. Er ist aber auch einer für Genießer, denn während der Nachbar schon zum dutzendstenmal mit dem Sitz-Rasenmäher gegen die Natur ankämpft, penibel jedes nicht gepflanzte Kräutlein jätet oder während er das Goldfischbecken erneut vom Algenwuchs reinigt, während dieser Zeit genießt ein Wildgärtner das Leben.

Ein Wildgarten soll und kann kein Naturschutzgebiet sein. Was nicht heißt, daß geschützte wie schützenswerte Natur hier keine »Zweitheimat« findet. Ein Beweis dafür: Widderchen auf Wilder Karde.

gänglich, weniger leicht erschaubar sein. Es ist eben keine Garten-Katalogs-Natur in Hochglanz-Ausgabe. Und so muß man wohl zuweilen hinzulernen, daß sich die Schönheit der Natur nicht immer opulent entfaltet präsentiert. Natürliche Ästhetik ist von oft unscheinbarer Art. Ein Beispiel: Der wilde Thymian. Seine Schönheit offenbart sich erst im Detail, in einem unglaublich aromatischen Blütenduft etwa, im Ökowert als Futterpflanze für Bläulingsraupen. Oft ist es genau diese neue Sichtweise, die wir zu erfahren haben und zu der uns der Wildgarten eine Chance gibt. Vielleicht kann diese Erfahrung sogar der Anfang zu jener neuen Bescheidenheit sein, auf die es für den Fortbestand dieser Welt mehr denn je ankommt?
Zur Schönheit von innen heraus paßt gut die Harmonie. Tatsächlich ermöglicht uns ein Wildgarten gerade diesbezüglich unendlich viel. In, mit und durch ihn gelangen wir zum Frieden mit der Natur oder sind zumindest darum

13

Wildgarten

Heimisch oder exotisch?

Ein Wildgarten ist kein Umfeld für exotische Stauden oder fremdländische Nadelbäume. Definitionsgemäß hat die hiesige Natur Vorrang. Das aber bedeutet zwangsläufig heimische Pflanzen und heimisches Material. Bliebe nur übrig zu klären: Was heißt hier überhaupt heimisch?

Die Antwort darauf ist schwieriger, als es zunächst scheinen mag, denn eine klare Definition des Einheimischen verlangt nach einer Abgrenzung gegenüber Nicht-Heimischen, dem Exotischen. Die Natur aber ist grenzenlos. Sie kennt keine eindeutig bestimmbaren Vegetationsgebiete. Statt dessen gibt es fließende Übergänge.

Hinzu kommt: Was wo wie wächst, war schon immer nicht nur eine Frage von Klima und Boden, sondern auch des Zufalls. Wobei zuletzt immer öfter der Mensch die Hand im Spiel hat. Nehmen wir das Drüsige Springkraut. Es kam 1839 aus Ostindien als anspruchslose Gartenpflanze zu uns und hat sich heute als Gartenflüchtling auf Kosten anderer Arten vor allem in Flußtälern ausgebreitet. Ist es heimisch?

Ähnlich das Zimbelkraut, ein rankender Siedler halbschattig-feuchter Mauern im Mittelmeerraum. Es wanderte vor 400 Jahren ein: Ist es heimisch?

Und – ein drittes Beispiel – wie steht es etwa mit dem Kalmus, der als ursprünglicher Inder erstmals 1557 in Prag entdeckt wurde und inzwischen Röhrrichtbestände des Flachlandes in ganz Europa erobert hat? Ist er heimisch?

Drei Arten, und dreimal muß die Antwort »im Prinzip, ja« lauten. Denn diese Arten haben sich wie viele andere im Laufe der Jahrhunderte bei uns eingebürgert. Sie wurden heimisch, weil sie hierzulande von alleine wachsen und sich vermehren konnten. Und dies, die eigenständige Vermehrung, ist wohl das wichtigste Unterscheidungkriterium für heimisch oder nicht. Der Rhododendron, dessen Samen im hiesigen Klima nicht ausreifen, Rotdorn und Gartenschneeball mit ihren unfruchtbaren gefüllten Blüten, der gleichfalls sterile Scheinhasel – sie alle sind folglich Exoten, nichtheimisch. Ebenfalls nicht heimischer Herkunft sind die zahlreichen Zuchtformen, die in Ziergärten dominieren.

Hilfestellung für Artenlisten mag uns dabei der Seitenblick in die gegenwärtigen Pflanzengesellschaften geben. Botaniker haben dort den aktuellen Stand der bei uns ansässigen Arten verzeichnet. Und jene – oft jahrhundertelang – gewachsenen Lebensgemeinschaften können dann auch Vorbildfunktion für Wildgärten einnehmen. Eine unglaubliche »heimische« Vielfalt und Artenfülle finden sich etwa in Felsheiden, Magerrasen, Feuchtgebieten, Hecken oder Waldrändern. Aus ihnen holen wir uns Anregungen für natürliche Gestaltungsmöglichkeiten in den Garten, wenngleich die Wiedergabe von derartig umfassenden Ökosystemen nur ausschnittsweise möglich ist.

Dennoch fällt es schwer, hier feste Grenzen zu ziehen. Denn immer noch wandern neue Arten ein, immer wieder verschwinden alte. Von daher mag ein Vorteil darin liegen, das Wort heimisch auch in Bezug zur Tierwelt zu interpretieren. Von Natur aus und oft sehr lange konnten sich heimische Tierarten an die heimische Flora anpassen. Heimisch ist deswegen garantiert das, was der angestammten Tierwelt in natürlich gewohnter Vielfalt nutzt.

So verstanden, ließe sich der Begriff »heimisch« auch mit »standortttypisch« oder gar »regional« übersetzen.

Vor 400 Jahren war das Zimbelkraut noch ein Exot und nur in Südeuropa heimisch. Inzwischen hat es sich hierzulande eingebürgert.

Herkunft der Pflanzen

Eine tödliche Falle! Aber nicht für die potentiellen Blütenbesucher des Rotdorns, sondern für die auf Opfer lauernde Krabbenspinne selbst. Die Zierform des hiesigen Weißdorns ist unfruchtbar gezüchtet und hat deshalb keinen Nektar. Kein Insekt wird jemals hier landen (oben). Das Drüsige Springkraut wurde 1839 heimisch (rechts).

Tatsächlich ist es ein wesentliches Ziel der naturnahen Gartenanlage, solche Pflanzen und Materialien zu verwenden. Ideal und sehr umweltfreundlich wäre eine Zusammenstellung von Vegetation und Baustoffen aus der unmittelbaren Umgebung. So könnten wir die regionalen Anpassungen der Flora berücksichtigen und gleichzeitig Energie sparen, etwa durch geringere Anfahrtswege für die Steine einer Trockenmauer aus dem nächsten Steinbruch. Doch mit diesem hochgesteckten Ziel stoßen wir oft an die Grenzen des Machbaren. Entweder sind die Lokalrassen der Wildpflanzen nicht käuflich zu erwerben oder der Landschaftsraum enthält prinzipiell keine Steinbrüche. Wer das Pech hat, in der Münchner Schotterebene zu wohnen, könnte zwar umweltschonend zu sehr vielen und schönen Trockenflächen aus Sand und Kies kommen, leider aber nicht zu einer Trockenmauer aus Bruchsteinen. Dafür müßte er schon Donaukalk, Oberpfälzer Granit oder Österreichischen Gneis herankarren lassen. Ob er das, ökologisch und ökonomisch, vertreten kann, bleibt seine persönliche Entscheidung.

Zu engstirnig sollte man bei der Eingrenzung von »heimisch« auf keinen Fall vorgehen. Schließlich findet sich auf vielen Standorten deswegen keine artenreiche Wildflora mehr, weil sie vom Menschen erst kürzlich ausgerottet wurde. Diese »künstliche« Artenarmut trifft speziell für Norddeutschland und teilweise auch Ostdeutschland zu, wo riesige Gebiete durch Flurbereinigung, Agrochemie und Intensivforstwirtschaft ökologisch ausgedünnt wurden. Die jetzigen Listen zeigen nicht mehr alle typischen Arten der Region, weshalb es wichtig ist, in die Definition von »heimisch« die Pflanzen, Pflanzengemeinschaften und Standorte hinzuzunehmen, die von ihrem Verbreitungsgebiet her von Natur aus vorkommen könnten. Und noch ein Argument spricht für eine breitere Fassung des Begriffs »heimisch«, der für Deutschlands Gärten die natürliche Flora von Mitteleuropa ausdrücklich gutheißt. Aus ästhetischen und didaktischen Motiven heraus, ja vielleicht sogar zugunsten des Naturschutzes sollen unsere Gärten mehr als das natürliche Abbild der unmittelbaren Umgebung sein. Sie können dazu ruhig in lebendigem Kontrast stehen. Warum nicht dürfen sie zu Keimzellen der Artenvielfalt ergrünen, von denen eine Wiederbesiedlung der ausgeräumten Landschaft ausgehen kann? Mit diesen Argument im Hinterkopf erlaubt uns das Vorbild Natur auch in einer knochentrockenen Heidelandschaft ein naturnahes Feuchtbiotop im Naturgarten. Gleichfalls passend wäre der süddeutsche Blasenstrauch in einem ostdeutschen Trockengarten, beispielsweise im heißen Stadtklima von Frankfurt an der Oder. Vorausgesetzt, er gedeiht an Ort und Stelle.

Wildtiere im Wildgarten

Wenn es nach den Tieren ginge im Wildgarten, dann hieße das Zauberwort »ökologische Vernetzung«. Denn erst die Vielfalt der Biotope führt zur Vielfalt der Arten.
Daß dies praktisch und automatisch zum Artenschutz vor der Haustür führt, das versteht sich von selbst.
Beispiel Schwalbenschwanz: Der benötigte einmal diverse Tankstellen für Blütennektar, also heimische Sträucher, Wildstaudenbeet und Trockenfläche. Die Magerwiese sollte nicht fehlen – wegen der Pflanzen für die Eiablage. Doch auch ein trockener, spärlich bewachsener Wegrand wäre ideal als Raupenfutterplatz. Naturteich und Wassergraben schließlich stillen den Durst der schönen Falter.

Schwalbenschwanz an einer Blüte.

Wildtiere

Artenschutz vor der Haustür

Welchen ökologischen Wert haben Wildgärten? Um diese Frage beantworten zu können, müssen wir zunächst etwas rechnen. Gehen wir von rund 17 Millionen Gärten in Deutschland aus und einer durchschnittlichen Gartengröße von 400 Quadratmetern, so addiert sich das Privatgrün auf 6800 Quadratkilometer. Bezogen auf das Gesamtareal Deutschlands ergeben sich 1,9 Prozent der Landesfläche. Das ist immerhin anderthalbmal mehr als alle Naturschutzgebiete zusammen! Diese Gärten könnten einen ungemein wichtigen Beitrag zum Artenschutz leisten, vorausgesetzt, sie werden naturnah genutzt.

Doch wie hoch der Beitrag des Gartengrüns zum Naturschutz tatsächlich ausfällt, entzieht sich unserer Kenntnis. Denn was die systematische Erforschung der Artenzahlen, ihrer artspezifischen Anpassung an bestimmte Wildgartenelemente oder gar die Wechselbeziehungen zwischen Fauna und Flora angeht, klaffen noch Riesenlücken. Das wenige aber, was man weiß, gibt Anlaß zu der Hoffnung, daß sich heute noch steril gepflegte Gärten wirklich in Paradiese verwandeln ließen: Oasen für Mensch und Tier, mitten in Dorf und Stadt.

Die für naturnahe Gärten gültige Artenliste ist beachtlich: Mindestens 2500 Tierarten sind nach dem gegenwärtigen Stand der Wissenschaft im Wildgarten heimisch. Wieviel es im besten Fall sein könnten, darüber streiten sich die Ökologen noch. Deshalb hier eine grobe Schätzung: Bezieht man nicht nur die auffälligen, gut sichtbaren Tiere mit ein, sondern nimmt das komplette Artenspektrum, dürften wir auf über 10 000 Arten kommen, ein knappes Viertel unserer Fauna von rund 45 000 Arten. Damit wird der Wildgarten zur wirklich wichtigen Naturschutzfläche.

Doch auch die Artenzahlen von einzelnen Tiergruppen sind bemerkenswert.

Die Hauptmasse der tierischen Gartenbewohner stellen natürlich die Insekten. Die zeigen sich einerseits mobil, andererseits flexibel genug für menschengemachte Lebensbedingungen. Die stärkste Gruppe bilden Schmetterlinge mit 650 Arten. Ihre Häufigkeit wurde in der Vergangenheit stark unterschätzt, weil man die Kleinschmetterlinge nicht berücksichtigt oder die Kartierungen zu kurzfristig angelegt hatte. Die immense Menge an Schlupfwespen (bald 350 Arten!) ist quasi ein Qualitätszeugnis für den Wildgärtner: Da sie als Brutparasiten in ihrer Vermehrung auf andere Tierarten angewiesen sind, müssen auch für die Wirtsorganismen optimale Existenzbedingungen bestehen. Artenmäßig gut vertreten sind ferner Laufkäfer, Wanzen, Wildbienen und noch einmal parasitierende Spezies wie Raupenfliegen und Zehrwespen. Gemessen an der Gesamtzahl der Arten fliegen auch Libellen und Netzflügler – mit je 24 beziehungsweise 22 Arten – im Naturgarten überdurchschnittlich häufig.

Solche Bestandszahlen sind indes auch für Fachleute immer wieder verwunderlich, bedeuten sie doch, daß sich im Lebensraum Garten nicht weniger als ein Viertel der heimischen Laufkäfer, Netzflügler und Libellen sowie ein Fünftel der heimischen Schmetterlinge, Raupenfliegen und Grabwespen zuhause fühlen können.

Der Blick auf die Vogelwelt bestätigt ebenfalls, daß ein Wildgarten offensichtlich ein durchaus attraktiver Standort ist. Immerhin lassen sich hier gut und gern zwei Dutzend Gefiederte als Brutvögel regelmäßig sehen. Unter besonderen Umständen oder in sehr großen Naturgärten kann der Vogelfreund sogar noch einige zusätzliche Arten zählen. Summa summarum ist mit knapp 100 Arten zu rechnen, ungefähr ein Drittel der heimischen Spezies.

Trotzdem sollte man die Erwartungen in Sachen Artenschutz nicht allzu hochschrauben. Auch im naturnahen Garten werden sich zuerst und am häufigsten anspruchslose Vertreter ansiedeln. Die ökologischen Spezialisten dürften sich eher rar machen. Sicherlich erscheint es deshalb auch angebracht, keine seltenen Lurcharten zu erwarten. Glaubt man den Untersuchungen, haben sich in Wildgärten zwar bislang zwölf der insgesamt 19 ansässigen Amphibien erfolgreich vermehrt. Doch leider handelt es sich bei den gefährdeten Arten meistens um Sonderfälle. Hoffen wir also von vorneherein lieber nicht auf das Gequake von Raritäten wie Laubfrosch

Artenschutz

und Gelbbauchunke und freunden uns stattdessen mit Teichmolch, Grasfrosch und Erdkröte an. Sie sind sehr viel wahrscheinlicher unsere Gäste am Naturteich.

Apropos anfreunden: Freundschaft zu Tieren heißt in einem Wildgarten sicher auch: Keinen Zwang ausüben. Natürlich lassen wir die Tiere selbst entscheiden, ob sie mit und neben uns leben wollen. Nur Arten, die von alleine zuwandern, werden hier auch überleben. Die gewaltsame Umsiedlung von Fröschen, Eidechsen, Ringelnattern und anderen Spezies ist im »Garten Eden« unserer Zeit aus moralischen und naturschutzrechtlichen Gründen verboten.

Noch einige Sätze in puncto Vielgestaltigkeit. Ein kurzer Blick auf die Tabelle (Seite 20/21) zeigt, daß selbst Lurche nicht reine Wasserbewohner sind. Außer Feuchtbiotopen verschiedener Ausprägung nützen sie Wildstaudenbeete und Wiesen zum Landleben. Unter der Trockenmauer findet die Erdkröte einen Tageseinstand, der Teichmolch ein Winterquartier. Naturwege eignen sich bestens für die nächtliche Jagd, genauso wie es im Schatten einer Hecke oder unter einem großen Wildstrauch immer etwas zu fressen gibt. Folglich müßten im Idealfall für Gartenlurche möglichst viele dieser Wildgartenelemente miteinander verbunden sein. Für einen Schmetterling ergibt sich natürlich eine andere Kombination der benötigten Biotope: Der Falter meidet die feuchten Elemente eher, dafür bevorzugt er die trockenen Standorte. An bestimmten Plätzen, etwa an der Mauer aus Bruchsteinen oder im Wildstaudenbeet, schneidet sein Weg zwar den der Erdkröte, woanders aber trifft er auf ganz neue Bewohner.

Legen wir nun rein gedanklich die Ansprüche an den Lebensraum vieler verschiedener Arten übereinander und betrachten das Endprodukt: Es ist ein ziemlich verwirrendes Geflecht, ein ökologisches Netzwerk. Deutlich wird, daß die Artenvielfalt von der Anzahl der unterschiedlichen Standorte abhängt: Je mehr, um so reicher an Arten ist der Wildgarten; je weniger, um so artenärmer ist er. »Vielfalt der Kleinstrukturen« heißt also das Zauberwort für den Artenschutz vor der Haustür.

Dreimal exemplarischer Artenschutz, drei Beispiele für viele: Laubfrosch am Rohrkolben, Steinmarderjunge in Obstbaumhöhle und Große Waldschwebefliege an Wilder Karde, alles Raritäten.

Wildtiere

Wildtiere in Wildgärten

Wer einen Wildgarten plant, hat ein Herz für Tiere. Doch ist es nicht einerlei, welches der vielen möglichen Wildgartenelemente man im Gartengrün realisiert. Jeder der Standorte fördert eine andere Artengemeinschaft, mehrere zusammen die Artenvielfalt. Hier ein zugegebenermaßen provisorischer und unvollständiger Überblick über das Thema Artenschutz vor der Haustür. Die Tabelle zeigt die bevorzugten Lebensräume.

Minimale Artenzahlen von Wildtieren in Wildgärten		Naturteich	Wasser/Sumpfgraben	Bachlauf	Feuchtwiese	Trockenwiese/Magerrasen	Blumenrasen	Wildstaudenbeet	Ackerwildkräuter	Humushügel	Sand/Kiesfläche	Sand/Kieshaufen	Steinhaufen	Trockenmauer	Steinwege	Holz/Rindenwege	Mauerschutt	Gründach	Totholz	Sträucher	Hecke	Bäume	Obstbäume	Kletterpflanzen
Schmetterlinge	650				●	●		●	●	●	●							●	●		●	●	●		
Schlupfwespen	344			●	●	●	●	●	●	●	●							●	●	●	●	●	●		
Rüsselkäfer	139				●	●		●	●	●								●			●	●	●	●	
Laufkäfer	113				●	●	●	●	●	●	●	●	●	●	●	●	●	●	●	●	●	●	●		
Landwanzen	110				●	●		●	●	●								●			●	●	●	●	
Vögel	100	●	●	●	●	●		●	●			●	●					●	●		●	●	●	●	
Raupenfliegen	90				●	●		●	●	●	●							●	●		●	●	●	●	
Zehrwespen	88				●	●		●	●	●	●							●	●		●	●	●	●	
Wildbienen	80				●	●		●	●	●	●	●	●	●	●	●		●	●		●	●	●	●	
Schwebfliegen	73				●	●		●	●	●	●							●	●		●	●	●	●	
Blattwespen	70				●	●		●	●	●								●			●	●	●		
Spinnen	60				●	●	●	●	●		●		●	●	●	●	●	●	●		●	●	●	●	●
Zikaden	60				●	●	●	●	●									●	●		●	●	●	●	
Säugetiere	44	●	●	●	●			●	●			●	●						●	●	●	●	●		
Blattkäfer	43				●	●		●	●									●			●	●	●	●	
Grabwespen	40				●	●		●	●	●	●					●		●	●		●	●	●	●	
Fleischfliegen	35					●	●	●	●	●	●							●	●		●	●	●		
Langbeinfliegen	34	●	●	●	●	●		●	●						●			●			●	●	●		
Wasserkäfer	34	●	●	●																					
Springschwänze	32	●		●	●			●	●		●			●		●		●			●				
Marienkäfer	32					●	●	●	●										●			●	●	●	
Schnecken	28	●	●	●	●			●	●	●						●			●		●				
Buckelfliegen	28				●	●		●	●	●								●			●	●	●		
Libellen	24	●	●	●	●																				
Netzflügler	22				●	●		●	●	●	●			●				●	●		●	●	●	●	
Bockkäfer	22				●	●		●	●	●	●					●		●			●	●	●	●	
Kurzflügler	21				●	●		●	●	●	●	●	●					●			●	●	●	●	
Ameisen	17				●	●		●	●	●		●	●			●		●	●		●	●	●	●	

Artenvielfalt

Minimale Artenzahlen von Wildtieren in Wildgärten		Naturteich	Wasser/Sumpfgraben	Bachlauf	Feuchtwiese	Trockenwiese/Magerrasen	Blumenrasen	Wildstaudenbeet	Ackerwildkräuter	Humushügel	Sand/Kiesfläche	Sand/Kieshaufen	Steinhaufen	Trockenmauer	Steinwege	Holz/Rindenwege	Mauerschutt	Gründach	Totholz	Sträucher	Hecke	Bäume	Obstbäume	Kletterpflanzen
Blatthornkäfer	16				•	•	•	•	•	•							•		•	•	•	•	•	
Schnellkäfer	16				•	•	•	•	•	•			•	•	•	•	•		•	•	•	•	•	
Lurche	12	•	•	•	•		•	•			•		•	•	•	•			•	•		•		
Tausendfüßler	11				•	•	•	•	•	•			•	•		•			•		•	•		
Faltenwespen	10				•	•	•	•		•	•	•		•			•		•	•	•		•	•
Echte Fliegen	10				•	•	•	•		•			•	•			•		•	•	•			
Raubfliegen	9				•	•	•	•	•	•				•			•		•	•				
Augenfliegen	9				•	•	•	•	•	•							•		•	•	•			
Asseln	8				•	•	•	•	•	•					•				•	•	•			
Wasserwanzen	8	•	•	•																				
Goldwespen	7				•	•	•	•		•							•		•	•				
Mücken/Schnaken	7	•	•	•	•		•	•									•		•		•			
Stilettfliegen	7				•	•	•	•						•			•		•		•			
Heuschrecken	6				•	•	•	•	•						•	•			•	•				•
Waffenfliegen	6		•		•									•			•		•		•			
Wegwespen	6					•		•		•			•	•										
Hummeln	6				•	•	•	•																
Kriechtiere	5	•	•	•																	•			
Aaskäfer	3				•	•	•										•			•	•	•		
Schnepfenfliegen	3	•	•	•								•					•		•	•				
Hundertfüßler	2				•	•	•	•	•	•									•					•
Hummelfliegen	1				•	•	•	•	•	•	•								•	•	•	•	•	•

Überlebensfrage: Was haben ein Pärchen Hufeisen-Azurjungfern, das Wespenspinnenweibchen mit eingesponnener Fliegenbeute, die am Gemeinen Leinkraut nektarstehlende Holzbiene und der Kleine Kettenlaufkäfer im Herbstlaub gemeinsam? Antwort: Einen Wildgarten mit wenigstens vier Elementen. Als da wären: ein Libellen-Naturteich, die Spinnenwiese, ein Wildbienen-Trockenbiotop und die Käfer-Hecke.

Wildtiere

Insekten – Heimliches Leben in heimischen Hecken

Wer wollte sie zählen, das Heer von Blütenbesuchern und Fruchtfressern, Blattnagern und Saftsaugern, Stengelrasplern und Holzbohrern? Tausende von Insektenarten beleben den Wildgarten.

Hochsommer in der Wildsträucherhecke: Schwebfliegen surren zwischen Zweigen hin- und her. Marienkäfer gehen auf Blattlausjagd. Unscheinbare Raupenfliegen sind unterwegs, immer auf Beuteflug.

Fleischfliegen tupfen den Saft von fruchtigen Beeren. Und Wildbienen, nur einen halben Zentimeter lang, naschen am Blütenflor des Heckenrandes. Zwischem all dem das Bild gaukelnder Schmetterlinge und das unablässige Zirpen der Heuschrecken. Das Insektenleben ereicht in diesen Tagen seinen Höhepunkt. Es summt und brummt, krabbelt und kriecht, flattert und fliegt und frißt an allen Ecken und Enden. Und doch ist das nicht mehr als ein Bruchteil des Lebens in den Hecken: Das meiste spielt sich im Verborgenen ab.

Der Eigner einer Sammlung exotischer Gehölze im Garten wird solch buntes Treiben vermissen. Mag auch mancher stolz auf die Honigbienen verweisen, die seinen *Cotoneaster* umschwärmen, oder auf die Schwarzdrosseln an Mahonienbeeren. Doch damit ist es meist schon getan. Der vermeintliche Wert fremdländischer Gehölze verblaßt, betrachten wir die heimischen genauer. Können wir an Mahonie und *Cotoneaster* nur Allerweltstiere beobachten, suchen wir dort Nahrungsspezialisten vergebens.

Selbst die zahlreichen Zuchtformen von heimischen Gewächsen zeigen oft ähnliche Eigenschaften wie die ganz und gar fremdländischen Arten. Auch sie sind – denken wir etwa an die des heimischen Wolligen Schneeballs *(Viburnum opulus sterile)* – unfruchtbar und so für Blütenbesucher und Fruchtfresser der heimischen Tierwelt automatisch wertlos. Ähnlich die Zucht der hiesigen Salweide *(Salix caprea pendula)*, wenngleich diese Hängekätzchenform wenigstens noch Blütenpollen liefert. Allerdings zeigen ökologische Vergleichsuntersuchungen, daß solche den heimischen Arten verwandte Zierformen immerhin einen Teil jener tierischen Vielfalt ernähren kann, welche die heimische Flora so stark aufwertet: Speziell die Blattfresser, Saftsauger und Holznutzer sind partiell auch auf manchen Zuchtformen zu finden.

Doch gegenüber der an die hiesige Flora angepaßten Tierwelt ist das nur ein Ausschnitt aus einem Lebenskreis. Heimische Tiere und heimische Pflanzen hatten in der Evolution Jahrtausende gemeinsam Zeit, sich aufeinander einzustellen. Diese mehr oder weniger starke Spezialisierung von Pflanze auf Insekt und Insekt auf Pflanze macht unsere Flora für die hiesige Tierwelt so wertvoll und beides voneinander stark abhängig. Wobei die Spezialisierung verschieden hoch ausfällt: Im geringsten Fall sind nur eine Handvoll, oft ein Dutzend und selten mehr als zehn Dutzend Insektenarten auf eine Wildpflanze angewiesen. So existieren für den Schwarzen Holunder insgesamt 15, für Wildrosen schon 103 und für den Weißdorn gar 163 Spezialisten. Die »Hitparade der Insektensträucher« aber führt eindeutig die Salweide an: Sage und schreibe 213 Sechsbeiner leben von ihr. Im einzelnen sind dies 77 Kleinschmetterlinge, 38 Bockkäfer, 30 Rüsselkäfer, 31 Wanzen, 26 Blattwespen und immerhin noch 11 Blattlausarten.

Rotblättrige Rose (ganz links), eine unserer 24 Wildrosenarten und Schlehe (unten). Beides Beispiele wertvoller Insektensträucher, und das nicht nur zur Blütezeit.

Insekten

Kein Mensch hat sie je gezählt, die Fruchtsaft-Nascher im Insektenreich. Die Graue Fleischfliege auf der Roten Heckenkirsche als Exempel für willkommene Tiere.

Allerdings dürfte auch diese Erhebung ziemlich unvollständig sein, da sie andere Artengruppen wie Zikaden und Blattkäfer nicht berücksichtigt und die räuberischen Folgenutzer wie Zehrwespen und Schlupfwespen, Netzflügler oder Buckelfliegen ganz vernachlässigt wurden. Die tatsächlichen Zahlen müßten also um einiges höher liegen.

Mehr noch als die vergleichsweise mobilen Erwachsenen sind die Insektenlarven an bestimmte Futterpflanzen gebunden. Und gerade in diesem Punkt versagen die Exoten. So saugen auf der als Schmetterlingsstrauch bekannten *Buddleia*, einer Vertreterin Südeuropas, während der Blüte zwar zahlreiche Falter, jedoch kein einziger legt seine Eier auf ihr ab. Der Zierstrauch ist nur in einem kleinen Teilbereich von ökologischer Bedeutung. Als Raupenfutterpflanze gleicht er einem Plastikgewächs. Ähnlich funktionslos ist der »Sommerflieder« auch für andere Insektenlarven.

Wie langwierig der Anpassungsprozeß zwischen Wirtspflanze und Insekt sein kann, zeigt das Beispiel der Kastanie. Das erst 1576 aus dem Balkan eingeführte Gehölz wird inzwischen von vier Insektenarten genutzt. Bei der seit 1759 bei uns gepflanzten Eßkastanie sind es fünf Insektenfresser und für die aus Nordamerika stammende Gemeine Robinie wurde erst eine Art festgestellt. Demgegenüber brilliert die bodenständige Eiche mit einer Insektenartenzahl weit über 300. Von diesem Baum leben mindestens 106 Großschmetterlinge, 81 Kleinschmetterlinge, dazu 50 Käferarten, 37 Wanzen sowie 10 Zikaden, Blattläuse und Schildläuse.

Ob eine Pflanze bestimmten Insekten als Lebensgrundlage dient, können wir sehr einfach durch Fraßspuren auf den Blättern feststellen. Diese Methode, die freilich nur Blattfresser identifiziert, zeigt oft drei Viertel der Blätter von heimischen Arten in irgendeiner Weise durchlöchert oder benagt, während bei exotischen Sträuchern nur ausnahmsweise mehr als zehn Prozent Blätter befressen werden.

Doch nicht nur die direkt abhängigen Insekten fördern wir mit heimischen Gewächsen, sondern auch zahllose Räuber und Parasiten, die im Exoten-Garten fehlen. Kompliziert verzweigte Nahrungsketten und Nahrungsnetze nehmen von den Pflanzenfressern ihren Ausgang. Ob letztendlich eine Nachtigall im Garten singt, hängt direkt von einer gut besetzten Insekten- und Spinnenfauna ab, indirekt also von genügend heimischen Pflanzen. Sie stellen eine unerschöpfliche Nahrungsbasis für das Insektenreich und alles darüber hinaus dar. Insektenvielfalt buchstabiert sich bezüglich der Pflanzenwahl immer wieder so: heimisch.

Hitparade der heimischen Insektensträucher

Auf Wildsträucher spezialisierte Arten

Platz	Wildstrauch	Bockkäfer	Rüsselkäfer	Wanzen	Blattwespen	Blattläuse	Kleinschmetterlinge	Summe
1	Salweide	38	30	31	26	11	77	213
2	Eingriffeliger Weißdorn	10	48	19	13	17	56	163
3	Schlehe	15	23	5	14	7	73	137
4	Haselnuß	25	23	24	16	2	22	112
5	Wildrosen	10	10	3	33	16	31	103
6	Wildbrombeeren	–	13	7	29	4	32	85
7	Feldahorn	15	2	13	3	7	33	73
8	Vogelbeere	2	5	12	9	3	41	72
9	Faulbaum	6	–	3	2	6	28	45
10	Kreuzdorn	6	–	3	2	6	28	45
11	Rote Heckenkirsche	1	1	1	11	4	22	40
12	Roter Hartriegel	2	5	–	1	8	16	32
13	Wildjohannisbeeren	–	2	2	7	7	12	30
14	Gemeiner Liguster	–	4	1	2	3	11	21
15	Pfaffenhütchen	7	1	1	–	5	7	21
16	Wolliger Schneeball	2	2	1	2	4	6	17
17	Gewöhnlicher Schneeball	2	2	1	2	4	6	17
18	Schwarzer Holunder	–	–	2	–	2	11	15

23

Wildtiere

Noah's Blumenarche

Im Grunde hätte es sich der biblische Artenschützer Noah einfacher machen können. Statt immer zwei Tiere von vielen Arten, hätte er nur wenige Pflanzen samt ihrer Bewohner mitnehmen müssen. So jedenfalls wäre unzähligen Insektenarten geholfen worden.

Beurteilten wir den Wert einer Pflanze nur nach optischen Gesichtspunkten, würde der Gemeine Beifuß wohl ziemlich schlecht abschneiden. Der unscheinbare Siedler von Schutthaufen, Wegrändern und anderen Trockenstellen fällt weder durch großartigen Blütenflor noch durch eine prächtige Herbstfärbung auf. Dennoch ist er – ökologisch gesehen – viel wert: Nicht weniger als 180 pflanzenfressende Insekten leben von ihm. Ganz obenan auf der Beliebtheitsskala stehen Beifußblätter mit 65 saugenden Wanzen und Blattlausarten, 40 Schmetterlingen, 10

Zufall, daß der Flockenblumenscheckenfalter sich am liebsten auf der Futterpflanze seines Nachwuchses paart? Oder Notwendigkeit und Strategie der kurzen Wege? Wie auch immer, zur Eiablage ist es nicht weit.

abhängigen Käfern und 4 Fliegen. Am Stengel laben sich 78 Arten, an den Wurzeln 22 und an den Blüten 10. Selbst die Knospen finden noch 9 Interessenten und die winzigen Früchtchen werden von immerhin 5 Kleinschmetterlingen verzehrt: Der Beifuß, ein unverzichtbarer Bestandteil für eine zeitgemäße Arche Noah?

Keineswegs. Denn auch andere Vertreter der heimischen Flora sind ökologisch so wertvoll, daß sie der Artenschützer unserer Tage auf jeden Fall mit auf eine Überlebensarche nehmen müßte. Da wäre etwa die oft geschmähte Brennessel mit 107 abhängigen Spezies. Da wären die ebenso oft verdammten Disteln, die Königskerzen, der Vogelknöterich. Die Aufzählung ließe sich beliebig fortsetzen.

Ökologen benutzen eine Faustregel, wenn es um den Wert der Flora für die Fauna geht. Sie schätzen, daß pro Pflanzenart ungefähr zehn Tiere existieren. Mit zehn Wildpflanzen im Garten kämen wir so bereits auf eine Artenvielfalt von hundert Tieren. Die Beispiele auf dieser Seite zeigen, daß solche Berechnungen immer nur als Mittelwert zu verstehen sind, von denen einzelne Arten stark nach oben oder unten abweichen können. So existiert eben nicht nur der zoologisch stark gefragte Beifuß mit seinen 180 Arten, sondern auch der deutlich unattraktivere Ackerhahnenfuß mit gerade zwei abhängigen Pflanzenfressern. Eine wichtige Lehre für uns: Auch die heimische Wildflora ist nicht bei allen Insekten gleich beliebt.

Doch, und das zeigt ein Blick auf die Futterpflanzen für Schmetterlinge, auch solche nur für einen engen Nutzerkreis interessante Pflanzenarten können einen ungemein wertvollen Beitrag zum Artenschutz liefern: Ob Noah auf seine Arche wohl auch den Mauerpfeffer mitgenommen hätte? Als Futterpflanze für Apollofalterraupen?

Die beliebtesten heimischen Insektenkräuter

Wildkraut	abhängige Arten
Gemeiner Beifuß	180
Brennessel	107
Kleinblütige Königskerze	90
Jakobskreuzkraut	76
Schlangenknöterich	51
Echte Kratzdistel	51
Einjähriges Rispengras	41
Vogelknöterich	40
Ackerhornkraut	37
Ackersenf	31
Huflattich	25
Sumpfvergißmeinicht	23
Schwarzer Nachtschatten	17
Rauhhaarige Wicke	16
Klatschmohn	15
Wildes Stiefmütterchen	15
Rauhe Gänsedistel	14
Ackerziest	6
Ackerstiefmütterchen	6
Ackerhahnenfuß	2
Ackerröte	2
Persisches Ehrenpreis	1

Insektenfutter

Futter für die Raupen

Artenschutz im Wildgarten kann auch sehr gezielt verwirklicht werden. Zum Beispiel für Schmetterlinge: Indem wir in bestehenden Lebensräumen (Hecke, Feuchtwiese, Magerrasen, etc.) die heimischen Raupenfutterpflanzen bestimmter Falterarten ansiedeln, schaffen wir die Lebensvoraussetzungen für ihre Entwicklung. Gleichzeitig fördern wir damit eine Vielzahl anderer Insekten, ebenfalls hochspezialisierte Blattwespen, Blattkäfer, Wildbienen oder Schwebfliegen. Die folgenden Schmetterlingsarten verdienen unsere besondere Unterstützung. Sie können auch in Wildgärten leben.

Esparsetten-Bläuling auf Wiesenbocksbart

Brenneseleule in Tarnstellung

Futterpflanze	Schmetterlingsraupe
Rotes Straußgras	Großes Ochsenauge
Ochsenzunge	Kleiner Perlmutterfalter
Wundklee	Zwergbläuling
Gemeine Osterluzei	Osterluzeifalter
Gemeine Melde	Meldeneule
Heidekraut	Heidekrauteule
Wiesenschaumkraut	Aurorafalter
Nickende Distel	Distelfalter
Skabiosenflockenblume	Flockenblumenscheckenfalter
Bunte Kronwicke	Goldene Acht
Besenginster	Brauner Feuerfalter
Knäuelgras	Schachbrett
Wilde Möhre	Schwalbenschwanz
Schmalblättriges Weidenröschen	Mittlerer Weinschwärmer
Feldmannstreu	Dunkler Dickkopffalter
Zypressenwolfsmilch	Wolfsmilchschwärmer
Echter Schafschwingel	Mauerfuchs
Echtes Labkraut	Labkrautschwärmer
Deutscher Ginster	Himmelblauer Bläuling
Gemeiner Efeu	Nachtschwalbenschwanz
Hufeisenklee	Gelbling
Wolliges Honiggras	Brauner Waldvogel
Gemeiner Hopfen	Weißes C
Sumpfschwertlilie	Rohrkolbeneule
Gemeiner Liguster	Ligusterschwärmer
Rote Heckenkirsche	Kleiner Eisvogel

Futterpflanze	Schmetterlingsraupe
Waldgeißblatt	Brauner Bär
Gemeiner Hornklee	Gemeines Blutströpfchen
Kuckuckslichtnelke	Kapseleule
Gilbweiderich	Nesselbär
Moschusmalve	Malvendickkopf
Weißer Steinklee	Steinkleebläuling
Esparsette	Postillon
Dornige Hauhechel	Hauhechelbläuling
Wilder Dost	Kleiner Feuerfalter
Spitzwegerich	Wegerichbär
Einjähriges Rispengras	Kleines Wiesenvögelein
Duftende Schlüsselblume	Frühlingssscheckenfalter
Zitterpappel	Großer Eisvogel
Vogelkirsche	Großer Fuchs
Schlehe	Baumweißling
Resede	Resedaweißling
Faulbaum	Zitronenfalter
Gemeiner Kreuzdorn	Faulbaumbläuling
Salweide	Trauermantel
Scharfer Mauerpfeffer	Apollo
Taubenkropf	Kleine Nelkeneule
Teufelsabbiß	Skabiosenschwärmer
Stechginster	Brombeerzipfelfalter
Kleinblütige Königskerze	Brauner Mönch
Vogelwicke	Prächtiger Bläuling
Hainveilchen	Kaisermantel

Wildtiere

Ein Reich für den Froschkönig – Lurche und Kriechtiere

Ein märchenhaftes Reich läßt sich im Wildgarten schaffen, vielleicht sogar für den Froschkönig. Doch können wir gerade für Amphibien und Reptilien nicht mehr als Angebote machen. Nur unter günstigen Umständen stellen sie sich ein.

Vor nicht langer Zeit quakte in so manchem Kleinstadtgarten noch der Laubfrosch. Es war keineswegs ungewöhnlich, am Dorfrand auf Ringelnatter und Gelbbauchunke zu treffen. Holzlattenzäune dienten als Refugium für Zauneidechsen. Und Erdkröte, Teichmolch oder Grasfrosch waren derart häufig, daß sie in zeitgenössischen Berichten nicht der Rede wert waren.

Doch heute? Welche Katastrophe muß aus der Sicht der Amphibien und Reptilien eingetreten sein, daß sie mittlerweile zu vielbeachteten Ausnahmeerscheinungen, ja zu Raritäten geworden sind, deren Gefährdungsstatus sich in »Roten Listen« dokumentiert? Die Landschaft ringsherum ist durch Flurbereinigung und Agrochemie verarmt oder gar zerstört. Städte und Dörfer wurden asphaltiert und zu sauberen, aber öden Steinwüsten. Es fehlt das wilde, das spontane Grün als ungestörter Zufluchtsort und unerschöpfliches Futterreservoir. Hypergepflegte Ziergärten und Parks herrschen da vor, wo sich früher Wildkräuter und Gebüsch breit machten. Sauberkeitswahn, Ordnungssucht und Wirtschaftswachstum haben aufgeräumt mit dem ungeplanten Wildwuchs inmitten der Stadt, mit dem »vergessenen« Schuttberg, mit dem von Blumen gesäumten Wegrain, mit dem dahinplätschenden Wassergraben. Speziell die offenen Bodenstellen, wertvoll für die Reptilien, und die Feuchtbiotope, von Bedeutung für die Amphibien, gingen verloren. Der Boden ist unter Straßen und Betonflächen verschwunden. Unabsichtlich haben wir so die Lebensmöglichkeiten dieser sensiblen Arten drastisch eingeschränkt.

Der Wildgarten bietet die Chance zur Wiedergutmachung, zum Neuanfang. Hier können wir bewußt die Lebensansprüche der bedrohten Arten mit berücksichtigen. Dabei sollte jedoch nicht eine hochgradig gefährdete »Rote-Liste-Art« unsere Zielvorstellung sein, sondern besser der »Allerweltslurch«. Indem wir gezielt für die Erdkröte (ersatzweise bei Reptilien: die Blindschleiche) planen, halten wir uns allerdings eine natürliche Option frei. Unter Umständen findet sich dennoch eine seltenere Spezies ein.

Eine Wildgartenanlage, in der sich Amphibien und Reptilien wohl fühlen, muß dabei aus mehr als einem Naturteich bestehen. Alle im Wasser ablaichenden Arten benötigen ein naturnahes Umfeld, in dem sie sich während der übrigen Jahreszeit aufhalten. Dazu gehören Naturwiesen und Wege, Waldstücke oder Sträucherhecke als Schauplatz nächtlicher Jagdzüge. Trockenmauer und Asthaufen sorgen für den nötigen Tagesunterschlupf, der auch gern von Blindschleichen angenommen wird. Speziell für Eidechsen sind zusätzlich Steinhaufen und spärlich bewachsene Brachstellen wichtig. Ringelnattern legen im Gartenbereich des öfteren Eier in Haufen aus Gras und Blättern ab, die von der Sonne gewärmt werden. Ebenfalls in diesem Sinne dienlich sind Komposthaufen.

Wildtierfreunde bauen außerdem auch Gitterroste vor Kellerfenster, machen Luftschächte für Vierbeiner unzugänglich und entschärfen so die Todesfallen für viele Insekten und Lurche.

Wer eine – aus Kindertagen stammende – heimliche Liebe zum Froschkönig hegt, wird sich auch klar gegen Fische im Gartenteich entscheiden müssen. Die Flossenträger gehören von Natur aus in Bäche, Flüsse, Seen oder ins Meer, nicht aber in Feuchtbiotope von Gartengröße. Sie sind die Todfeinde der Wasserinsekten und vor allem der Frösche, Kröten und Molche. Um einer Handvoll Fische willen opfern wir eine ungeheure Artenfülle. Ein klarer Naturteich voller Leben oder ein Goldfischbecken voller Grünalgen – die Entscheidung sollte dem Naturfreund leicht fallen.

Während wir bei den Lurchen und Reptilien um jede Art froh sein dürfen, die

Die Ringelnatter ist eine Ausnahmeerscheinung im normalen Wildgarten. Sie braucht größere, zusammenhängende und natürlich intakte Biotope.

Lurche und Kriechtiere

Zunächst nur fingernagelgroß: ein Grasfrosch (rechts). Ein »Qualitätsmerkmal« für einen Wildgarten: eine Zauneidechse nach erfolgreicher Heuschreckenjagd (unten).

unser »Biotop« von alleine aufsucht, sind Resentiments gegen Enten angebracht. Auch sie sind nachgewiesenermaßen Laichräuber und – schlimmer noch – verschmutzen das Wasser, wühlen den Schlamm auf oder reißen die Wasserpflanzen heraus. Auch hier gilt es, konsequent zu sein und die Wasservögel immer wieder und vor allem in der Brutzeit im Mai zu vertreiben. In Notfällen wurde sogar schon ein Elektrozaun um und über das Wasser gespannt und über ein Weidezaungerät mit Schwachstrom versorgt.

Probleme bereiten ferner die durch Gärten vagabundierenden Katzen, die liebend gerne Eidechsen fangen gehen. Doch gegen diese Art von Besuchern wird man sich schwerlich wehren können, es sei denn mit einem Hund, der allerdings manchmal Grasfrösche zu fassen pflegt. Was er sich freilich abgewöhnen läßt.

Vielfache Untersuchungen haben längst den Beweis geliefert: Wildgärten können für die Tierwelt im allgemeinen und Frösche, Kröten, Molche und Eidechsen im besonderen zu bedeutenden Er-

In Wildgärten können 17 Lurche und Kriechtiere leben. Die häufigeren Arten sind hervorgehoben.

<u>Blindschleiche</u>	Laubfrosch
<u>Zauneidechse</u>	<u>Erdkröte</u>
Mauereidechse	Kreuzkröte
Waldeidechse	Geburtshelferkröte
Ringelnatter	Gelbbauchunke
<u>Grasfrosch</u>	<u>Teichmolch</u>
Springfrosch	Bergmolch
<u>Wasserfrosch</u>	Kammolch
Teichfrosch	

satzlebensräumen erwachsen – teilweise sogar für gefährdete Arten. Insofern darf es durchaus als Qualitätsmerkmal interpretiert werden, wenn sich solche Arten einfinden. Ein, wenn auch sicherlich bescheidener, Beitrag zum Artenschutz.

Doch kann dies nicht oberstes Ziel und Zweck eines Wildgärtners sein. Denn Artenschutz funktioniert, zumindest für Amphibien und Reptilien, sowieso nur in Dörfern und am Stadtrand. Anderswo ist die Verkehrsbelastung so stark, daß die wanderfreudigen Arten eher unter die Räder kommen, als den naturnahen Garten erreichen. In der City muß man froh sein, daß es hier keinen echten Froschkönig gibt. In diesen Fällen ist er im Grimm'schen Märchenbuch besser aufgehoben.

Wildtiere

Auch Vögel brauchen Vielfalt

Von der ökologischen Vernetzung verschiedener Wildgartenelemente profitieren viele Vögel, und zwar jeder auf seine Art.

Zunächst das negative Beispiel: der kurzgeschorene Rasen ernährt gerade mal vier Vogelarten. Amseln zupfen Regenwürmer und Bachstelze, Kohlmeise oder Rotkehlchen gehen auf Insektenjagd. Auf der maximal zweimal jährlich gemähten Naturwiese hingegen tummeln sich dreimal soviele Vogelarten: Wir treffen die Insektenfresser des Schurrasens wie die besagte Amsel wieder, außerdem aber noch die Singdrossel als Spezialistin für Bodentiere. Völlig neu wäre jedoch die ökologische Gruppe der Pflanzenfresser, die Sämereien sammeln oder zarte Keimlinge zupfen. Zu dieser Kategorie zählen im besonderen die dickschnabeligen Finkenvögel, die auf der Naturwiese etwa durch Distelfink und Buchfink, durch Dompfaff oder Haussperling vertreten sind.

Eine ähnliche Ökobilanz läßt sich für die Wildstauden in anderen Gartenteilen ziehen. Ihre Samen sind für die Vogelwelt während bestimmter Jahreszeiten von elementarer Bedeutung. Spitzenreiter auf der Speisekarte der Samenfresser sind Mädesüß, die Gemeine Kratzdistel, die Kohlkratzdistel, außerdem Kanadische Goldrute und sogar Pusteblumen Marke Löwenzahn. Jede Vogelart hat ihren speziellen Geschmack: Mit den Distelarten locken wir in erster Linie Stieglitze, daneben auch Zeisige herbei, während etwa der Dompfaff Mädesüß und Goldrute oder Löwenzahnsamen zu seinen Futterfavoriten erkoren hat.

Solche Beispiele illustrieren sehr schön, wie einfach Wildgärtner es mit dem Vogelschutz haben können: Sie schaffen ansprechende Voraussetzungen, der Rest, das heißt die Artenvielfalt, stellt sich dann von alleine ein. Um ein möglichst abgerundetes Futterangebot zu haben, empfiehlt sich die Kombination verschiedener naturnaher Elemente. Andernfalls können die Bedürfnisse der Vögel nur während einer bestimmten Jahreszeit abgedeckt werden. Dies macht eine exemplarische Untersuchung der Freßgewohnheiten des Dompfaffs deutlich: Im Januar konzentriert er sich auf die Früchte von Eiche und Birke. Im Februar schwenkt er um auf Weidenknospen und im März zieht er Frischkost in Form von Blattanlagen der Birke vor. Im April stehen Kirschknospen ganz oben an, im Mai kommt die Pappel hinzu. Der Juni liefert bereits erste Birkenfrüchte, der Juli Grassamen. Im August stehen Vogelbeeren

Wo viel zu fangen ist, gibt es auch viel zu fressen: Das Hausrotschwanzweibchen füttert eine Schnake aus Wildgartenbeständen.

Biotopvernetzung bringt Vielfalt: Der Naturteich lädt nicht nur Blaumeisen zum Bade ein, und die Unkrautecke wird zwecks Distelsamenernte nicht allein vom Stieglitz besucht.

Vögel

süßen Nektar zu naschen. Andererseits ernähren viele Singvögel, etwa der Buchfink, ihre Nestlinge die ersten Tage mit Blattläusen. Die Meise als Honiglecker, der Fink als Blattlausräuber – hätten Sie's gewußt?

Angesichts solcher »Sonderfälle« muß uns auch nicht weiter wundern, daß im vielgepflegten Ziergarten mit seinem Standardsortiment an Koniferen und Exoten zwangsläufig Artenarmut herrscht. Der konventionelle Garten bietet für die Gefiederten weder den ökologischen Reichtum der essentiellen Futterpflanzen noch ansprechende Lebensräume. So wird die Artenvielfalt künstlich stark reduziert.

Die ökologische Vernetzung im Garten ist größer als mancher denkt und viele wissen. Selbst Wissenschaftler stehen immer wieder mit Staunen vor den Ergebnissen ihrer eigenen Forschung. Doch – ein kleiner Trost für uns Laien – auch ohne das entsprechende Fachwissen können wir viel richtig machen im Wildgarten. Einfach, indem wir vor Ort die entsprechenden Lebensmöglichkeiten schaffen.

auf dem Ernährungsplan, während die Monate September und Oktober Samen des Mädesüß oder Bergahorns anbieten. Im November frißt der Gimpel schwerpunktmäßig noch den Bergahorn, bevor er im Dezember wieder auf Eichen- und Birkenfrüchte umsteigt. Nach dieser Futterpflanzenliste gehören zum Lebensraumbild eines Dompfaffs folgende Naturgartenelemente: Einzelbäume, Wildsträucherhecke, Naturwiese und Wildstaudenbeet. Damit könnten wir im großen und ganzen die Bedürfnisse des Finkenvogels abdecken.

Zugegeben: ein willkürliches Beispiel. Allerdings eines für viele, das an anderen Orten mit einem anderen Nahrungsangebot sicher anders ausfallen wird, das jedoch für den Wert einer ökologischen Lebensraumvernetzung im Wildgarten stehen kann. Würden wir weitere Arten genauer untersuchen, kämen wir auf weitere Ansprüche, teilweise sogar auf relativ unbekannte: So fliegen Blaumeisen regelmäßig auf blühende Weiden, um von den Kätzchen

Brutvögel der Wildgärten

Vogelart	Nistkasten	Höhle	Halbhöhle	Gebäude	Geäst	Boden	Strauch	Baum	Samen	Beeren	Knospen	Insekten	Spinnen	Würmer
Blaumeise	●	●						●		●		●		
Kohlmeise	●	●						●	●	●		●		
Hausrotschwanz	●		●	●								●	●	
Gartenrotschwanz	●		●	●						●		●	●	
Kleiber	●	●	●					●	●	●		●		
Feldsperling	●	●	●	●					●			●		
Haussperling	●	●	●	●					●	●		●		
Bachstelze	●		●	●		●						●		
Buchfink					●			●	●	●		●		
Grünfink					●		●		●			●		
Stieglitz					●				●			●		
Hänfling					●				●			●		
Dompfaff					●			●	●	●	●			
Zaunkönig			●	●		●	●		●			●	●	
Heckenbraunelle					●		●		●			●		
Gelbspötter					●		●					●		
Zilpzalp					●		●					●	●	
Rotkehlchen		●		●		●			●	●		●	●	
Grauschnäpper	●		●	●								●		
Mönchsgrasmücke					●		●			●		●		
Gartengrasmücke							●			●		●		
Zaungrasmücke					●		●	●				●		
Gartenbaumläufer	●	●						●				●		
Nachtigall					●	●				●		●		
Amsel			●		●			●	●	●		●		●
Singdrossel					●				●	●		●		●
Girlitz					●		●		●			●		
Zeisig					●			●	●					
Star	●	●						●		●		●		●

Wildtiere

Von wilden Beeren und Vogelscharen

Die Früchte der heimischen Sträucher sind nicht umsonst knallbunt gefärbt. Ihre Auffälligkeit signalisiert weithin sichtbar Futter. Auf dieses Lockangebot haben sich viele Gefiederte tatsächlich eingelassen. Ein Teil ist zu ausgesprochenen Fruchtfressern geworden und damit auch stark abhängig vom Wildfruchtangebot des Herbstes. Die anderen Arten erliegen nur hin und wieder der süßsauren Versuchung. Bei ihnen gehören Wildbeeren zur Beikost. Doch selbst vermeintliche Insektenfresser lassen sich gar nicht so selten vom Fruchtangebot verführen. Beispielsweise verzehrt die Kohlmeise außer Insekten 23 Wildstrauchfrüchte.

Wildfrüchte sind so beliebt, daß die meisten Sträucher im Nu leergefegt sind. Hierzu zählen etwa die Holunderarten, der Wollige Schneeball, der Rote Hartriegel. Gerade die Zugvögel stärken sich hier vor der Reise gen Süden. Einige heimische Beeren scheinen allerdings reinste Ladenhüter zu sein. Die Wildform der Schwarzen Johannisbeere etwa hängt überlang. Für sie existieren gerade drei Abnehmer. Für wieder andere Straucharten gibt es zwar genügend Interessenten, doch die Beeren müssen so wenig schmecken, daß sie erst zu Saisonschluß weggehen. Der Gemeine Schneeball, die Früchte der Gemeinen Berberitze und der Sanddorn sind hierfür Beispiele. Sie werden oft erst im Spätherbst, manchmal sogar im Winter angerührt. Doch auch dies ist gut so: In einer Zeit, in der allgemeine Futterknappheit herrscht, spielen sie für das Überleben der Daheimgebliebenen eine sehr elementare Rolle! Wildsträucher sind quasi eine Art Überlebensversicherung für die heimische Vogelwelt. Und darin unterscheiden sich heimische Sträucher gravierend von Ziergehölzen des Gartengrüns. Die Anzahl der fruchtfressenden Vogelarten belegt dies eindrücklich. Wie bei den Insekten gilt hier die Regel: Der heimische Strauch kennt am meisten Nutzer. So ernährt beispielsweise der Feldahorn 15, der Rote Hartriegel gar 24 Vogelarten. In der Gunst folgen (meist) Exoten oder

Die Vogelbeere ist Rekordhalter. Sie verköstigt 63 Gefiederte, hier einen Dompfaff. Das kleine Foto zeigt das »Hackwerk« von Grünfinken an Hundsrosenhagebutten.

Vogelsträucher

Wer Rotkehlchen liebt, sollte sie mit Pfaffenhütchen locken, ihrer Leibspeise. Auch typische Insektenfresser ernten Früchte. Die Nachtigall verzehrt sechs verschiedene Wildsträucherfrüchte (rechts).

Zuchtformen, die mit einheimischen Sträuchern verwandt sind: Beispielsweise der Tatarische Ahorn mit 7 Spezies und der Weiße Hartriegel mit immerhin noch 8 Fruchtfressern), während Exoten, die mit mitteleuropäischen Arten nicht verwandt sind, am schlechtesten abschneiden. So werden etwa Feuerdorn und Gleditschie nur von je 4 fruchtfressenden Vögeln besucht, Deutzie und Weigelie nur von je einer Art.

Von daher gesehen sind die mit einheimischen Wildgehölzen verwandten Zuchtsträucher ökologisch zwar etwas günstiger zu beurteilen als die völlig standortfremden Formen aus Nordamerika oder Asien. Bei spezifischen Ansprüchen oder bestimmten Bedingungen (Platzprobleme im kleinen Garten!) kann notfalls auf entsprechende Zuchten zurückgegriffen werden. Dennoch bleibt klar: Die beste Alternative bieten immer die heimischen Gewächse. In ihrem Wert für die Tierwelt übertreffen sie jede Zucht- und Zierform.

Hitparade der heimischen Vogelsträucher

Wildstrauch	fruchtfressende Vogelarten
Vogelbeere	63
Schwarzer Holunder	62
Traubenholunder	47
Gemeiner Wacholder	43
Waldhimbeere	39
Faulbaum	36
Wilde Rote Johannisbeere	34
Eingriffeliger Weißdorn	32
Wildbrombeere	32
Wildrosen	27
Roter Hartriegel	24
Europäisches Pfaffenhütchen	24
Gemeine Traubenkirsche	24
Gemeine Eibe	24
Gewöhnlicher Schneeball	22
Gemeiner Liguster	21
Schlehe	20
Gemeine Berberitze	19
Kreuzdorn	19
Sanddorn	16
Kornelkirsche	15
Wolliger Schneeball	15
Wilde Stachelbeere	14
Haselnuß	10
Rote Heckenkirsche	8
Wilde Schw. Johannisbeere	3
Weiden	3

31

Wildtiere

Gute Nachbarschaft mit Säugetieren

Grün sollten sich die Nachbarn sein und ihre Wildgärten ökologisch miteinander verbinden. Dieser Idealfall wäre gleichzeitig ein Fall für den Artenschutz von Säugetieren.

Stellen wir uns einmal folgendes vor: Die Wildgartenbesitzer X und Y tun sich zusammen und legen statt eines trennenden Gartenzauns auf der gemeinsamen Grenzlinie eine verbindende Hecke an. Außerdem hat der eine noch Platz für einen Naturteich, während der zweite sich einen Trockenstandort schafft. Selbst bei den Wegen beschreitet man gemeinsames Terrain: Der Mulchweg des einen Grundstücks schließt direkt an den Nachbarweg an. Nur in bezug auf den Katzenkopfpflasterbelag von X und das Granitpflaster bei Y wurde man sich nicht einig. Hier bestand jeder auf seiner Version, ein zusätzlicher Beitrag zur belebenden Vielgestaltigkeit.

Das ökologische Stichwort gerade bei kleinen Gärten und Grundstücken heißt »verbinden« und nicht trennen.

Über eine gemeinsame, übergeordnete Anlage lassen sich denn auch die Lebensraumbedürfnisse vieler Säugetierarten besser befriedigen. Denken wir da nur an den Igel, der nur zu oft durch Maschendrahtzäune am Fortkommen und Querfeldeinstreifen gehindert wird. Denken wir an den Steinmarder, der hüben einen Unterschlupf hat, drüben aber sein Jagdrevier. Denken wir vielleicht auch an die nimmersatten Spitzmäuse, deren Hunger nur in einem abwechslungsreichen Terrain zu stillen ist. Eine Vielzahl von Säugetieren, genau 44 Arten, könnte in Gärten leben, vorausgesetzt, die Verhältnisse stimmen.

Als Grundbedingung benötigen vor allem die räuberischen Arten neben Bewegungsfreiheit und adäquaten Verstecken ein ausreichend breites Nahrungsangebot. Das allerdings kommt nur über eine Vielzahl von Kleinstrukturen mit einem großen Futterangebot für Insekten zustande. Die Frage nach den Säugetieren im Wildgarten führt also automatisch zu Naturwiesen, Totholzhaufen, Wildstaudenbeeten, Trockenflächen, Steinmauern, Naturteichen, Sumpfgräben oder eben Hecken aus Wildgehölzen.

Abwechslung schafft Artenreichtum: Igel benötigen Stein- und Asthaufen als Tagesquartier und die Wiese als Jagdstrecke; Eichhörnchen die Haselnüsse der Wildsträucherhecke.

Gerade letztere stellen eine nicht zu übersehende Basisversorgung dar. Viele der Säuger haben sich auf bestimmte Sträucher spezialisiert, wobei der Blick ins Detail immer wieder für Überraschungen sorgt. Wer hätte geahnt, daß der beliebteste Wildstrauch unserer Heimat der Holzapfel ist – Stammvater

Säugetiere

Wildsträucherfrüchte, hier eine Kornelkirsche, sind ein leicht und gern gefundenes Fressen nicht allein für Waldmäuse.

der Gartenäpfel. Er führt mit 35 Nutznießern die Hitparade an, dicht gefolgt von Haselnuß mit 33 und Wildbirne mit immerhin noch 29 Verwertern.

Allerdings stehen nicht allein die Früchte auf dem Speiseplan der Säugetiere. Geschätzt sind auch Blätter, Triebe oder sogar Wurzeln. Die Rangfolge der bevorzugten Strauchteile eines Haselnußbusches lautet so: Am begehrtesten sind die knackigen Früchte. 16 Säugetierarten fressen sie. Doch auch die Triebe sind attraktiv (für 12 Arten), die Blätter werden noch von acht Spezies angenommen, die Rinde von sechs. Selbst Haselnußpollen, Blüten und Knospen finden noch drei Säugetiere als Abnehmer.

Ähnlich gefragt sind die Wildrosen, die 29 Säugetiere mit Futter vielerlei Art versorgen. Wildrosensträucher erweisen sich als Treffpunkt für vitaminhungrige Hagebuttenfresser. Zu ihnen gehört der Steinmarder ebenso wie der Fuchs. An Ort und Stelle können sie auf ihre ebenfalls Rosenfrüchte knabbernde Beute stoßen, auf Waldmaus oder Erdmaus, Feldmaus oder Gelbhalsmaus. Sogar der possierlichen Haselmaus und dem Baumschläfer können wir auf Wildrosen begegnen. Doch der heimische Rosenstrauch muß als ökologisches Ganzes gesehen werden, er ist nicht nur wegen seiner Früchte wertvoll. Zwar stehen diese mit 19 Säugetieren an der Spitze der Beliebtheitsskala, daneben werden aber auch die Triebe von neun Arten genutzt, von Rosenblättern fressen sechs, von der Rinde immerhin vier Arten. In ähnlicher Weise profitieren die Säugetiere auch vom übrigen Wildpflanzenangebot. Jedes heimische Gewächs ist ein Gewinn für die Säugerwelt im Wildgarten.

Von Säugetieren geschätzt: eimische Sträucher

Wildstrauch	Artenzahl
Wildapfel	35
Haselnuß	33
Wildbirne	29
Wildrosen	27
Preißelbeere	26
Heidelbeere	25
Waldhimbeere	20
Gemeiner Wacholder	18
Schlehe	18
Kornelkirsche	17
Zweigriffeliger Weißdorn	17
Gemeine Traubenkirsche	16
Weiden	16
Kratzbeere	14
Europäisches Pfaffenhütchen	14
Rauschbeere	12
Rote Heckenkirsche	12
Gewöhnlicher Schneeball	11
Faulbaum	11
Gemeiner Liguster	10
Schwarzer Holunder	8
Kreuzdorn	8
Roter Hartriegel	8
Gemeine Eibe	8
Moosbeere	7

Wildstrauch	Artenzahl
Gemeine Brombeere	7
Gemeine Berberitze	7
Wolliger Schneeball	6
Mispel	6
Weichselkirsche	6
Felsenjohannisbeere	6
Heidekraut	6
Roter Holunder	5
Wilde Stachelbeere	5
Eingriffeliger Weißdorn	5
Filzige Zwergmispel	4
Gemeiner Seidelbast	4
Krähenbeere	4
Färberginster	4
Sanddorn	4
Mistel	4
Wilde Schw. Johannisbeere	3
Wilde Rote Johannisbeere	2
Schwarze Heckenkirsche	2
Blaue Heckenkirsche	2
Alpenjohannisbeere	2
Stechpalme	2
Gemeine Felsenbirne	2
Bärentraube	2
Schwarzer Ginster	1

Von der Planung bis zur Praxis

Ein Wildgarten entsteht nicht im Handumdrehen. Er wird und wächst erst mit der Zeit. Besonders wichtig ist deshalb die Phase der Vorüberlegungen. Denn lange vor der Praxis beginnt die Planung. Die Erstgestaltung findet im Kopf statt.
Doch damit sich Vorstellungen entwickeln können, sind Vorbilder nötig. Wie wird die Wildsträucherhecke aussehen? Wie könnte ein Naturteich geformt sein? Was ist mit der Wiese und sieht unser neues Trockenbiotop nicht ziemlich kahl aus?
Fragen über Fragen und wenig Konkretes. Damit nicht alles in nebulösen Vorahnungen verschwimmt, sollen Ihnen die folgenden Vorbilder helfen, Ideen zu entwickeln und zu verwirklichen.

Fast noch im jungfräulichen Zustand: Teich mit Trockenfläche, Wiese und Hecke.

Planung

Aller Anfang ist schwer

Es ist leider so: Ein Wildgarten entsteht nicht von selbst. Folglich müssen wir uns daranmachen, diesen »paradiesischen« Ort persönlich zu planen. Doch wie entwirft man einen naturnahen Garten? Ketzerische Zusatzfrage: Darf, ja kann man Natur überhaupt in Planquadrate zwingen und in Grundstücksgrenzen anordnen? Entsteht Natur nicht von allein, aus eigener Kraft – Ausdruck einer zufälligen Entwicklung? Warum nicht einfach spontan irgendwo beginnen, schauen, was daraus wird, und dann mit dem nächsten Stück weitermachen?

Fragen über Fragen, die den Weg zum Wildgarten nicht sonderlich erleichtern. Und doch sind sie notwendig zur grundsätzlichen Klärung und Erklärung. Versuchen wir, der Reihe nach vorzugehen und beginnen mit dem Einfachsten: Es liegt im Selbstverständnis des Wildgartens, daß eine eigenständige Entfaltung von vorneherein möglich sein muß. Die Planung und später auch die Anlage setzen nur die Eckpfeiler, das Grundgerüst, welches die Natur ausfüllen wird. Von daher spricht nichts gegen die spontane Entwicklung, sofern eben ein gewisser Rahmen da ist, in dem diese stattfinden kann.

Damit sind wir schon beim zweiten Punkt, dem »Rahmen«. In der Regel ist es sinnvoll, bestimmte Vorgaben zu machen. Dies betrifft sowohl die grundlegenden Strukturen als auch die Initialpflanzung. Wer nicht den passenden Untergrund für die Blumenwiese schaffen kann, wem die für den Trockenmauerbau geeigneten Steine fehlen, wer einen Holzpflasterweg direkt in den Erdboden verlegt, dem fehlt eben der Rahmen für eine adäquate Naturentwicklung: Die Wiese würde sich nicht in der gewünschten Weise entfalten können, die Mauer nach kurzem zusammenbrechen und der mühsam verlegte Holzweg bald verfaulen.

Gleiches gilt für die Bepflanzung. Trockenstandorte benötigen eine passende Flora, sonst ist die Mühe umsonst. Die auf Dürre und mageren Boden spezialisierten Arten aber wachsen oft nicht mehr im natürlichen Umfeld des Gartens. Wer hier auf eine spontane Besiedlung etwa mit der Dornigen Hauhechel wartet, mag darüber alt und grau werden. Sie kann gar nicht kommen, wenn wir sie nicht herholen. Folglich ist die Initialpflanzung mit den betreffenden Wildgewächsen der Anfang aller Spontanität.

In diesem Sinne müssen wir auch die Gesamtplanung sehen. Wildgärtner arbeiten nicht nach einem Schema. Indem sie jedoch die grundlegenden Bedingungen schaffen, ermöglichen sie eine natürliche Entwicklung. Geduld und Flexibilität sind dabei die zwei elementaren Eigenschaften. Es ist wichtig, schon von vorneherein nicht allzu starre Vorstellungen vom »fertigen« Naturgarten zu haben. Vielleicht bietet sich noch im Laufe der Bauarbeiten eine phantasievolle Lösung an, wie sich der Naturteich harmonisch durch ein Mäuerchen mit dem Bruchsteinpflaster vernetzen ließe. Vielleicht wird die Wilde Karde gar nicht den für sie vorgesehenen Platz erobern, sondern sich ganz woanders ansiedeln und dort wohler fühlen. Vielleicht wird der staunasse Sumpfgraben in der Sommerhitze auch einmal austrocknen. Zunächst muß das alles möglich und machbar sein.

Kommen wir nun zum schwierigsten Punkt: Wie und was soll der persönliche Wildgarten einmal darstellen? Jede Vorstellung benötigt Vorbilder. Doch woher nimmt man phantasievolle Gestaltungsvorschläge, wenn es grundsätzlich an Bildern, Ideen und Eingebungen von naturnahen Gartenanlagen fehlt? Nur wer sich schon länger mit dem Thema beschäftigt hat, kann über einen genügenden Fundus an Ideen

Information

verfügen und in die Planung einbringen. Er hat den Vorteil, den Garten ohne konkrete Planung entstehen zu lassen, ganz aus dem Kopf. Indem er mit Hilfe von Zufall und Phantasie Stück für Stück seinen Gartentraum verwirklicht, kann der wirklich ein Traumgarten werden. Doch diese Sorte der von Anfang an gut präparierten Wildgartenbesitzer macht sich (noch?) rar.

Folglich geht daran für die meisten wohl kein Weg vorbei: Es heißt, sich kundig machen. Wer seine Planung nicht ganz in die Hände eines berufenen Fachmannes legen mag (siehe Seite 44–47), der sollte alle zugänglichen Informationsquellen nutzen. Im einzelnen sind dies:

- Führungen, Kurse und Seminare in und über Naturgärten.
- Eigene Erkundungsgänge durch den »Wildgarten der Natur«.
- Studium der einschlägigen Literatur.

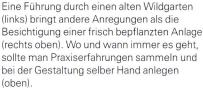

Eine Führung durch einen alten Wildgarten (links) bringt andere Anregungen als die Besichtigung einer frisch bepflanzten Anlage (rechts oben). Wo und wann immer es geht, sollte man Praxiserfahrungen sammeln und bei der Gestaltung selber Hand anlegen (oben).

Zwecks Führungen, Kursen und Seminaren sucht man am besten den Kontakt zu einer damit befaßten Organisation. Der in Deutschland bundesweit operierende Naturgarten e. V. (Verein für naturnahe Garten- und Landschaftsgestaltung) bietet sich hier an. In der Schweiz ist die Schwesterorganisation VNG empfehlenswert (siehe Adressenverzeichnis). Andernfalls wendet man sich an eine Naturschutzorganisation, die nützliche Ratschläge erteilt und sogar oft selbst Veranstaltungen anbietet. Ideen sammeln lassen sich aber auch durch eigene Erkundungsgänge in der Natur. Wie bewächst ein Kalktrockenrasen? Welche Kleinstrukturen und Sträucher gehören in eine Hecke? Wie lassen sich Feuchtbiotope anlegen? Gerüstet mit solchen Fragestellungen bringen Exkursionen in die entsprechenden Lebensräume sehr viele wichtige Aufschlüsse. Mit allerdings einer Einschränkung: Wir können solche natürlich intakten Biotope nur ausschnittsweise in ihrer Artenvielfalt und Struktur im Wildgarten nachahmen! Gewiß gehören aber nicht nur naturnahe Landschaften, sondern auch stark durch Menschen beeinflußte Biotope wie Sandgruben oder Steinbrüche zum vorbildlichen und wegweisenden Anschauungsmaterial. Selbst Schuttplätze, Industriebrachen und gewachsene Dörfer sind unter dem Stichwort »Wildgarten« eine Reise wert.

Die Literatur zum Thema Wildgarten oder naturnaher Garten ist noch dünn gesät und in manchen Fällen auch wenig qualifiziert. Nicht immer sind es Praktiker, die hier geschrieben haben. Im Literaturverzeichnis finden Sie eine Übersicht über Empfehlenswertes.

Mit nun hoffentlich einem Sack von Anschauungsbeispielen gut gerüstet und dem Kopf voll guter Ideen beginnt die nächste Phase: die eigentliche Planung. Ein mühsames Stück Arbeit. Doch der Aufwand lohnt, wenn der Wildgarten gelingen soll. Schließlich möchten alle Beteiligten daran wahre Freude haben!

Planung

Gartentraum oder Traumgarten?

Gartenträume haben viele, den Traumgarten wenige. Den Unterschied zwischen Anspruch und Wirklichkeit macht die gute Vorbereitung. Ein jeder Gartenbenutzer will gefragt sein, denn jeder hat andere Wünsche. Nur alle Vorstellungen vereint, ergeben wirklich einen Traumgarten.

Gartennutzer treten gottlob zwar nicht gleich im Dutzend, dafür doch aber oft in Familienstärke auf. Hier müssen sich die Ansprüche von Jung und Alt, Groß und Klein vereinbaren lassen – ein oft schwieriges Unterfangen, bei dem notgedrungen jeder Abstriche machen muß. Weniger häufig ist die Situation, in der nur zwei Personen den Garten bewohnen und noch seltener besitzt einer allein einen Garten. Doch auch hier sollten sich die Bewohner vorher über ihre grundsätzlichen Ansprüche im klaren sein. Und die können sehr verschieden ausfallen.

Älteren Menschen schwebt oft vor, daß ihr Wildgarten problemlos zugänglich sein muß. Außerdem soll er aus Altersgründen möglichst pflegeleicht sein. Wer alleinstehend und in Rente ist, mag sich nicht mehr Arbeit als nötig aufhalsen. Andererseits können bestimmte Gartenpartien lange Zeit sich selbst überlassen bleiben, da der Platz im Garten jetzt weniger stark genutzt wird als in jungen Jahren. Schließlich gehören Ruheplätze im allgemeinen und warme Sitzplätze im besonderen zu einem oft geäußerten Wunsch.

Vergleichsweise ähnliche Bedürfnisse äußern Paare, die keine Kinder haben wollen oder deren Söhne und Töchter schon aus dem Haus sind. Auch hier steht das Bestreben nach Entspannung und Erholung meist im Vordergrund, obwohl durchaus die Bereitschaft zu spüren ist, auch »anzupacken«. Gartenarbeit als Ausgleich zur beruflichen Tätigkeit, das läßt sich auch in einen Wildgarten einbinden. In solchen Fällen könnten durchaus pflegeintensivere Elemente miteingeplant werden wie etwa ein Wildstaudenbeet oder Trockenflächen.

Ein Gartentraum vieler Wildgärtner: Glockenblume und Schafgarbe auf einer über Jahre gewachsenen Blumenwiese.

Wieder andere Ansprüche haben Familien. Bei Kleinkindern müssen zunächst einmal gut benutzbare und gleichzeitig übersichtliche Freiräume geschaffen werden; später kommt es dann stärker auf Spielflächen an. Mehr als in den vorherigen Fällen wird größten Wert auf das Erlebnis »Garten« gelegt. Der Wildgarten soll für die Heranwachsenden zum Lernort und Lehrort werden dürfen, ein umwelterzieherisches Vorbild abgeben. Folglich kommt es speziell darauf an, daß ganz konkrete Naturerfahrungen gemacht werden können. Hierzu gehören auch für Kinder zugängliche und weitgehend unfallsichere Wildgartenelemente. (Unter Umständen kann daraus auch der vorläufige Verzicht auf einen tiefen Naturteich resultieren). Selbstverständlich zwingt diese Maxime dem Gartenbild nicht Ordnung und Sauberkeit auf. Ganz im Gegenteil sollte der Wildgarten abwechslungsreich sein und das Abenteuer Natur stellenweise vermitteln können. Die »wilde Ecke« ist für ältere Kinder ein besonders spannender Erlebnisort.

Auf einen Nenner gebracht, läßt sich das Ziel jeder Naturgartenplanung so ausdrücken: Die Konzeption von Wildgärten muß so verschieden sein wie die Menschen, die darin (und damit) leben. Und – noch wichtiger: Der einmal angelegte Garten braucht nicht so zu bleiben, wie er ist. Zwar mögen die aktuellen Bedürfnisse der Bewohner ausschlaggebend für die konkrete Planung sein, aber alles bestimmen sollten sie nicht. Ein intelligent durchdachter Wildgarten muß sich mit den Ansprüchen der Benutzer verändern können. Er muß wachsen dürfen, offen sein für Umgestaltungen, Erweiterungen, Neuerungen. Dies trifft im besonderen für Familengärten zu: Beispielsweise kann aus dem Sandspielplatz vor dem Küchenfenster durchaus einmal eine Kräuterspirale mit dem nötigen Spektrum an Küchen- und Gewürzkräutern werden. Und erscheint der große Naturrasen mit der Zeit unnütz, weil der Nachwuchs den Fußballschuhen entwachsen ist, mag sich dort fortan eine sparsam gemähte Blumenwiese entwickeln oder Platz sein für einen Naturteich.

Sogar der weitgehend sich selbst überlassene Garten à la Natur muß nicht auf alle Ewigkeit so bestehen. Mit neuen Nutzern ergeben sich neue Ansprüche an den Wildgarten. Kann sein, daß die Blumenwiese wieder zum Naturrasen mutiert oder die Kräuterspirale erneut zum Kinderspielplatz wird – als Zeichen andauernd natürlich möglicher Wandlung, als anschauliches Symbol ökologischer Kreisläufe, für die ein Wildgarten so ein hervorragendes Objekt ist.

Doch wie kommt man – speziell bei unterschiedlichen Erwartungen – zu ei-

Ansprüche

nem für alle Nutzer akzeptablen Kompromiß und deswegen sogar zum Traumgarten für jeden? Wichtig ist, daß sich die Beteiligten ihre Wünsche gegenseitig mitteilen. Dabei ist es nicht Ziel, eine fertige maßstabsgerechte Skizze aus der Schublade zu ziehen, sondern sich unbeeinflußt von den anderen eine Stichwortliste anzulegen, auf der die wichtigsten Wildgartenelemente verzeichnet sind. Im weiteren läßt sich dann – ebenfalls anhand einer spontan aufgestellten Wunschliste – über die konkreten Ansprüche an einzelne dieser Elemente (Wege, Naturteich) reden.

Ein alternativer Vorschlag wäre es, daß jeder zukünftige Mitgärtner eine laienhafte Zeichnung vom Garten seiner Träume anfertigt. Dies darf auch mit Farbe geschehen. Auch hier kommt es keinesfalls auf die Qualität der Entwürfe an, sondern auf die Absicht, die hinter ihnen steckt.

Bei daran anschließenden Gesprächen werden wir sehen, wieviel verschiedene Meinungen sich hinter oft gleichen Ausgangsbegriffen doch verbergen können. Für Überraschungen sei garantiert: So taucht in einem Plan des Juniors die »wilde Ecke« im Garten unverhältnismäßig groß auf, während sie bei der Dame des Hauses fast unter den Tisch fällt. Dafür nimmt ihr Wildstaudenbeet besonderen Raum ein, für das der Sohn seinerseits kaum Interesse zeigt, weil er seine wildgärtnerischen Schlüsselerlebnisse nicht mit einem Ikebanagesteck aus heimischen Blumen hatte, dafür aber rings um den Totholzhaufen dem Igel nachspüren durfte.

Die Mühe der Diskussion und eines Kompromisses aller Beteiligten lohnt. Nur so kann aus vielen Gartenträumen ein Traumgarten vieler werden.

Jeder Traumgarten braucht Zeit zum Werden: Diese frisch eingesäte Blumenwiese enthält noch viele einjährige Ackerwildkräuter wie Klatschmohn, Kornrade, Kornblume und Kamille. Sie werden später durch dauerhafte Arten abgelöst.

Planung

Nichts ist unmöglich – Größe und Lage des Grundstücks

Größe, Lage und Schnitt des Grundstücks, das Bodenrelief und nicht zuletzt die Nachbarn sind zu berücksichtigen. Im Prinzip kein Problem.

Doch aller Anfang ist schwer: Obwohl der zukünftige Wildgärtner gut präpariert in diese Runde geht, obwohl er etliche hundert Fachbuchseiten, Zeitschriftenbeiträge und Ratgeberbroschüren durchgeackert hat, obwohl er sogar zweimal eine Naturgartenführung mitgemacht hat, mag er doch etwas ratlos vor dem eigenen Grundstück stehen. Ob hieraus je ein vielversprechender Wildgarten wird?

Nur Mut! Erledigen wir die anstehenden Probleme nach und nach, dann wird der Weg hin zur Natur ein leichter sein. Beschäftigen wir uns zunächst mit dem Grundstück selbst. Mit Ausnahme von normierten Reihenhausgärten und Kleingärten gleicht kein Garten dem anderen. Schon die Größe allein unterscheidet: Das Landstück mag allenfalls aus einem Eingangsbereich bestehen. Es hat zufällig die durchschnittliche Fläche aller Gärten, 400 Quadratmeter. Oder es mißt – ein Glücksfall – 1000 Quadratmeter oder sogar mehr.

Auch der Schnitt unterscheidet von den Nachbargärten links und rechts. Die Regel sind lineare und rechteckige Formen: Da wäre der quadratische oder rechteckige Vorgarten, der langgezogene Handtuchgarten, der Garten ums Haus. Als Ausnahme kommen vor: dreieckige Gärten und Gärten mit abgerundeten Grenzen, etwa entlang eines Baches.

Daneben sind Grundstücke auch durch ihre Lage charakterisiert: Der Innenhofgarten bietet andere Voraussetzungen als der Garten an einer Anliegerstraße. Am Standrand sind die Verhältnisse anders als auf dem Land. Auch kann das Gartenstück ganztägig in praller Sonne liegen oder mehr oder weniger beschattet sein. Der Boden mag feucht, knochentrocken, nährstoffreich oder mager ausfallen.

Als letztes schließlich bestimmt das Bodenrelief die Voraussetzungen. Ebenes Gelände überwiegt zwar, doch ist sind auch Schräglagen möglich bis hin zum Hang.

Das Schöne am Wildgarten ist, daß er überall Platz findet, in jedem dieser Grundstücke. Die Vielfalt der Formen und Möglichkeiten insgesamt und – speziell – die Ausprägung des eigenen Gartens sollte hierbei aber nicht als einengender Rahmen, sondern als einmalige Chance gesehen werden. Denn der Wildgarten ist anpassungsfähig wie kein anderer. Die von Fall zu Fall variierende Gartengröße, Schnitt, Lage und Bodenrelief machen jede Anlage zum Unikat, zur individuell ausgeprägten Gestaltungsidee. Deswegen wird auch kein Wildgarten dem anderen gleichen. Es gibt viele Gärten, für die sich bestimmte Wildgartenelemente geradezu anbieten, andere dagegen verbieten. Ein Hanggarten etwa, mit natürlichem Quellwasser, läßt sich zur Anlage von Quelltümpeln oder gar einem Bachlauf nutzen. Regenwasser vom Dach könnte hier sehr schön durch einen Sumpfgraben fließen und schließlich in einem Feuchtgebiet versickern. Andererseits stellt der Bachlauf im brettebenen Ge-

In der Versenkung und damit aus dem Blickfeld der Nachbarn verschwinden kann man auch in kleinen Gärten: Der mit Trockenmauern umrandete Sitzplatz liegt einen halben Meter tiefer.

Grundstück

lände schon einen Stilbruch dar, der nur mühsam und sehr energieaufwendig zu kaschieren ist. Ein anderes Beispiel: Während die Bruchsteinmauer die natürliche Abschirmung eines sonnigen Sitzplatzes sein kann, mag sie als Gestaltungselement im Naturteich doch befremdlich wirken. Genauso wie der Naturteich, der im horizontalen Gelände seine Form und Funktion findet, auf dem Hanggrundstück aber oft gekünstelt wirkt. Hier bietet sich eher eine Terrassierung mit Trockenmäuerchen an. Leider entstehen solche zwar gut gemeinten, aber doch unharmonischen Gestaltungen immer wieder.

Noch eines: Nicht immer stehen die Gegebenheiten von vornherein zum besten. In vielen Gärten müssen deswegen erst die Voraussetzungen für Vielfalt geschaffen werden, die aus der Monotonie der konventionellen Gartengestaltung herausführen. So ist eine leichte Modellierung des Geländes oft von Vorteil, ein Grund, den Erdaushub von Teichen und Mauern im Garten zu belassen und nicht auf die Deponie zu fahren. Gerade kleine Gärten wirken optisch größer, wenn man sie gekonnt und zum Gelände in einzelne Erlebnisbereiche unterteilt: Wer nur zweihundert Quadratmeter Gartengrün zwischen Haus und Straße besitzt, kann dort einen sterilen Rasen anlegen und sich ständig über Nachbarn und den Verkehr ärgern. Er könnte aber auch durch abwechslungsreiche Kleinbereiche mit Büschen und Wällen, Gräben und Senken den Wert des Gartens steigern, Motorräder und Autolärm vergessen und die Nachbarn so sein lassen wie sie eben sind.

Apropos Nachbarn: Sie können – speziell bei kleinen Wildgärten – zum Problem werden. Vor allem, wenn sie grundsätzlich unsere Auffassung vom Gartenleben nicht teilen und Natur sich bei ihnen als Fremdwort buchstabiert. In solchen Fällen hilft nur Verständnis und Toleranz. Ein freundliches Wort hat hier schon Wunder gewirkt.

Übrigens, das lebendige Beispiel ebenfalls: So sind es oft die Kinder, welche die Kommunikation über Gartengren-

Jeder Wildgarten ist ein Unikat und gut für eine individuelle Lösung. Aus den Gegebenheiten das für alle Beste machen, darauf kommt es an.

zen hinweg in Gang bringen. Weil es »daheim« nur wenig Aufregendes zu erleben gibt, zeigen sie sich ungemein begeisterungsfähig für Raupen und Schmetterlinge auf der Blumenwiese des Nachbarn. Knüpfen und pflegen Sie solche zarten Bande, die Eltern könnten irgendwann auch einmal mitschauen wollen!

Gesprächsbereitschaft hin und her, von einem sollten sie nicht abweichen: von ihrer Überzeugung. Nur weil alle anderen ihre Rasenkanten mit der Nagelschere schneiden, die Umwelt begiften und sich beim Unkrautrupfen den Hexenschuß holen, müssen sie dies nicht genauso machen. Selbst wenn es dazu gelegentlich Zivilcourage braucht: Der Wildgarten ist keine vergängliche Modeerscheinung. Viel eher ist er eine Lebensphilosophie.

Planung

Kosten und Pflege

Zwei Vorurteile halten manchen vom Wildgarten ab: Die angeblich hohen Kosten und die aufwendige Pflege. An beidem stimmt nur, daß ein naturnaher Garten etwas kostet und natürlich gepflegt werden muß. Allerdings nicht mehr, sondern eher weniger als herkömmliches Gartengrün.

Wer sich mit Sonderangeboten und Billigware aus dem Gartencenter eindeckt, nur weil ihm nach dem Hausbau das Geld ausgegangen ist – bei den heutigen Grundstückspreisen und Bausummen durchaus vesändlich, der ist einem weitverbreiteten Vorurteil aufgesessen: daß nämlich Naturgärten nur zu Apothekerpreisen zu haben wären.

Jeder Garten, folglich auch Wildgärten, kostet gerade soviel, wie der Hausherr bereit ist zu investieren. Von daher gibt es sehr billige und sehr teure Anlagen – wenige, die nur in Fremdarbeit ausgeführt wurden, und viele, die in Eigenregie entstanden. Grundsätzlich besteht im Budget kein Unterschied zwischen einem Standart-Koniferengarten mit Hochzuchtrosenrabatte, Verbundpflasterwegen, Goldfischbecken, Rhododendronbeet und Schurrasen und dem Wildgarten mit Naturteich, Wildsträucherhecke, Blumenwiese und einem Natursteinsitzplatz. Es ist jedermanns Entscheidung, was aus seinem Gartengrün wird; nur sollte der Eigner einkalkulieren, daß ein schöner, ein anspruchsvoller Garten auch etwas kosten muß.

Allerdings, und das ist ein großer Vorteil gegenüber dem normalen Ziergartensortiment, sind die Pflanzen keine Austauschware. Die Wildgartenflora ist bodenständig, daß heißt, sie gedeiht weitaus besser als exotische und standortfremde Sorten: Der unnütze Kampf gegen die Natur aber verursacht ständig Kosten für Pflegeprogramme, für Hilfsmittel. Der Sommerflieder hält sich in den meisten Gärten trotz intensiver Bemühungen oft nur wenige Jahre, ohne aufwendige Pflege wird die Azalee bald eingehen, die Blaufichte vor sich hinkümmern und die Zuchtrose vergeblich gegen Blattlausinvasionen ankämpfen. So steht am Ende des Ziergartens dann eine neue Investition in ein neues Pflanzensortiment an, das möglicherweise ebenfalls nur begrenzt hält. Und Rhododendron, das weiß jeder, hat seinen Preis.

Ihre überzeugende Wüchsigkeit macht heimische Pflanzen im Wildgarten jedoch zu kostengünstigen Untermietern. Einmal angeschafft (falls dies überhaupt nötig ist, weil sie sich etwa von selbst angesiedelt haben), bleiben sie, gedeihen und vermehren sich nach Kräften. Auch die Anschaffung kommt in der Regel nicht so teuer zu stehen, da die Arten billiger anzuziehen sind.

Doch auch bei exklusiven Wünschen sticht das Kostenargument nicht. Einen Naturgarten muß man nicht von heute auf morgen fertig haben (man kann es auch gar nicht!). Er braucht – das versteht sich aus der Natur der Sache – Zeit zum Wachsen und Werden. Ein schrittweises Vorgehen widerspricht nicht einem später einmal wohlgeordnetem Ganzen. So kann man anfangs einige Flächen brach liegen lassen oder wenig aufwendig gestalten, und zwar durchaus im Bewußtsein, daß gerade solche Brachen für bestimmte Pflanzen und damit automatisch für die Tierwelt außerordentlich attraktiv sein können. Mit den Jahren läßt sich dann alles weitere verwirklichen. Die Voraussetzung für solche Fälle wäre freilich ein Gesamtplan, an dem man sich orientieren kann.

Selbst Hand angelegt und Kosten gespart: Eine niedrige Trockenmauer können auch Laien aufschichten.

Wild und dennoch gepflegt: Ältere Naturgarten mit gemähtem Rasenweg und Wildstauden.

Aufwand

Macht wenig Arbeit: eine Trockenfläche aus Kies mit Fingerkraut.

einmal entfernte Äste müssen nicht mühevoll weggeräumt werden, sondern können vor Ort bleiben. (Daß solches Nichtstun auch Kleingeld spart, nur nebenbei!) Der Regelfall im Wildgarten wäre also die Arbeitsersparnis.

Allerdings existieren auch Wildgartenelemente, auf die gleich viel Pflegeaufwand entfällt wie im konventionellen Garten. Das Wildblumenbeet muß von Zeit zu Zeit gejätet werden und eine frisch gepflanzte Hecke bedarf einer schützenden Mulchdecke.

An wenigen Stellen schließlich bleibt im Wildgarten mehr zu tun, so etwa bei Kieswegen, die zuwachsen können, oder Mulchpfaden, die nach einigen Jahren Gebrauch erneuert werden müssen. Doch selbst wenn man diese Sonderfälle berücksichtigt, ist die Bilanz positiv: Der Wildgarten schont Nerven und Rückenmuskulatur. Er funktioniert auch ohne High-tech. All dies spart auf die Dauer automatisch Geld. Um nicht von der Zeit zu reden, der nicht zum Arbeiten benötigten Freizeit.

Mag sein, daß Nachbarn über diese geruhsame Form der Gartengestaltung erstaunt, amüsiert, beunruhigt, ja sogar schockiert sind. Das aber sollten wir auf uns nehmen. Außerdem kommt es ja sehr auf die Sicht der Dinge an: Was für aufgeräumte Nachbarn der störende Kieshaufen symbolisiert, nämlich Unordnung, gerät für Wildgärtner zur ökologisch wertvollen Pionierfläche. Und während ein Totholzhaufen für Umweltmuffel nur ein Fall für den Sperrmüll ist, wird er für Naturgärtner ein unabdingbarer Bestandteil ökologischer Kreisläufe.

Was die Pflegeintensität angeht, schneidet ein Wildgarten sogar wesentlich günstiger ab. Die Blumenwiese wird nicht wöchentlich, allenfalls zweimal pro Jahr gemäht. Sie wird nicht gedüngt, nicht gesprengt und nicht vertikutiert. Auch der Naturteich darf dank seiner natürlichen Entwicklung viel länger sich selbst überlassen bleiben als ein mit jeder Menge künstlichem Aufwand am Leben gehaltener Fischteich. Die Wildgartenhecke mag ungehemmter wachsen als der Thujaverschnitt,

Pflegeaufwand von Wildgartenelementen

Wildgartenelement	sehr wenig	wenig	gelegentlich	viel
Naturteich		●		
Sumpfgraben	●			
Bachlauf				●
Feuchtwiese	●			
Trockenwiese	●			
Naturrasen			●	
Wildstaudenbeet				●
Ackerwildkräuter		●		
Humushügel		●		
Heide			●	
Sand/Kiesfläche			●	
Sand/Kieshaufen			●	
Steinhaufen	●			
Trockenmauer		●		
Steinpflaster	●			
Steinplattenweg	●			
Holzweg	●			
Rindenmulchweg			●	
Sandweg			●	
Kiesweg			●	
Mauerschutt	●			
Gründach	●			
Totholzhaufen	●			
Sträucher		●		
Hecke	●			
Bäume		●		
Obstbäume			●	
Kletterpflanzen		●		

43

Planung

Wie man einen Garten neu anlegt

Wer die Chance hat, seinen Garten völlig neu zu gestalten, komplett von Anfang an, der sollte sie nutzen. Gerade für Wildgärtner eine ideale Situation.

Noch während Bagger und Kran auf dem Bauplatz stehen und das neue Heim in die Höhe wächst, sollte man an den Garten denken. So lassen sich unnötiger Aufwand vermeiden und doppelte Kosten sparen. Für den Bagger ist es eine Kleinigkeit, die Grube für den Naturteich gleich mitauszuheben und das Erdreich an passender Stelle, etwa für einen Sträucherwall, zu plazieren. Er erledigt das Grobe, der Rest hat Zeit. Er könnte auch gleich die Fundamente für Trockenmauer und Naturwege ausschachten und mit einigen Schaufeln Schotter füllen.

Auch dem gutgemeinten Zuführen von Mutterboden oder seiner stereotypen Verteilung läßt sich in dieser Bauphase noch Einhalt gebieten. Falls ein natürlicher Mineralboden wie Kies ansteht, wäre es auf der Fläche für die zukünftige Trockenwiese geradezu eine Sünde, halbmeterdick fettes Erdreich zu verteilen. Nutzen Sie lieber die Gunst der Stunde und lassen nur wenig mageren Boden heranfahren und einmischen. Gleichfalls Nachhilfe in Sachen Wildgarten benötigen Raupenfahrer, was die Reliefgestaltung des Geländes betrifft. Denken Sie daran und teilen es auch rechtzeitig mit: Nicht alles einplanieren, sondern auch an bestimmten Stellen Mulden oder Hügel lassen.

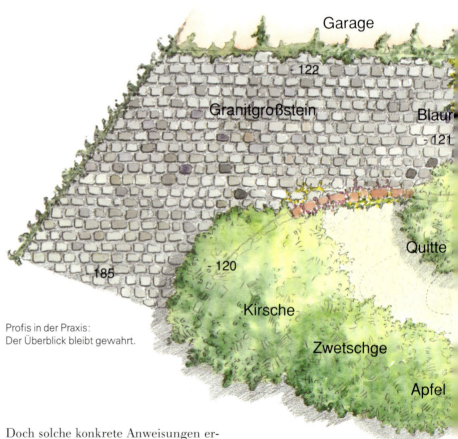

Profis in der Praxis:
Der Überblick bleibt gewahrt.

Doch solche konkrete Anweisungen erfordern einen konkreten Plan. Und da stoßen Laien oft an ihre Grenze. Von rühmlichen Ausnahmen abgesehen, sind sie mit den vielschichtigen Anforderungen, die eine Wildgartenneuanlage stellt (sowohl in technischer wie auch in ökologischer Hinsicht) schlicht überfordert. Wer trotzdem »auf eigene Faust« vorgehen will, muß einige Unzulänglichkeiten in Kauf nehmen. Wer sich die Gartenplanung nicht selbst zutraut, sollte sich lieber in die Hände eines anerkannten Fachmannes begeben.

Nur dort gibt es Gewißheit und Garantie für naturgerechte Arbeit. Allerdings besteht in deutschen Landen speziell auf diesem Sektor noch erheblicher Nachholbedarf. Zwar benutzen viele Gartenplaner und auch Gartenbaubetriebe inzwischen das werbewirksame Wörtchen »naturnah«, doch das Ergebnis läßt leider oft zu wünschen übrig. Haben Sie nur leiseste Zweifel an der ökologischen Kompetenz ihres Naturgarten-Experten, lassen Sie sich Referenzanlagen zeigen – und zwar vor Ort und nicht auf dem Foto. So scheidet man schon im Vorfeld die Spreu vom Weizen. Bei Unsicherheit empfiehlt sich der Kontakt zum Naturgarten e. V., dem Verein für naturnahe Garten- und Landschaftsgestaltung (siehe Adressenverzeichnis).

Neuanlage

Neuanlage eines Hanggartens

Ein schwieriger »Fall«! Der in der Grafik gezeichnete Garten liegt nordöstlich eines in den Hang gebauten Terrassenhauses. Das etwa 220 Quadratmeter große Gartengrundstück steigt von der Einfahrt auf einer Länge von 30 Metern um ganze drei Meter an. Dahinter beginnt ein Steilhang, der Haus und Garten weit überragt. Diese natürlichen Gegebenheiten mußte der Münchner Naturgartenspezialist Naturwuchs in der Planung berücksichtigen. Herausgekommen ist nebenstehende Lösung: Das Gelände wurde in unterschiedlichen Niveaus passend zum Haus in Terrassen gegliedert. Die einzelnen Stufen fügen sich in Form und handwerklicher Ausarbeitung harmonisch ein. Treppen, Wege und Plätze aus Natursteinen wie Granit und Klinkern und Trockenmauern aus Gneis verleihen dem Ganzen eine besondere Note. Eine Einliegerwohnung in dem Einfamilienhaus erforderte eine gesonderte Terrasse. Sie konnte jedoch durch eine tiefere Lage und höhere Umpflanzung von der Hauptterrasse optisch abgeschirmt werden. Ein Großteil des Grundstückes wurde mit heimischen Wildstauden bepflanzt. Außerdem säten die Fachleute – passend zum Standort – vier verschiedene Wildblumen und Naturwiesenmischungen ein. Glück für den Besitzer: Eine natürlich vorhandene Quelle ließ sich zu einem Bachlauf ausweiten.

45

Planung

Wie man einen Garten umgestaltet

Die Umgestaltung eines herkömmlichen Exoten- und Koniferengartens in einen Wildgarten muß nicht von heute auf morgen passieren. Mehr Zeit heißt in diesem Fall sogar weniger Kosten.
Möglichkeit Eins: Sie haben gerade ein Haus gekauft und besitzen eine andere Einstellung zum Garten als Ihre Vorgänger.
Möglichkeit Zwei: Ihr Ziergarten gefällt nicht mehr. Schließlich haben auch Sie den Blick auf zwanzig Meter hohe Fichten satt und mögen den bodendeckenden Cotoneaster nicht länger.
Lösung von Eins und Zwei: Sie gestalten den Garten um zu einem Wildgarten. Dabei können Sie sich durchaus Zeit lassen, nach und nach vorgehen und so das Gartenbild wandeln. Vielleicht fangen Sie mit der Wiese an und hören auf, so häufig zu mähen wie bisher. Oder es ist der Sumpfgraben, der Interesse findet. Oder eine Trockenmauer rund um die Sonnenterrasse – wie auch immer, die Umgestaltung muß nicht im Hauruckverfahren vonstatten gehen.
In Einzelfällen allerdings sei dennoch eine Radikalkur empfohlen: Eine Thujahecke läßt sich durch vieles andere ersetzen als ausgerechnet Nadelgewächse. Und weil Sie nun Wert auf Heimisches legen, wird auch nicht jeder Zierstrauch weiter stehenbleiben. Die Säge gehört (leider) zum Handwerkszeug eines Umgestalters.
Im Zweifelsfall dürfen Wildgärtner folglich das Urteil gegen die Exoten und für Wildpflanzen sprechen. Nur in begründeten Fällen sollten Sie Abstand nehmen von der Umgestaltung. Dann etwa, wenn ein gewachsener Baumbestand vorhanden ist, der Lärmschutz, Staubfilter und Stadtgrün bietet. Vorausgesetzt, die Baumschutzsatzung erlaubt dies, könnten Sie hier jedoch selektiv vorgehen und die weniger wertvollen Bäume durch standortgemäße ersetzen.

Gemächliche Umgestaltung: Aus dem Schurrasen wird im Laufe der Jahre ein Trockenbiotop.

Dem Ergebnis sieht man die viele Mühe nicht mehr an: Umgestalteter Terrassenbereich.

Gerade wenn Sie sich Zeit lassen können bei der Anlage, benötigen sie einen langfristigen Umgestaltungsplan, der Ihnen die Fernziele mit den jährlich zurückzulegenden Einzelschritten aufzeigt. Schließlich soll die Umstrukturierung zu einem ästhetischen Gesamtbild führen und die alten mit den neuen Elementen harmonisch verbinden. Wie weit Sie hierbei gehen, ob Sie den ganzen Garten in die Umgestaltung einbeziehen oder nur Teile daraus, das hängt natürlich von Ihnen ab. Wie bei der Neuanlage (Seite 44/45) kann der Rat eines Fachmanns allerdings sehr hilfreich sein.
Beim Kontakt mit einem Profi merken Sie auch ziemlich schnell, worauf es ihm ankommt. Es gibt zwei Sorten: Der eine Gartenplaner setzt sich am liebsten Denkmäler. Er wird seine Vorstellungen durchboxen wollen, dafür Ihre unter den Tisch kehren. Diese Sorte Ratgeber können Sie nicht gebrauchen.
Suchen Sie lieber den Experten, der ehrlich auf Ihre Bedürfnisse eingeht. Aber – und auch das gehört zu einem fruchtbaren Kommunikationsprozeß – seien auch Sie für Anregungen und Argumente offen. Andernfalls können Sie sich die Planungskosten gleich sparen.
Die Zusammenarbeit mit einem Naturgartenfachmann verläuft bei Umgestaltung sowie Neuanlagen in der Regel so: Nach Ortsbesichtigung und Vorgesprächen wird ein Entwurf gestellt, in dem die grundsätzlichen Gestaltungsideen, Geländebearbeitung, Lebensraumgliederung und die Gesamtkonzeption des Garten enthalten sind. Der Entwurf dient dann als Grundlage für weitere Unterredungen und einen präzisen Gestaltungplan (wie die nebenstehende Grafik). In diesem Detailplan werden exakte Gestaltungsvorschläge gemacht mit Wegen, Biotoptypen, Höhenprofil, Bepflanzung, usw. Auch die voraussichtlichen Kosten sind aufgeführt. Bei Bedarf erhalten Sie dann noch ausführlichere Pläne (Pflanzlisten, Materiallisten, etc). Anhand dieser Vorgaben kann dann die konkrete Ausführung anschließen.
Eigentlich sollte ab nun nichts mehr schiefgehen – seien Sie sicher: Sie haben die beste Voraussetzung, die es geben kann. Es fehlt nur noch eines: die Praxis.

Umgestaltung

Umgestaltung eines Vorgartens

Manche Gärten sind derart verbaut, daß sie guten Gewissens kaum noch als Grünfläche bezeichnet werden dürfen. So auch dieser Extremfall, ein weiteres Beispiel vom Naturgartenbau-Fachbetrieb Naturwuchs aus München. Vorgabe war das Gartenrelikt eines Taxiunternehmers: Ein großer geteerter Hof mit einer einsamen Robinie in der Mitte. Die Umwandlung des etwa 240 Quadratmeter großen, fast quadratischen Areals ergab dann eine optisch ansprechende Lösung. Zunächst mußte der Teer ganz weg. Um dann die monotone Fläche interessanter zu gestalten, wurde sie in unterschiedliche Höhenstufen unterteilt, abgegrenzt durch Trockenmauern aus Naturstein. Die tiefste Stelle nahmen so Garagenzufahrt und Sitzplatz ein, während Hauseingang und die Gemüsebeete um bis zu 40 Zentimeter erhöht wurden. Zum Nutz- und Gemüsegarten linkerhand gehören Kompost, ein Stück »Wildnis« mit Ziegelsteinhaufen, Ästen und Brombeeren und Himbeeren. Hinzu kamen ferner ein kleiner Wassergraben samt Becken. Gegenüber liegt der eher trockene Bereich mit der standortgerechten Wildflora und einer bunt gemischten Wildrosenhecke. Alle Wände wurden begrünt mit Wein, Knöterich, Efeu, Waldreben und einjährigen Kletterpflanzen. Raffiniertes Detail: Direkt um den tiefergelegenen Sitzplatz ließ sich für Grill- und Salatkräuter ein natürlicher Wuchsort schaffen. Bergbohnenkraut, Thymian, Rosmarin und Zitronenmelisse verbreiten dort ihre aromatischen Düfte.

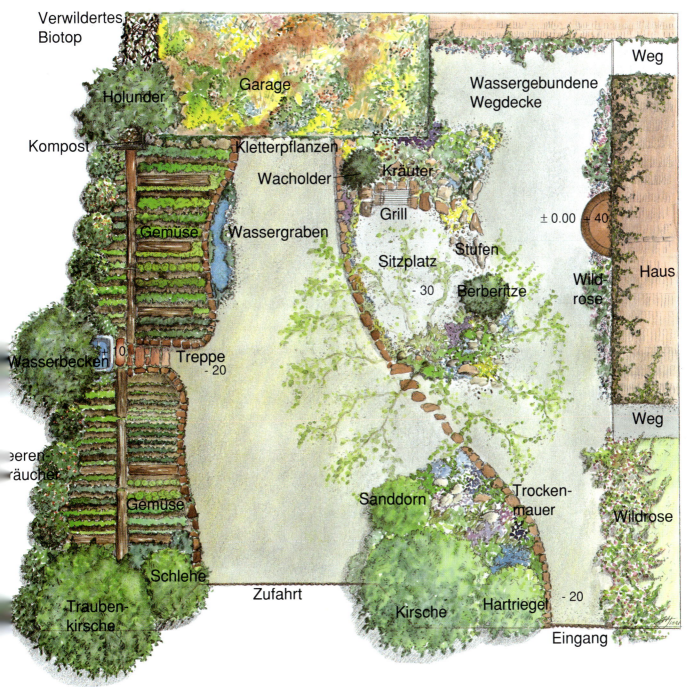

Beispiele helfen planen

Beispiele, konkrete zumal, bergen zwei Gefahren in sich. Sie werden entweder zu ernst genommen oder auf ungeeignete Situationen übertragen. Oder sie werden nicht ernst genug genommen, weil der Einzelfall zu stark festlegt ist. Dennoch verzichten wir nicht auf diesen Drahtseilakt. Beginnen wir sofort mit einem sehr konkreten Fall. Das Foto zeigt einen bayerischen Bilderbuch-Wildgarten. Er feiert 1992 seinen dritten Geburtstag. Im Ausschnitt ein Tuffsteinhang, der rechts oben von einem Naturteich, links von einer Trockenmauer eingegrenzt wird. Überschüssiges Teichwasser rieselt den Hang hinab, so daß sich trockene und feuchte Stellen direkt nebeneinander finden. Die Wildstauden geben diese Zwitterstellung wieder.

Schön naß und trocken zugleich:
Wechselfeuchter Tuffsteinhang.

Beispiele

Den »roten Faden« finden

Wer einen Wildgarten plant und ihn anlegen möchte, wird ständig mit zwei Problemen konfrontiert. Zum einen muß er sich schon bestehende Beispiele suchen, um überhaupt Anregungen für das eigene Vorhaben zu bekommen. Das führt automatisch zur Gefahr der voreiligen Übertragung. Doch was in Buxtehude gefällt, muß nicht maßgeblich sein für Chemnitz. Mehr noch: Es kann unter Umständen sogar grundverkehrt sein, da in Norddeutschland gänzlich andere Standortvoraussetzungen vorliegen als im Osten.

Doch auch der umgekehrte Kurzschluß kann passieren. Er grenzt alle konkreten Beispiele aus, weil sie zu spezifisch, zu ortsbezogen sind. Siehe obigen Unterschied zwischen Buxtehude und Chemnitz.

Unter diesen Vorbehalten bezüglich der Gefahren durch vorschnelle Verallgemeinerung oder Ausgrenzung sind auch die folgenden Praxisbeispiele zu beurteilen. Sie können nicht mehr sein, als ein konkret gewordener Fall von vielen Möglichkeiten. Im Wissen darüber, daß ein Garten nicht nur aus Wasserelementen, nicht nur aus Wiesenteilen bestehen kann, haben wir dennoch dieser Einteilung nach Schwerpunkten den Vorzug gegeben. Sie bietet die Vorteile sowohl der Abstraktion wie auch der Konkretion: Anhand von gedachten Gärten wird wie für die Praxis geplant.

Die Themengärten sollen dabei durch den Reiz des Ganzheitlichen dazu verführen, die Dinge auch in ihren Teilen zu begreifen, sie sehen und werten zu lernen. Das bietet die Chance zum Umstieg auf die eigene Gartenplanung. Wer die übergeordneten, die wesentlichen Kriterien etwa eines Wildsträuchergartens begriffen hat, kann das Wildgartenelement Wildsträucher in vielerlei Variationen einsetzen. Er macht sich frei von den Vorschlägen dieses Buches, schafft den Wildgarten seiner Möglichkeiten.

Dies befreit ihn auch von dem hoffnungslosen Unterfangen der Suche nach dem idealen Wildgarten. Es sei ausdrücklich betont: Ihn gibt es nicht. Die Voraussetzungen sind so verschieden wie die Wünsche oder – später – die Ergebnisse sein werden. Wer sich nicht zutraut, anhand und aus den vorgestellten Themenbeispielen seinen eigenen Garten zu planen, dem sei der Rat eines Naturgarten-Fachmanns empfohlen. Oft bringt erst solche an vielen Einzelbeispielen gereifte Praxiserfahrung die für den eigenen Garten individuelle Lösung.

Alle Grafiken, mehr noch die Fotos demonstrieren höchstens eine Momentaufnahme des Lebens. Sie zeigen den Wildgarten von seiner attraktivsten Seite und machen dabei oft vergessen, daß der Steingarten auch einen Winter kennt, daß der Wassergarten im Oktober völlig anders aussieht als im Mai. Auch bringen sie nicht wirklich die Lebendigkeit, den atemberaubenden Pulsschlag der Natur zur Geltung, durch den der Wildgarten erst seine Existenzberechtigung erhält. Das kleinste Stückchen Erde hat dies jedem Buch voraus. Anders ausgedrückt: Selbst beste Beispiele ersetzen nicht eigene Anschaung, nicht die Vorstellungskraft, nicht die Phantasie.

Gerade die Konzentration auf Schwerpunkte, die Themengärten dieses Buches, soll allerdings keineswegs dazu verführen, nur in solchen Schwerpunkten verhaftet zu bleiben. Schließlich beinhaltet auch ein »typischer« Wiesengarten noch mehr Elemente als nur Gräser- und Blumenstandorte. Er wird Sträucher enthalten, Hecken vielleicht. Das Grundstück wird irgendwie, möglicherweise durch einen Zaun begrenzt sein, Wege haben, Ruhe- und Sitzplätze. Gerade weil zahlreiche Gärten oft nicht mehr sehr groß sind, mag sich

Ein Trockenstandort längs des Kopfsteinpflasterwegs mit Wilder Möhre, Natternkopf, Königskerze und Wilder Karde. Eine von vielen möglichen Variationen.

Der rote Faden

Für manche Grundstücke drängen sich bestimmte Lösungen geradezu auf. Das natürliche Quellwasser dieses Hanggartens mußte nur noch gezielt abgeleitet werden, fertig war der Bachlauf.

die Beschränkung auf einen oder wenige der hier vorgestellten Themenschwerpunkte trotzdem lohnen. Wobei dann dem Gartenschwerpunkt noch passende Elemente beizuordnen wären, etwa zum Naturteich die Trockenfläche, zum Trockengarten die Wildrosenhecke.
Die Schwierigkeit liegt jedoch in der Verknüpfung der Einzelelemente zu einem harmonischen Gesamtkunstwerk, das den Namen Wildgarten verdient. So wie das Ganze immer mehr ist als die Summe seiner Teile, wird ein Wildgarten mehr sein müssen als ein Sammelsurium zufälliger Elemente. Gefragt ist so etwas ähnliches wie ein »Roter Faden« oder eine durchgängige »Melodie«. Sie zieht sich durch die ganze Gartengestaltung, verbindet auch offensichtlich oder räumlich entfernte Elemente miteinander. Gute Naturgartenplaner liefern solche »roten Fäden«. Das kann die Art der Wegführung sein, die Anbindung an die vorhandenen Gebäude, durch die Wiederholung bestimmter Gestaltungsmuster in verschiedenen Funktionen an verschiedenen Plätzen geschehen (etwa die gleiche Steinsorte) oder über bestimmte Blühfolgen und Pflanzungen erreicht werden.
Noch einmal: So nützlich die auf den nächsten Seiten folgenden Praxisbeispiele auch sein mögen, so können sie doch nicht mehr als ein optischer Beleg dafür sein, wie facettenreich der Wildgarten ausfallen kann. Sie sind ein Kaleidoskop von Vorschlägen, Anregungen auch. Manche absurd erscheinende Idee mag sich darunter finden. Wenn sie gerade deswegen zu eigenen Gedankengängen einlädt, ja irgendwann zu einem anschaulichen, quicklebendigen Ergebnis führt, dann hat sie Sinn gemacht.

Wiesengarten

Wiesen passen in (fast) jeden Wildgarten. Doch wie sie wachsen, wie sie blühen, das kann sehr verschieden ausfallen.
Zum Wiesengarten gehören blumiger Rasen, eine trockene, eine magere, die feuchte oder sogar die fette Wiese.
Kurzum: Ein buntes und quicklebendiges Gartenbild.
Blütenreiche Wiesen sind eine Oase für Fauna und Flora. Das Artenspektrum in freier Natur umfaßt wenigstens 500 Pflanzen und 1400 Tiere. Natürlich werden wir diese unglaubliche Fülle nicht automatisch in den Wildgarten holen können, mit einem teilweisen Einzug des Wiesenlebens jedoch dürfen wir rechnen. Besonders Wildbienen, Schmetterlinge und Heuschrecken werden sich zuhauf einstellen. Ihnen eröffnet der Wiesengarten neue Lebensperspektiven.

Die magere Wiese, gesäumt von einer Wildsträucherhecke – eine Stätte des Lebens.

53

Wiesengarten

Der Standort bringt's

Kurzgeschorene Rasenflächen besitzen den Wert einer Kunststoffmatte: leblos, langweilig, eine echte Umweltbelastung. Außerdem sind sie pflegeintensiv. Rein ökonomisch schneiden da die natürlichen Rasen- oder Wiesenformen ungleich günstiger ab. Auch sie kann man intensiv nutzen, und sie kosten bei der Neuanlage im Vergleich zum Kunstrasen gerade ein Fünftel. Außerdem zeigen sie sich von großem ökologischen Wert: Sie sind Niststatt, Futterplatz, Ruhezone und Winterquartier für unzählige Wiesenbewohner.

Begutachten Sie zunächst die Lage. Wieviel Sonne fällt auf das zugedachte Wiesenstück? Werfen große Bäume im Sommer Schatten und im Herbst Laub ab? Wann wird es vor Ort richtig heiß und wie lange bleibt die Hitze? Gibt es kühlende Winde? Wieviel Niederschläge erreichen den Boden? Handelt es sich um eine Fläche im Wind- und damit auch im Regenschatten?

Aus der Vielzahl dieser Möglichkeiten ergibt sich ein für Ihr Wildgartenstück zugeschnittenes Klimaprofil. Weil sich all diese Wetterdaten kaum verändern lassen, muß Ihre Wiese damit leben. Das begrenzt automatisch die Variationsbreite der Anlage.

Wiesengarten: Seidenbiene **1** an Grasschwertlilie **2**. Gemeine Schafgarbe **3** und Helle Erdhummel **4**. Gemeiner Scheckenfalter **5** am Wiesenalant **6**. Knäuelglockenblume **7** mit Männchen vom Brombeerzipfelfalter **8**, oberhalb braunes Weibchen. Skorpionsfliege auf Beuteansitz **9**, Waldhummel **10** am Wiesensalbei **11**. Hänfling **12** bei Knollenkümmelernte **13**. Feuergoldwespe **14**, Mittlerer Wegerich **15** mit Scheckenfalterraupe **5**. Damenbrettraupe **16** und Kreiselwespe **17** an Karthäusernelke **18**. Stengellose Kratzdistel **19**. Runder Lauch **20**; an Warzenwolfsmilch **21** Wolfsmilchschwärmer **22**. Knolliges Mädesüß **23** mit Kleiner Goldschrecke **24** und Damenbrett-Paarung **16**. Erblühte Hechtrose **25**. Skabiosenflockenblume **26**, dahinter der Kleine Gelbe Fingerhut **27**. Mehlbeere **28**, Gemeine Berberitze **29** und Gemeine Felsenbirne **30**. Als Unterwuchs im Wildheckensaum Färberginster **31** sowie Dornige Hauhechel **32**.

Planung

Außerdem ist eine Bodenuntersuchung (siehe Adressenverzeichnis) ratsam. Der Boden, und nicht etwa die spätere Pflege, ist das A und O ihrer Wiese. Mit dem Boden steht und fällt die Entscheidung für eine Magerwiese oder die Fettwiese. Die von einem Labor durchgeführte Bodenanalyse kommt einer Offenbarung gleich: Sie listet auf, wie es um das Milieu bestellt ist, ob die Erde alkalisch, neutral oder sauer reagiert. Der Nährstoffgehalt wird in einer guten Untersuchung ebenso bestimmt wie der Kalkgehalt. Wichtig ist weiterhin der Humusanteil. Geben Sie unbedingt an, daß es sich nicht um einen Gemüsegarten, sondern um Wiesenboden handelt. Eine solche professionelle Bodenanalyse kostet unter 100 Mark. Doch es ist eine Ausgabe, die sich lohnt.

Mit dem Analyseergebnis sind Sie einen gehörigen Schritt weiter. Damit läßt sich nun konkret planen. Zunächst sollten Sie versuchen, den Arbeitsaufwand zu minimieren, das heißt Veränderungen im vorhandenen System und nicht dagegen vorzunehmen. Erstes Beispiel: Ihr Boden ist leicht sauer und nährstoffreich. Dann wäre eine Abmagerung der Fettwiese in einen bodensauren Magerrasen am günstigsten, die Umwandlung in einen kalkreichen Trockenrasen hingegen weitaus komplizierter und (garantiert) kostenintensiver. Zweites Beispiel: Eine vorhandene Fettwiese im alkalischen Bereich läßt sich unter Umständen (über einen Dachrinnenanschluß) leichter zu einer Feuchtwiese vernässen als daraus eine Magerrasen zu machen.

Bei Veränderungen des Milieus ist zu bedenken, daß die Florenvielfalt vom pH-Wert 5 (saurer Boden) zum pH-Wert 7,5 (leicht alkalisch) ansteigt. Darunter und darüber herrscht zunehmende Armut. Das etwas breitere Artenspektrum der alkalischen Wiesentypen sollte aber gegenüber den bodensauren Standorten nicht den Ausschlag geben. Auch und gerade jene bieten viele Überraschungen und Raritäten feil.

Da die meisten Gartenböden überdüngt sind, werden Umwandlungsschritte in der Regel zu den artenreicheren und ökologisch wertvolleren, nährstoffarmen Wiesenbiotopen laufen. Ein nährstoffreicher Untergrund versorgt schnellwachsede Kräuter wie Löwenzahn, Breitblättriger Ampfer oder Hahnenfuß. Er hat zudem den verhältnismäßig größeren Anteil an den (gärtnerisch nicht so attraktiven) Gräsern. Nährstoffarme Plätze hingegen sind Geburtsorte der Blütenfülle attraktiver Kräuter. Schätzen Sie sich deshalb glücklich, wenn der Untergrund bereits nährstoffarm ist. Solche Verhältnisse sind in einigen Regionen bei Neubauten gegeben, bevor (!) auf mageren Sand-, Kies- oder Felsgrund fetter Mutterboden aufgetragen wird. Entsprechende Standorte lassen sich unschwer zu optimalen Wiesenbiotopen gestalten.

Wenn Sie die Blumenwiese auch als Beitrag zum Artenschutz sehen, sollte sie mindestens eine Größe von 100 Quadratmetern aufweisen. Flächen darunter sind zwar ebenfalls noch nütz-

Nur auf mageren Böden kann sich eine solche Prachtwiese entfalten. Zur Zeit des Hochsommers dominiert der Klappertopf, der sich immer wieder neu aussät.

lich, aber zur Erhaltung seltener Arten von Fauna und Flora meist zu klein. Wer sehr wenig Platz hat, der plant besser gleich Wildstaudenbeete (siehe Seite 72/73), die den Vorteil haben, daß sich auf engstem Raum unterschiedlichste Bedingungen simulieren lassen. Die Form der Wiese ist weniger wichtig. Hier kommt es stärker auf das Grundstück und die persönlichen Bedürfnisse an. Alle Gestaltungen sind machbar. Wiesen müssen keinesfalls nur quadratisch oder rechteckig sein. Sie können sich runden oder langziehen, an den Rändern einbuchten oder ausufern. Vom Grundcharakter sind Wiesen natürlich eher weit und ruhig. Entsprechend konzipiert, dürfen sie sogar das bestimmende, vielleicht das einzige Wildgartenelement werden. In größeren Gärten lassen sich Wiesen harmonisch modellieren, als Berg- und Tallandschaften, in Form von Hügeln, Mulden, Böschungen, Einschnitten, Abschnitten. Sie können das Haus einrahmen oder einen scharfen Kontrast setzen. Auch dürfen Wiesen standortgerecht mit den passenden Wildgehölzen bepflanzt werden, was aus optischen Gründen gerade bei kleinen Anlagen zu empfehlen ist. Der eine oder andere Obstbaum könnte das Gesamtbild anreichern.

Mit am wichtigsten bei der Planung aber ist die Nutzung. Ein- und zweischürige hochwachsende Wiesen werden in kleinen Gärten mit Kleinkindern ständige Konfliktzone sein. Hier sollte der Wiesengarten gleichzeitig ein Kinder-Garten sein dürfen, eben mit öfter gemähten, dennoch aber naturnahen Flächen, auf denen sich vortrefflich spielen und erkunden läßt. Bitte nicht falsch verstehen: Kleinkinder sind kein Argument für den Wimbledonrasen. Auch Jugendliche brauchen zuweilen noch Freiräume, den Bolzrasen vielleicht, sind aber durchaus toleranter gegenüber den Bedürfnissen von Fauna und Flora. Ruhige Gärten mit nur gelegentlichem Nutzungsbedarf sind dagegen geradezu prädestiniert für langhalmige Wiesentypen.

55

Wiesengarten

Vom Rasen zur Blumenwiese

Die Umwandlung eines Kunstrasens in eine dekorative Blumenwiese ist eine langwierige Angelegenheit. Dafür aber ist sie billig und erfolgreich.

Der übliche Fall: Vor Ihrer Terrasse breitet sich Einheitsgrün aus. Zentimeterkurz geschorene Halme verbreiten eine gewisse Monotonie und Öde. Das aber haben Sie nun satt. Stattdessen wünschen Sie sich eine blumige Wiese, vielleicht mit Rotem Leimkraut im Mai, gelbem Wiesenbocksbart im Juni, dem rotem Wiesenknopf im Juli, violetter Braunelle im August und weißer Wiesenmargerite im Oktober. Was tun?

Am besten und billigsten erreichen Sie ihr Ziel, wenn Sie den Rasen in eine Blumenwiese verwandeln. Da Sie aber nicht zaubern können und die gewünschten Pflanzen Zeit brauchen, brauchen Sie Geduld. Dies ist die erste wichtige Vorausetzung: Kalkulieren Sie diesbezüglich nicht in Wochen, nicht in Monaten, sondern in Jahresfristen. Eine natürliche Umwandlung wird erst langsam in Gang kommen und bis zu einem einigermaßen akzeptablen Endergebnis werden mindestens drei, mag sein fünf, in manchen Fällen vielleicht auch zehn Jahre vergehen. Kleiner Trost: Diesen Prozeß kann man natürlich auch etwas beschleunigen (siehe Textkasten Seite 57).

Noch mit einer zweiten Bedingung sollten Sie sich insgeheim abfinden: Es können nur diejenigen Arten in den noch bestehenden Rasen einwandern, die in der Nähe vorkommen und – sehr entscheidend – die der Standort zuläßt. Wer einen reich gedüngten Wiesenboden unter sich hat, kann Küchenschelle oder Karthäusernelken abschreiben. Wenn, dann kommen sie, auf magerer Erde vor. Warten Sie lieber auf das Rote Leimkraut, es könnte sich tatsächlich ansiedeln.

Und so funktioniert eine Umwandlung: Erstens versteht sich von selbst, daß ab sofort kein Spritzer Unkrautvernichter auf den Rasen darf. Er hat bisher die nun gewünschte Artenvielfalt der Wiesenkräuter unterdrückt.

Zweitens bekommt auch der Düngerstreuer Startverbot. Wer Dünger streut, fördert die nährstoffliebenden Gräser und verdrängt die im großen und ganzen nährstoffmeidende Wildblumenflora. Der Griff zum Düngersack entscheidet zwischen mastigem Löwenzahn und zarter Glockenblume. Der Abmagerungsprozeß läßt sich übrigens beschleunigen, indem Sie immer wieder Sand auf den Rasen streuen und so nach und nach den Erdboden durchmischen.

Drittens müssen Sie weiter das tun, was Sie bereits glaubten, lassen zu können, nämlich mähen. Das Mähgut wird entfernt (und kompostiert). Für den Rasen gerät diese Unternehmung zu einer Art Schlankheitskur, durch die er auf die Dauer zu natürlicher Anmut zurückfinden wird. Der kontinuierliche Abtrans-

Der Löwenzahn verrät es: Ein fetter Boden kennzeichnet diese blumenarme Wiese. Nur durch andauernden und langjährigen Nährstoffentzug läßt sich die Artenvielfalt vergrößern.

Umwandlung

Nach 7 mageren Jahren verwandelte sich ein nährstoffreicher Schurrasen in ein Blumenparadies. Auf nur 300 Quadratmeter blühen im Frühsommer Orangerotes Habichtskraut, Ackerwitwenblume, Ochsenauge, Wiesensalbei und vieles mehr. Gemäht wird jeden Oktober.

port raubt ihm nach und nach die Nährstoffe, wodurch sich das Pflanzenspektrum zugunsten der favorisierten Kräuter verschieben kann. Die Mähtermine müssen Sie dem aktuellen Bedarf anpassen, also immer dann, wenn der Bewuchs so hochgeworden ist, daß er umzukippen droht, oder wenn Sie den Rasen als Spiel- und Erholungsfläche nutzen möchten. Alle zwei bis sechs Wochen dürfte dies der Fall sein. Die unregelmäßige Mahd besitzt allerdings den Nachteil, daß sich in dieser Phase nur robuste Allerweltsblümlein einstellen können, die eine solche Behandlung vertragen. Doch das wird sich in Zukunft ändern.

Denn viertens greifen wir, sobald die Wiese nur noch spärlich wächst, allein zur schonenderen Sense. Zwei- bis dreimal jährlich wird nun gemäht, möglichst immer zum gleichen Termin. Das Schnittgut kommt weiterhin auf den Kompost. Die Wuchskraft der Wiese hat dank der Ausmagerung nachgelassen.

Die Pflanzen stehen lückiger und reichen längst nicht mehr so hoch.
Jetzt erhalten diejenigen Kräuterkeimlinge Licht, die bislang im dichten Rasenfilz erstickten. In Anpassung an den Mähzeitpunkt entwickelt sich eine eigene Blumenpracht. Immer neue Arten finden sich ein. Die Umwandlung ist gelungen.

Initialpflanzung mit Blumenwiesenstauden

Wer nicht genug Muße besitzt, um die Einwanderung neuer Arten abzuwarten, kann dem Entwicklungsprozeß durch gezielte Pflanzungen nachhelfen und dadurch den Artenreichtum vergrößern.
1. Standortgemäße Wiesenblumensamen heimischer Arten werden entweder selbst gezogen oder im Fachhandel erworben.
2. Auf Flächen zwischen 1–4 Quadratmetern wird der alte Rasen ausgestochen. Um auch die Wurzeln zu entfernen, sollte dies mindestens spatentief geschehen. Die Soden können kompostiert oder zu einer Rasenbank verarbeitet werden.
3. Eine Mischung von Sand und Unterboden (1:1) wird in die Lücken gefüllt. Die Wiesenblumensetzlinge kommen nun in die so vorbereiteten Pflanzbeete. Je nach Art 6–8 Stück pro Quadratmeter.
4. Wichtig ist die intensive Betreuung der Jungpflanzen. Spontan keimendes Gras und Wildwuchs wird gejätet, Fraßschäden von Schnecken sind durch einen Schneckenzaun, Absammeln oder andere Maßnahmen zu regulieren.
5. Die gepflanzten Wildblumen können nun aufwachsen, blühen und aussamen. Durch gezieltes Jäten der Konkurrenzarten kann man ihre Keimlinge noch im nächsten Jahr fördern. Im Laufe von zwei bis drei Jahren sollten sie sich aber mit dem anderen Wiesengrün vermischen.

Wiesengarten

Einsaat einer Blumenwiese

Ein schneller und optimaler Weg zur eigenen Blumenwiese geht über die Neueinsaat. Doch nicht jede Samentüte hält, was sie verspricht.

Die bunte Samenpackung mit den bildhübschen Wiesenblumen im Selbstbedienungsregal hat schon viele verführt. Doch die Enttäuschung ist vorprogrammiert. Trotz konsequent befolgter Einsaattips, trotz aller Mühe und jeder Menge Hoffnung grünt und blüht zuhause etwas ganz anderes. Zwar mag das erste Jahr noch einige Überraschungen bieten, und vor den Augen entfaltet sich das zarte Rot-Weiß-Blau von Klatschmohn, Kamille, Margeriten und Kornblumen. Doch schon in der kommenden Saison läßt die Artenvielfalt sichtbar nach. Ein Jahr später nur noch Frust: Aus der erträumten Blumenwiese wurde ein unansehnliches Kleefeld. Was ist passiert?

Betrachten wir einmal das Saatgut: Die Mehrzahl der als »Blumenwiese« angepriesenen Mischungen verdienen diesen Namen nicht. Es handelt sich um ein Sammelsurium von Arten, von denen viele auf alle anderen Standorte passen würden, nur eben nicht auf ein ab und zu gemähtes Stück Wiese. Darin können wir die gut zwei Meter hohe Eselsdistel finden, Sonnenblumen, Drüsiges Springkraut, die Wilde Karde oder die Königskerze – für's Wiesengrün ausnahmslos zu hohe Kandidaten.

In die gleiche Kategorie fallen sämtliche Ackerwildkräuter names Mohn, Kornrade, Kornblume oder Unkräuter wie die Melde. Solche einjährige Arten sind auf jährlich umbrochenen Boden angewiesen, nur dann können sie sich halten. Sie liegen der Blumenwiesenmischung nur aus optischen Gründen bei.

Enthalten sind oft gar Exoten. Etwas ähnliches wie Karpatenglockenblume, die Madrider Trespe, das Kanariengras steckt in nahezu jeder Packung neben heimischen Arten aus Sonderstandorten wie Felsennelke oder Meersenf –

So lückig sieht eine zukünftige Blumenwiese vier Wochen nach der Einsaat aus. Deutlich sind auf der Bodenmischung aus Sand und Erde unterschiedliche Keimlinge zu erkennen.

auch sie sind nichts für die Durchschnittswiese. Blütenflor, der uns kaum erfreuen kann, und wenn, maximal eine Saison.

Mögen solche Arten nur unnütze, teuer bezahlte Beigaben sein, sind andere geradezu schädlich für die Entwicklung einer Orginal-Blumenwiese. Kennzeichnend für viele Tütenmischungen ist der überhöhte Anteil konkurrenzstarker Gräser. Sie verdrängen die gewünschten Kräuter und Blumen in wenigen Jahren vom Platz. Ebenso steht es mit den Kleesorten, die sich, wenn überhaupt, nur als schwachwüchsige Form, verträglich zeigen. Wer Rotklee, Weißklee oder Luzerne ungewollt mit einsät, dem wuchert bald die obige Kleewiese um die Hüften.

Große Lücken klaffen hingegen bei den typischen Wiesenpflanzen, auf die es ankäme: Gemeine Flockenblume oder Wolliges Honiggras, Bunter Hohlzahn und Wiesenknopf, Wiesensalbei oder Tüpfeljohanniskraut.

In Normalfall ist folglich gegenüber solchen blumigen Angeboten Zurückhaltung angebracht. Nur einige Naturgarten-Spezialisten bieten wirklich gutes Saatgut an. Achten Sie bitte darauf, daß für Wildwiesen auch tatsächlich nur Wildblumensamen und keine Zuchtformen verkauft werden.

Den ganzen Ärger kann man sich freilich auf zwei Wegen sparen. Zum einen, indem man die Blumenmischung nach Artenlisten von Fachbetrieben selbst zusammenstellt, mischt und einsät. Zum zweiten durch die Heublumeneinsaat. Hier greift man am besten auf eine vergleichbare Wiese mit den gewünschten Arten zurück und bittet den Bauern um die Erlaubnis, die Heublumenreste vom Dachboden zusammenzukehren. Darin befinden sich viele wertvolle Wildpflanzensamen, dummerweise jedoch teilweise auch Kulturgräser. Noch sicherer ist deswegen die eigene Mahd des gewünschten Wiesenabschnittes zwischen Ende Juni und Anfang Juli. Im Niemandsland der Straßenböschungen und Wegraine hat sicher keiner etwas gegen diese unkonventionelle Samenbeschaffung, bei Wiesen muß man die Bauern fragen und entschädigen.

Das abgeschnittene Gras wird so schnell wie möglich, am besten noch morgentaufeucht, auf der vorbereiteten Einsaatfläche ausgebracht. Je nach Wuchsdichte reicht die Menge für die doppelte bis fünffache Gartenfläche. Weiter ist nichts zu tun, denn aus den trocknenden Halmen fallen die Samen heraus und können keimen. Das locker aufgelegte Heu kann als natürlicher Verdunstungsschutz liegen bleiben. Die Ergebnisse geben dieser zugegeben aufwendi-

Neuanlage

Jeden Monat wandelt sich das Blumenbild der Magerwiese. Der Juli bringt Esparsetten-Rosa, Wiesensalbei-Violett, Klappertopf- und Wiesenbocksbart-Gelb und Taubenkropfleimkraut-Weiß.

gen Methode recht, keine andere funktioniert so perfekt. Freilich werden nicht alle gekeimten Arten bleiben und dafür neue, Ungesäte, einwandern. Alles in allem dürfte es auch hier Jahre dauern, bis sich ein standortspezifisches Gleichgewicht eingestellt hat.

Jetzt wird gesät

Die besten Saatmonate sind Mai und Juni oder von Mitte August bis Mitte September. Der Boden muß feinkrümelig und gut planiert sein, damit die Samen gleichmäßig ausgebracht werden können und gute Keimbedingungen herrschen. Da die Samen für Blumenwiesen wenig wiegen, kommt man mit zwei bis fünf Gramm pro Quadratmeter aus. Von Vorteil ist, das Saatgut mit einer größeren Menge Sand oder Sägemehl zu verdünnen. So läßt es sich systematischer über große Flächen ausbringen. Ausgesät wird über Kreuz von Hand oder maschinell. Gegen Vogelfraß sollten die Samen ganz leicht (ein bis zwei Zentimeter) eingeharkt werden, anschließend walzen oder mit Brettern am Fuß antreten. Eventuell ein Vogelschutznetz darüberlegen und mit einem Sprenkler anfeuchten. Gegen sengende Sonne hilft auch eine lockere Mulchdecke aus gehäckseltem Heu. Unter günstigen Verhältnissen keimt die Saat in 14 Tagen. Sie darf die nächste Zeit nicht mehr austrocknen. Der erste Schnitt ist bei zehn Zentimeter fällig, am leichtesten mit dem hochgestellten Rasenmäher. Er entfernt die lästige Konkurrenz der einjährigen Kräuter. Im Mai und Juni gesäte Wiesen blühen im Herbst bereits und müssen Ende September das zweite Mal geschnitten werden.

Wiesengarten

Magerrasen und Trockenwiese – Armer Boden treibt reiche Blüten

Ein magerer Boden mag kein Schaf satt machen, erfreut dafür um so mehr mit wunderschönem Blütenreigen. Ein derart dekorativer Standort darf dem Wildgarten nicht verschlossen bleiben.

Die größten Chancen besitzen Häuslebauer, denen das Geld für die Gartengestaltung ausgegangen ist. Immer noch liegt da der blanke Kies, wartet der Hausgärtner auf den Auftrag zum Einplanieren von Mutterboden. Es ist dies ein Zustand, den andere erst wieder erzeugen müssen, vorausgesetzt, sie lieben Magerrasen.

Magerrasen, der Name sagt es schon, wachsen trotz und wegen wenig Nährstoffen. Sie verdanken ihre Existenz felsigem, kiesigem oder sandigem Untergrund mit einer meist nur zentimeterdicken Humusauflage – gleichsam als Auswuchs der Nährstoffarmut, denn die Düngervorräte solcher flachgründiger Böden sind stark begrenzt. Doch gerade dies, der grundsätzliche Mangel, macht den Magerrasen zu einem der anmutigsten Wiesentypen unserer Breiten. Es ist der Lebensort von Glockenblumen und Habichtskräutern, Enzianen und Hauhechel. Doch auch Färberwaid, Färberginster oder Heidenelke sind hier zuhause.

Obiger Gartenbesitzer hätte folglich nicht mehr zu tun, als mit der Schubkarre eine handspannendicke Humusschicht zu verteilen und sie mit der entsprechenden Wildflora anzusäen beziehungsweise zu bepflanzen. So gesehen, macht der arme Boden gleich zweifach reich: Er spart Geld für eine teure Gartengestaltung und treibt tausendfach Blüten.

Doch auch der Wildgärtner mit nährstoffreicher Mutterbodenauflage oder gar einem bestehenden Schurrasen kann seinen Magerrasen haben. Allerdings erfordert dies einigen Aufwand. Der fette Oberboden muß auf einer Tiefe von ungefähr 40 Zentimetern abgetragen werden. (Mit den Erdmassen läßt sich woanders das Gelände modellieren!) Die so entstandene Grube wird 20 Zentimeter hoch mit einer maschinell verdichteten Drainageschicht aus grobem Schotter oder eben Kies gefüllt, die obere Hälfte danach mit einer speziellen Magerbodenmischung versehen. Wer einen Magerrasen im leicht alkalischen Bereich erzeugen will, wählt eine Mischung von einem Teil Rindenhumus und je zwei Teilen Sand und lehmiger Ackererde. Für stärker alkalische oder saurere Böden wäre der Ackerbodenanteil beziehungsweise der Sandanteil zu erhöhen. Aus Dekorationszwecken und zur Wärmespeicherung können noch Findlinge und Bruchsteine in und auf den Boden gebracht werden. Auch diese Fläche wird entweder angesät oder bepflanzt. Es dauert natürlich einige Jahre, bis sich ein Gleichgewicht eingependelt hat.

Der Wiesentyp des Magerrasens – wegen seiner Standorttrockenheit wird er mitunter auch Trocken- oder Halbtrok-

Trockenwiese mit Wucherblume, Färberkamille, Leimkraut und Natternkopf (links). Künstlich angelegter und bodensaurer Magerrasen im Längsschnitt (unten).

60

Magerrasen und Trockenwiese

Ein natürlicher Magerrasenstandort auf deutlich hervortretendem felsigen Grund. Schafgarbe, Glockenblume, Habichtskräuter, Gräser und Klee prägen das Bild im Juni.

kenrasen oder -wiese genannt – zeichnet sich durch niedrigen Bewuchs aus, der stellenweise sogar rasenartigen Charakter einnimmt. Er wird beherrscht durch eine bunte, reichblühende Flora, die ihren Schwerpunkt im Frühsommer hat. Er wird nicht mehr als einmal jährlich, gegen Ende Juli, mit der Sense gemäht. Das macht ihn zu einem ausgesprochen extensiv zu bewirtschaftenden, kostengünstigen und arbeitssparenden Wiesenelement. Alle paar Jahre wird der Mähtermin um einige Wochen nach hinten verschoben, damit sich sämtliche Arten über Samen verbreiten können. Danach geht es wieder mit der Julimahd weiter. Anderenfalls findet nur eine vegetative Vermehrung über Ausläufer und Sprosse statt, die im trocken-harten Boden jedoch nicht so effektiv ist.

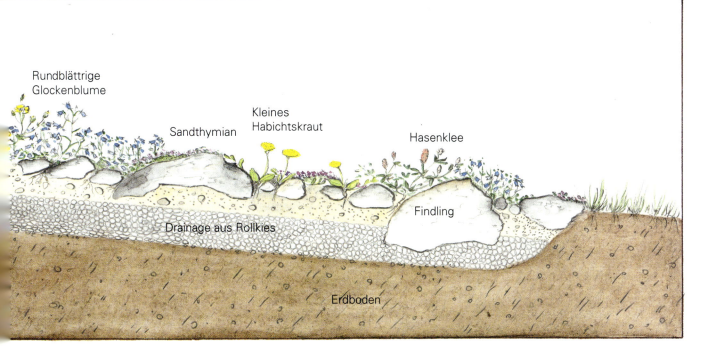

61

Wiesengarten

Viele Möglichkeiten: Blumenrasen, Feuchtwiese und Fettwiese

Hätten Sie lieber einen Blumenrasen oder darf es auch etwas mehr sein, eine Feuchtwiese vielleicht oder gar eine Fettwiese? Möglichkeiten gibt es viele und Sie können ganz nach Ihren Bedürfnissen wählen.

Der Kleinste fällt in der hohen Wiese ziemlich ungern und stets von lauten Brüllanfällen begleitet auf die Nase. Die Größte liebt das Federballspiel über alles. Und das Elternpaar zieht sich in den raren ruhigen Momenten gern auf die Decke zurück – drei gute Gründe, keine langhalmige Blumenwiese, dafür aber einen Blumenrasen zu besitzen.

Blumenrasen bieten eine akzeptable Alternative zu den grünen Graseinöden. Sie stellen einen vertretbaren Kompromiß zwischen zeitweiser intensiver Nutzung und weitgehend ungestörter Naturanlage dar. Blumenrasen dürfen zwischen zehn und fünfzehn Zentimeter aufwachsen, lassen sich also gerade noch mit dem hochgestellten Rasenmäher schneiden. Bei Gelegenheit läßt man sie auch einmal länger werden, bei Bedarf mäht man sie kürzer. Sie lassen sich ohne Umstände und Kosten aus den bestehenden Rasenflächen entwickeln oder auch neu einsäen (siehe Seite 58/59). Spezielle Samenmischungen für solche Naturrasen führen allerdings nur Naturgarten-Fachbetriebe. Sie enthalten etwa 20 Arten von Kräutern und Gräsern. Charakteristisch sind etwa Gänseblümchen oder Wiesenveilchen. Auch Schafgarbe und Rosettenpflanzen wie der Wegerich oder Habichtskraut gehören ins Sortiment. Selbst der rasenbildende Milde Mauerpfeffer, Vogelknöterich, Strahlenlose Kamille und Gänsefingerkraut entwischen noch den Schermessern der Rasenmäher. Eine Artenanreicherung von Blumenrasen kann auch über Frühblüher erfolgen, die ihre Vegetationsphase stark nach vorne verlegt haben und so der meist hochsommerlichen Rasennutzung entgehen: Schlüsselblumen, Schneeglöckchen, Weißer Krokus oder Frühlingskrokus nur als Beispiel.

Die Feuchtwiese ist von geradezu gegensätzlichem Charakter. Sie muß – auf nährstoffreichem, staunassem Boden – üppig ins Kraut schießen dürfen und erreicht zu Hochzeiten im Hochsommer

An einer feuchten Stelle im Wildgarten gelang die Ansiedlung der Schachbrettblume. Das Kleinod der Feuchtwiesenflora ist in der Natur hochbedroht.

Blumenrasen, Fettwiese

Rotes Leimkraut und Sumpfstorchschnabel als Zeigerpflanzen für eine feuchte Wiese im Juni (links). Maiaspekt eines Blumenrasens mit Gänseblümchen und Hahnenfuß (rechts).

gut Meterhöhe. »Betreten nur ausnahmsweise erlaubt«, wird es bei ihr folglich heißen. Interessant kann hier ein Holzbohlenweg sein, der an den markanten Punkten vorbeiführt.

Die Feuchtwiese gilt als Ideallösung für an sich nasse Böden mit Sickerwasser von Hängen oder im Grundwasserbereich. Sie ist aber auch künstlich anzulegen. Hierzu wäre als Abdichtung ein schwerer tonhaltiger Boden einzubringen, der Regenwasser hält (siehe Seite 82/83). Teilweise läßt sich jedoch der natürlich vorhandene Untergrund mit schweren Baumaschinen künstlich so verdichten, daß eine wasserstauende Schicht ensteht. Günstig für Feuchtwiesen sind vorhandene Muldenlagen, die sich freilich auch gesondert schaffen lassen. So sammelt sich abfließendes Regenwasser automatisch am tiefsten Punkt. Auch Folienabdichtungen und Dachrinnenanschlüsse wie beim Sumpfbeet (siehe Seite 84/85) kommen als Konstruktions- und Bewässerungsvarianten in Frage.

Fehlt geeignetes Erdgemisch für die Bepflanzung, bringt man folgendes Mischungsverhältnis 30 bis 50 Zentimeter hoch auf die Abdichtung: 1 Teil gut zersetzter Kompost und 2 Teile Rinden-, Holz- oder Laubkompost. Erst nachdem das Substrat gut durchfeuchtet ist, dürfen die Setzlinge, Knollen und Zwiebeln der Feuchtwiesenflora in den Boden. Günstige Pflanzeiten liegen entweder im März und April oder von September bis Oktober. Die Aussaat spezieller Mischungen ist ebenfalls ein probates Mittel, am besten im Frühjahr. Feuchtwiesen müssen grundsätzlich nicht geschnitten werden, falls dies gewünscht wird, empfiehlt sich eine späte Mahd im Herbst nach abgeschlossener Samenreife.

Die <u>Fettwiese</u> kommt in ihrem Typ der Feuchtwiese sehr nahe, ist doch auch sie reichlich mit Nährstoffen versorgt (Name!). Im Unterschied zur Feuchtwiese ist der Standort insgesamt aber trockener. Um sie müssen wir uns nicht sorgen, Fettwiesen begegnen uns auf Schritt und Tritt. Sie sind der häufigste Wiesentyp des bewirtschafteten Grünlandes und der Gärten – Anzeichen der Überdüngung. Doch auch Fettwiesen besitzen ein attraktives Wildpflanzensortiment, das sich allerdings nur entfalten und blühend präsentieren kann, wenn nicht mehr als zweimal jährlich gemäht wird. Hierzu zählen auf alkalischen Böden der Kümmel, die Wiesenmargerite, Bärenklau und der Hopfenklee. Auf neutralen Böden finden sich Wiesenkerbel, Wiesenstorchschnabel, Frauenmantel, Rotklee oder das Wilde Stiefmütterchen. Diese und andere Arten lassen sich auch durch gezielte Einsaat und Pflanzungen einbringen.

63

Wiesengarten

Schnitt muß sein

Mahdzeit: Das Gemeine Ferkelkraut streckt goldene Blütenköpfchen aus dem Grasgrün. Sie vermischen sich mit dem Weiß-gelb nicht weniger dekorativer Margeriten. Dazwischen, niedriger, fast kriechend, zitronengelber Hornklee. Purpurne Farbtupfer stammen von Karthäusernelken, hellblaue von ersten Glockenblumen. Zugegeben: Es fällt nicht leicht, diese natürliche Blumenpracht Sense oder Balkenmäher zu opfern. Aber es ist Ende Juni und somit Zeit für den Wiesenschnitt.

Einen kleinen Trost bringt die Erfahrung: Das Ferkelkraut, Glockenblumen oder Hornklee, ja alle Wiesenbewohner verschmerzen die Radikalkur sehr gut und blühen ein zweites Mal, und dann auch ungestört. Mehr noch: Die Flora der Wiesen benötigt einen Schnitt. Er hält die lästige Konkurrenz der Büsche und Bäume fern. Bliebe die Wiese ungemäht, wäre sie zu bald das Reich von Birkenschößlingen und Salweiden. Aus der Wiese wird eine Waldlichtung und schließlich Wald.

Der regelmäßige Schnitt garantiert zudem die natürliche Verbreitung der Blumenfülle. Er verhindert, daß sich der Boden mit abgestorbenen Halmen und Stengeln verfilzt und keine Sonne mehr durchdringt. Licht aber ist eine der Grundvoraussetzungen für die Weitervermehrung vieler Wiesenblumen. Ihre Samen keimen nur im Hellen.

Jeder Wiesentyp braucht sein eigenes Konzept. Wichtig ist, die einmal eingeführte Pflege in etwa beizubehalten. Die Mahd stellt dabei einen einschneidenden Eingriff in die Wiesenökologie dar. Sie hemmt den natürlichen Entwicklungszyklus bestimmter Arten und fördert gleichzeitig den anderer. Werden Blumen, die sich über Samen verbreiten, vor deren Reife gemäht, verschwinden sie mit der Zeit. Andererseits können sich Arten, die Samen ausstreuen oder die sich über Wurzelausläufer unterirdisch vermehren, nach und nach ausbreiten. Anders ausgedrückt: Das Artenspektrum verschiebt sich als Folge der Mahd. Indem der Schnitt alljährlich zu ungefähr der gleichen Zeit durchgeführt wird, minimieren wir diese Störungen. Würden wir die Schnittzeiten ständig verschieben, könnten sich immer weniger Blumen daran anpassen, das Artenspektrum dürfte merklich abnehmen.

Wann nun gemäht wird, hängt vom Wiesentyp ab. Am unproblematischsten ist da der Blumenrasen, der ganz nach Bedarf geschnitten werden kann (siehe Seite 62/63). Fettwiesen mit ihrem großen, für Wüchsigkeit sorgendem Nährstoffangebot müssen wir ziemlich häufig mähen, dreimal mindestens, gegebenenfalls sogar viermal – allerdings kommen dann nicht alle Arten zur Blüte. Bewährt hat sich für die viermalige Mahd folgender Rhythmus: Ende Mai bis Mitte Juni, Anfang bis Mitte Juli, Anfang bis Mitte August und Mitte September bis Mitte Oktober. Bei drei Schnitten empfiehlt sich die erste Mahd zwischen Mai bis Juni, die zweite zwischen Juli und August, die letzte im September.

Magerwiesen und Trockenrasen werden ein- bis zweimal im Juni beziehungsweise Juli und im August oder September abgemäht. Ein in der bäuerlichen Landwirtschaft traditioneller Heutermin für Magerrasen lag um Jacobi (25. Juli). So läßt sich seine charakteristische Flora am besten erhalten.

Jedoch sind feste Terminvorgaben immer mit Vorsicht zu genießen. Ein kaltes Frühjahr oder – umgekehrt – reichlich warme Aprilsonne können die Blütezeit der Wiesen um zwei bis drei Wochen nach hinten oder nach vorne verschieben. Auch Bauern hielten sich nicht sklavisch an den 25.7., sondern beurteilten die Schnittreife vor Ort. Sie hatten sogenannte Leitpflanzen, die eine Entscheidung leicht machten. Suchen auch wir uns diese biologischen Indikatoren für den Schnitt. Besser als sich auf einen vorgegebenen Termin zu fixieren, ist es, sich etwa nach der Skabiosenflockenblume zu richten: Immer, wenn deren Samen ausfallen, ist es Zeit.

Der Schwung will gekonnt (und deswegen gelernt) sein. Doch das Vorbild beweist: Zum Sensen kann man gar nicht alt genug werden – Erfahrung ist alles.

Pflege

In anderen Fällen können wir uns nach dem Ferkelkraut richten, dem Löwenzahn oder dem Roten Leimkraut. Wichtig ist aber in jedem Fall, daß das Mähgut abgerecht und abtransportiert wird. Es läßt sich entweder verfüttern, zu Heu machen oder kompostieren.

Die Sense ist gerade für kleine Wiesengärten das beste Werkzeug. Sie läßt den schonendsten Umgang mit den Pflanzen zu. Am besten ist die Arbeit im Morgentau. Allerdings erfordert es einiges Geschick, den richtigen Schwung auszuüben. Bevor Sie nach frustrierten Versuchen vorzeitig aufgeben, weil die Sense entweder immer im Boden steckte oder hauptsächlich Luft schnitt, ist ein Sensenschnittkurs zu empfehlen. Vielleicht findet sich ja auch noch ein alter Bauer oder Gärtner, der sein gesammeltes Praxiswissen gern an die nächsten Generationen weitergeben mag. Immerhin will ja nicht nur das Sensen selbst, auch das Schärfen des Blattes mit dem Wetzstein und das Dengeln einer Sense gelernt sein.

Eine Neuerung auf dem Markt ist die Motorsense, deren Erscheinung von gewievten Handarbeitern belächelt werden mag. Da aber die Frage, wer mäht, oft der neuralgische Punkt der Entscheidung für oder gegen eine langhalmige Wiese ist, und die Motorsense wirklich von jedermann bedient werden kann, ist sie eine durchaus begrüßenswerte Erfindung. Auch sie arbeitet noch weitaus individueller als der Balkenmäher, der sowieso nur für große Wiesengärten lohnt. Dann aber spart er wirklich Zeit und erledigt das Tagwerk einer Handsense in zwei Stunden.

Um das ökologisch eingespielte System nicht stärker als nötig zu stören, sollten wir unsere Wiese nicht an einem Stück mähen. Es müssen immer Rückzugsflächen für die Blütengäste, Heuschrecken und Spinnen der Wiese erhalten bleiben. Nach zwei bis drei Wochen ist das gemähte Areal dann soweit nachgewachsen, daß auch die Restflächen geschnitten werden dürfen.

Überdies ist dies gar kein schlechtes Rezept für Artenvielfalt: Die gesamte Wiesenfläche wird in einzelne Zonen mit unterschiedlichem Mahdrhythmus eingeteilt. So lassen sich auch auf engem Raum die Ansprüche verschiedener Pflanzenarten miteinander vereinbaren. Ein solches Vorgehen weist mehrere Pluspunkte auf: Erstens bieten sich bei Störungen genug ökologisch attraktive Ausweichflächen für die Fauna an. Zweitens fällt beim Mähen nicht so viel Arbeit auf einmal an, was wiederum für die verträgliche Handsense spricht. Und drittens lassen sich über verschieden hohe Wiesenflächen auch verschiedene Nutzeransprüche besser in Einklang bringen.

Der mit dem Motormäher freigehaltene Rasenweg ist eine nachgerade geniale Methode, um die Blumenpracht beim bestaunenden Durchgang nicht niedertreten zu müssen.

Wildstauden-
garten

*Er vereint viele Charaktere:
Das Trockene, das Feuchte,
das Magere, das Fette,
das Karge und das Üppige.
Der Wildstaudengarten ist ein
Garten der Standortvielfalt
und Artenfülle. Er kann klein
sein und wenig Platz ein-
nehmen oder groß und über-
wältigend.
Die Tierwelt lebt zwischen
lauter Wildstauden in Saus
und Braus. Die heimischen
Kräuter und Gräser bilden
ihre Überlebensversicherung.
Speziell Insekten nutzen das
reichhaltige Angebot pflanz-
licher Biomasse, saugen Nektar,
nagen an Blättern und Trieben.
Ihre Aktivität wiederum bildet
die Fundgrube und Fang-
station für räuberische Zeitgenossen, die ihrerseits
allerdings nur einen Bruchteil
der Futtermenge zu nutzen
vermögen.*

Wildblumenbeete mit Fettwiesenflora (vorne),
Schuttpflanzen (links) und Ackerwildkräutern
(rechts hinten).

Wildstaudengarten

Platz für Vertriebene

Der Wildstaudengarten ist der Garten der tausend Möglichkeiten. So vielfältig wie die Gesamtheit der Wildstauden ist, so facettenreich kann auch die gezielte Gestaltung damit sein. Wobei klar ist, daß wir aus der Fülle des Machbaren immer nur einen kleinen Ausschnitt in Anspruch nehmen.
Er kann grundsätzlich in jeder Größe verwirklicht werden. Ob nur 50 Quadratmeter, 500 oder 5000, immer ergeben sich Möglichkeiten, aus den vorhandenen Bedingungen das Beste zu machen und Wildstauden gezielt zur Geltung zu bringen. Doch weil wir mit Wildstauden auch im kleinsten noch außerordentlich große Wirkung erzielen können, liegt der vielleicht größte Vorteil im konzentrierten Angebot auf geringer Fläche. Anders ausgedrückt: Wildstauden eignen sich besonders gut für Gärten, in denen großflächige Elemente wie Wiesen, Hecken oder Teich keinen Platz finden. Anstelle der Blumenwiese läßt sich beispielsweise ein Wildblumenbeet anlegen, im Schatten des Hauses wachsen Wildstauden, die sonst als Heckenbegleiter auftreten, der Naturteich erscheint in konzentrierter Form im Wasserpflanzenbecken. Sogar durch gezielte Punktpflanzungen können wir im Sinne der Natur handeln: Die Rosenmalve entfaltet sich als Einzelpflanze in bewundernswerter Pracht zwischen Terrassenmauer und Hausecke. Eine Eselsdistel erhebt sich als sommerlich prägendes Wildstauden-Element neben einem Steinhaufen. Auch die Wilde Karde kann solche markanten Eckpunkte setzen.
Die Lage des Gartens spielt gleichfalls keine Rolle für diejenigen, die sich der Förderung heimischer Stauden verschrieben haben. Ob sonnig oder schattig, feucht oder trocken, nährstoffarm oder düngergesättigt – die Natur findet immer die dazu passenden Begleitpflanzen. Interessanterweise auch dort, wo selbst exakt planende Wildgärtner

Planung

Kiesweg mit Immenkäfer **1**. Im nährstoffreichen Wildblumenbeet: Wiesenhummel **2** an Wiesenglockenblume **3**, Vogelwicke **4**, Große Malve **5**. Wiesenbärenklau **6** mit Großer Breitbauchschwebfliege **7**. Echtes Labkraut **8** und Wiesenknopf **9** sowie Ackerwitwenblume **10**. Grasfrosch **11** mit Wiesengrashüpfer **12**. Wiesensilau **13** neben Wiesenbocksbart **14**. Ruhender Distelbock **15** über Kleiner Braunelle **16**. Schuttpflanzenbeet: Zierlicher Prachtkäfer **17** auf Echter Nelkenwurz **18**. Zwischen Gemeinem Bocksdorn **19**, Knollenplatterbse **20** und Ackerglockenblume **21** eine Blindschleiche **22**. Goldlaufkäfer **23** überwältigt Resedafalterraupe **24**, zweite Raupe an der Futterpflanze Färberwau **25**. Distelfink **26** auf Eselsdistel **27**. Am Wiesenpippau **28** Resedafalter **24**. Im Ackerwildkräuterbeet: Kornrade **29**, Kornblume **30**, Saatmohn **31**, Erdrauch **32** und Wiesenhummel **2**. Sommeradonisröschen **33**, Venusspiegel **34** und Flachs **35**.

oft Lücken auf dem Plan haben. Die Trockenmauer mag mit entsprechendem Gewächs bepflanzt sein, aber was eigentlich paßt an ihren Fuß? Natürliche Antwort: der Ruprechtsstorchschnabel, der sich hier von allein einstellt. Welche Arten werden den eigens aufgeschichteten Asthaufen umranden, welche Flora paßt an die ungenutzte Ecke rund um die Mülltonne? Mögliche natürliche Antworten: Knoblauchhederich und Schöllkraut.

Als idealer Platz für Wildstauden erweist sich oftmals das bald Vorübergehende – der sich verändernde oder nur kurzfristig verfügbare Wuchsplatz. Beispielsweise der Schutthaufen vom Hausbau, der aufgetürmte Mutterboden, der Teichaushub. Insofern müssen wir uns bei der <u>Form</u> des Wildstaudengartens nicht allzusehr festlegen, dafür lieber offen sein – der spontane Bewuchs solcher Pionierflächen gehört sicherlich dazu. Wieviel wir dann wofür Platz einräumen, ist eine Frage der Individualität. Der eine mag spontanen Bewuchs auf größeren Flächen, der andere reserviert dafür nur Randbereiche. Der eine konstruiert eigens Beete für die Ackerwildkräuter im Blumengarten, verfrachtet sie als Begleitflora in die Nähe der Gemüsebeete, der andere sät sie seitlich eines Weges aus.

Wir können die natürlich wachsende Vielfalt begrünter Plätze auch gezielt fördern. Einfach, indem wir das Nichts-

tun in der Planungsphase für bestimmte Stellen vorprogrammieren. So soll der Kiesweg so begrünen, wie es der Zufall will. So dürfen die Holzstämme wild umwachsen, gleichfalls die »Unkrautecke«. Paradox, aber natürlich: das Ungeplante als Element der Planung und Gartengestaltung.

Andererseits lassen sich auch spezielle Lebensgemeinschaften in den Wildstaudengarten holen, die es von allein wahrscheinlich nicht geschafft hätten. In solchen Fällen, denken wir an Ackerwildkräuter mit einem hohen Anteil von Raritäten wie Kornrade oder Adonisröschen, werden wir ein Saatbeet vorbereiten und die entsprechende Mischung einsäen. Für einen solchen Standort ist es typisch, daß wir ihn jeden Herbst einmal umgraben. Die Samen von Pionierpflanzen wie den Ackerwildkräutern verlangen nach offenem Boden, sonst keimen und kommen sie nicht.

In die engere Wahl von Wildstaudengärtnern passen außerdem die sogenannten Schuttpflanzen (lateinisch: Ruderalflora). Sie sind in klassischem Sinn Wegbegleiter des Menschen, gedeihen an Wegrändern und Schutthaufen. An trockenen, mageren Stellen wären dies etwa Wegwarte, Stechapfel und Nachtkerze, an feuchten und fetten Plätzen Malve, Klette oder Seifenkraut. Bleibt es schattiger, werden sich vielleicht Tollkirsche und Fingerhut zu uns gesellen. Doch zu solchen, unser ästhesisches Empfinden sofort ansprechenden Arten gesellen sich auch verkannte Schönheiten. Hierzu zählen Dorfunkräuter wie der Gute Heinrich, die verpönten Disteln und Brennesseln, die unscheinbaren Melden. Geben wir ihnen die Chance, die sie verdienen und anderenorts oft nicht erhalten: Im Wildstaudengarten ist Platz für alle.

Wildstaudenbeete lassen sich auch nach Farben aufbauen: Oben liegt der Schwerpunkt im Violetten, unten im Gelb-Weißen.

69

Wildstaudengarten

Pionierstandorte

Wildwuchs, speziell der spontane, ist ein heikles Kapitel. Schließlich hat der Nachbar genaueste Vorstellungen darüber, was Ordnung ist. Beweisen Sie es ihm: Er besitzt die größtmögliche Unordnung im Gartengrün, denn es gibt nichts Ordentlicheres als Wildwuchs.

Wenn Wildgärtner auf Ablehnung stoßen, dann bei dem Thema Wildwuchs. Er hat eben die Tendenz, auch Nachbarsgrenzen zu überschreiten, wo er sogleich als schädliches Unkraut identifiziert wird. Die Invasion der Samen löst im wohlgeordneten Gartengrün einen Sturm der Entrüstung aus, Prozeße sind dagegen angestrengt, geführt und verloren worden. Schließlich geht es hier gar nicht mehr um Samenflug, sondern um das Weltbild. Und das wackelt gewiß des öfteren, wenn nebenan alles andere als Ordnung zu herrschen scheint.

Doch gerade hierin, im offensichtlich Ungeplanten, dem scheinbaren Chaos, liegt große Systematik begründet. Wenn die Natur spontan Fuß faßt, dann geschieht das mit verblüffender Ordnung. Zunächst kommen die einjährigen Kräuter, die Pioniere. Zu ihnen gehören Kamille, Klatschmohn, das Kanadische Berufkraut, Gänsefuß. Schon im kommenden Jahr können sie abgelöst werden durch beständigere, aber immer noch einjährige Arten wie Kompaßlattich, Mäusegerste oder Rauken. Mit den Jahren wechselt das Bild erneut und die unsteten werden abgelöst durch dauerhafte Siedler. Je nach Standort entwickeln sich auf diese Weise Pflanzengesellschaften, die geprägt sind durch Wolldistel oder Eselsdistel, durch Rainfarn, Natternkopf oder Guten Heinrich. Diese Besiedlungsprozeße sind außerordentlich spannend, weil man nie weiß, wie sie ausgehen. Die Veränderung ist das einzig Dauerhafte an ihnen. Indem wir ihnen die entsprechenden Plätze bereiten, können wir einen Teil der Pflanzen in den Wildgarten einladen. Sie werden – das ist oft das Erstaunliche – zu uns finden, einerlei, wo wir wohnen. Die Samen der Pionierpflanzen schlummern in jeder Handvoll belebter Erde zu Tausenden. Fällt Licht auf sie, bekommen sie einen Hauch von Feuchtigkeit, fassen die Pionierpflanzen Fuß. Die einfachste Art – und zugleich ein kleines Experiment – ist es, einen <u>Humushügel</u> über ein Jahr offen liegen zu lassen. Er wird sich im Handumdrehen begrünen und Pflanzen hervorbringen, die Sie lange nicht oder noch nie in Gärten gesehen haben. Wie er ausschaut, läßt sich schwer vorhersagen. Vielleicht dominiert anfangs eine Art am Ort, Kamille, Melde oder ein Greiskraut. Vielleicht aber sind gleich ein Dutzend Wildkräuter da. Doch wie wird die nächste Saison aussehen? Seien Sie sicher, eine Wiederholung gibt es nicht. Um die unglaubliche Vielfalt zu dokumentieren, lohnt es sich, eine Artenliste anzufertigen, welche die Weiterentwicklung nachvollziehbar macht. Es werden einige Raritäten darunter sein!

Eine zweite Möglichkeit, solchen in der freien Landschaft bedrohten Pionier-

Ein Wildstaudenbeet mit Schuttpflanzen paßt optimal zwischen südseitige Hausmauer und Weg. Als »Erdmischung« dient Bauschutt: Ökologisches Recycling.

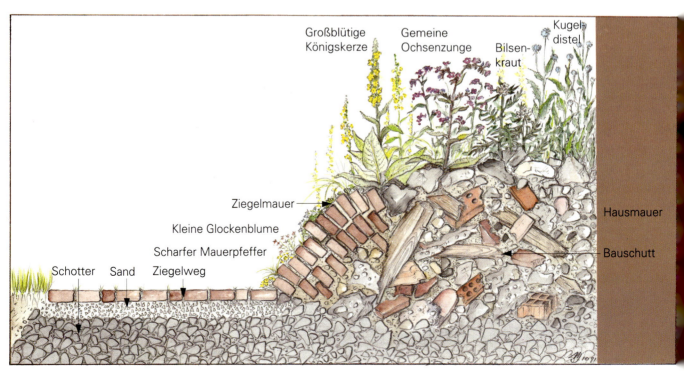

Pionierstandorte

Klatschmohnrot taucht fast mit Sicherheit auf Pionierstandorten auf. Die winzigen Mohnsamen des Allerweltssiedlers schlummern in jedem Quadratmeter Erde.

pflanzen zu helfen, findet sich eventuell ein Stück nebenan. Stichwort Ackerwildkräuter. Hier können Sie auf kleinstem Raum mit geringstem Aufwand ansehnliche Effekte erzielen. Die Grundbedingung ist vergleichbar; Ackerwildkräuter benötigen nicht mehr als ein Stück offenen Bodens zum Keimen. Um jedoch nicht die gleiche Entwicklung wie auf dem Humushügel zu bekommen, sollten entsprechende Vorkehrungen getroffen werden. Entweder besorgen Sie sich zur Einsaat einige Eimer Ackerboden der obersten Schicht, am besten von einem artenreichen Standort mit extensiver Bewirtschaftung (Biobauer!). Die andere Möglichkeit wäre die Direkteinsaat von geeigneten Arten mit einer speziellen Ackerwildkräuter-Mischung. Legen Sie dabei Wert auf die heimischen Vertreter. Notfalls kann man die Mischung aus Samenlisten auch selbst zusammenstellen. Im Garten kultivieren lassen sich etwa folgende, außerdem ausgesprochen dekorative Arten: Kornblume, Ackerrittersporn, Kornrade, Adonisröschen, Frauenspiegel, Rankenplatterbse, Ackerröte, Kleinblütige Nachtkerze, Lein, Färberwaid, Hundszunge und Ackerglockenblume.

Eine etwas aufwendigere Möglichkeit, zu einem faszinierenden Pionierstandort zu kommen, liegt in Schutt und Asche verborgen: im Mauerschutt. Ein Beet mit Hausabbruchresten oder einem Hügel daraus ist sicher nicht nach jedermanns Geschmack. Aber Wildgärtner sind ja auch nicht Jedermann. Sie wollen besondere Bedingungen schaffen, damit reiches Leben einkehrt. Und besondere Bedingungen, das bietet der Standort aus Abruchsteinen, Holzbrettern, Dachziegeln, Zementbrocken, Kalkmörtel und Erde allemal. Die zufällig aufgehäuften Ausgangsmaterialien schaffen zahlreiche Hohlräume. Doch auch verdichtete Partien kommen vor. Nährstoffe konzentrieren sich stellenweise stark, während nebendran Düngerarmut herrscht. Ein extravaganter Wuchsplatz also für eine Gruppe von Pflanzen, die sich sogar Schuttpflanzen nennen. Kennen Sie die Eselsdistel, den Natternkopf, das Bilsenkraut oder gar den Stechapfel? Es sind Pflanzen mit Geschichte, die uns erzählen könnten von Heilern und Hexenmeistern, Teufelsbesessenen und Teufelsaustreibern. Geschichten, die das menschliche Leben dereinst geschrieben hat.

Wildstaudengarten

Das Wildblumenbeet – ein Blütenrausch

Sie haben ein Faible für Wildblumen? Sie möchten einmal ein »ganz anderes« Staudenbeet? Ihnen fehlt der Platz für eine großflächige Gestaltung mit einem anderen Wildgartenelement? Dann liegen Sie richtig mit einem Wildblumenbeet. Es ist gleichsam eine Art Zwitter zwischem naturnahem Wiesenstandort und der gepflegten Staudenrabatte des Ziergartens. Im Unterschied zur Wiese konzentriert sich die Artenfülle blühender Wildstauden auf das Doppelte und Dreifache. Um eine möglichst große optische Wirkung zu erzielen, wird dichter gesät als auf Wiesen. Damit den heimischen Stauden mehr Raum bleibt, fehlen in den einschlägigen Samenmischungen die wiesentypischen Gräser. Dies zieht allerdings auch einen Nachteil mit sich: Ein Wildblumenbeet ist – ähnlich konventionellen Staudenbeeten – nicht trittfest.

Die Artenfülle der eingesäten Wildblumenmischung ist wahrlich beachtlich: Auf zehn Quadratmetern können bis zu 50 Wildpflanzen Platz finden, pro Quadratmeter durchschnittlich fünf. Enthalten in fertigen Mischungen sind ein-, zwei- und mehrjährige Arten. Angefangen von A wie Akelei bis W wie Witwenblume präsentiert sich in einem Wildblumenbeet ausgesuchte Schönheit. Die normale Mischung ist auf durchschnittliche Standorte ausgelegt, so daß man damit auch überall Erfolg haben wird. Allerdings werden viele der Arten durch magere Böden begünstigt. Am besten zur Geltung kommen Wildblumenbeete an leicht erhöhten Stellen längs von Wegen oder Sitzplätzen. Mit Natursteinen oder auch Holzstämmen lassen sich adäquate Wuchsplätze schaffen, die jedoch nicht gekünstelt wirken sollten.

Doch selbst für Sonderstandorte und spezifische Wünsche existieren entsprechende Zusammenstellungen. So kann man inzwischen auf fertige Biotopmischungen für Hecken zurückgreifen. Diese Arten werden entweder direkt in oder neben die frischgepflanzte Wildsträucherhecke gesät oder eben in ein Wildblumenbeet am vergleichbaren Standort. Hecken liefern Schatten und Feuchtigkeit, folglich sollten auch Wildblumenbeete mit Heckenstauden im Hausschatten oder unter Bäumen plaziert werden. Passend zum Standort muß die Erde humos, tiefgründig sein und Laubanteile enthalten. Sind die Wildstauden groß genug, können zusätzlich Blätter von Laubbäumen zum Mulchen verwendet werden.

Kontrastreich dazu ist die Mischung für Steine und Felsen. Damit lassen sich entweder frisch angelegte Trockenmauern und Treppen, Plätze oder Wege aus Stein einsäen oder – eben – ein standortgerecht bereitetes Wildblumenbeet. Es sollte hohe mineralische Anteile be-

Die Mischung macht's: Dieses Wildblumenbeet besteht hauptsächlich aus einjährigen Arten, ein faszinierendes Kaleidoskop der Farben und Formen.

Wildblumenbeet

sitzen und beispielsweise aus Schottermaterial, Kies oder Sand bestehen. Auch größere Felsbrocken gehören zur Gestaltung. Verwendet man die spezielle Zusammenstellung für Gebirge, kann das Wildblumenbeet auch alpine Pflanzen aufweisen.

Noch ein anderes Lebensraumbild ergibt sich mit einer Heide-Samenmischung. Hierfür sind nährstoffarme Sandböden mit Rindenhumus von Vorteil. Diese Samenauswahl eignet sich auch zur Einsaat größerer Flächen im Heidegarten (siehe Seite 112/113).

Mit fertigen Mischungen für bestimmte Standorte (es gibt sie u. a. noch für Wegraine, Trockenwiesen auf saurem oder alkalischem Untergrund, Schattenwiesen und Feuchtwiesen) läßt sich viel Zeit sparen. Zum Service einiger Fachbetriebe gehört auch die individuelle Zusammenstellung einer Mischung nach Ihren Wünschen. Ein großzügiges Angebot, denn die Suche der passenden Arten gestaltet sich einigermaßen aufwendig. Die Mischungen sind zugleich ein kostengünstiger Einstieg in den Wildgarten. Käufliche Mixturen bieten außerdem den Vorteil, daß hierbei auch dem Artenschutz Rechnung getragen wird. Wer den Weißen Diptam, Edelweiß und Schachblume per Samenpackung beziehen kann, kommt nicht in die Versuchung, das Unerlaubte zu tun und die Pflanzen heimlich auszugraben.

Selbst wer auf angezogene Pflanzen setzt, kann bei Naturgarten-Spezialisten die Wildstauden als Anzucht im Topfballen beziehen und so sein Wildblumenbeet nach persönlichen Gesichtspunkten gestalten. Die Grundvoraussetzung freilich für den Wildpflanzenkauf ist, daß die Quelle seriös ist. Der Anbieter muß die Herkunft der Samen und Stauden einwandfrei nachweisen können – nach Möglichkeit sogar selber vermehrt und angezogen haben. Dem Artenschutz wird nämlich ein Bärendienst erwiesen, wenn für hiesige Wildgärten die Natur in Osteuropa zum Billigtarif geplündert wird.

Neben der Einteilung nach Standorten kann man bei Wildblumenbeeten die

Die Moschusmalve ist eine sehr stattliche Erscheinung, die über Monate mit immer neuem rosaroten Blütenflor erfreut. Ideal für die Wildblumenhecke oder als Einzelpflanze.

Schwerpunkte auch nach dem Artenschutz (Schmetterlingswiese) oder nach rein ästhetischen Kriterien setzen. Beispielsweise könnten Blütezeitpunkt und Blütenfarbe die ausschlaggebende Rolle spielen. Dabei wäre freilich auf die unterschiedliche Wirkung der einzelnen Wildstauden zu achten: Zunächst sucht man die charaktergebenden Leitstauden aus. Sie spielen sozusagen die Grundmelodie einer Pflanzung, erzielen die Hauptakzente. Ihre Dichte, ihr kräftiger Wuchs übertreffen das Erscheinungsbild der vergesellschafteten Arten, der Begleitstauden. Diese wiederum sollen nicht im Kontrast zu den Leitstauden stehen, sondern deren Eindruck unterstreichen. Eine eher untergeordnete Rolle hat schließlich der Unterwuchs. Doch auch er soll mit dem ganzen Bild harmonieren.

Auf diese Art lassen sich gerade mit kleinen und kleinsten Wildblumenbeeten auffällige Farbtupfer erzeugen, die entweder monochrom nur eine Farbe zeigen oder eine attraktive Farbmischung bilden (Gelb/Blau, Rosa/Weiß, Weiß/Violett).

Wildblumenhecke

Anstelle einer Thujahecke oder vor die Wildsträucherhecke paßt gut ein dichter Streifen aus halbhohen und hochwüchsigen, heimischen Wildstauden und Gartenpflanzen, die Blumenhecke. Günstig ist eine Samenmischung aus einem Fünftel einjähriger und vier Fünftel zweijährigen Arten. Über 50 Wildstauden finden so Platz. Die Blumenhecke wird zwischen März und Mai beispielsweise in einem zweieinhalb Meter breiten Streifen in 75 Zentimeter Abstand dreireihig ausgesät. Sie wird niemals geschnitten und erhält sich durch Selbstaussaat über viele Jahre hinweg. Gelegentlich können überhand nehmende Arten ausgedünnt oder abgeschnitten werden. Die Blumenhecke bietet Lebensraum für Schmetterlinge, Bienen und Hummeln. Vögel ernten ab Spätsommer Samen und suchen im Winter nach Insekten. Und hier eine passende Artenauswahl:

Einjährige Stauden
Ringelblume, Kornblume, Bienenfreund, Sonnenblume, Mariendistel, Borretsch, Kornrade

Zweijährige Stauden
Ochsenzunge, Wegwarte, Natternkopf, Skabiosen- und Wiesenflockenblume, Nesselblättrige Glockenblume, Wilde Möhre, Hundszunge, Fingerhut, Färberkamille, Nachtviole, Färberwaid, Witwenblume, Herzgespann, Himmelsleiter, Esparsette, Rotes Leimkraut, Malve, Wiesensalbei, Seifenkraut, Skabiose, Ziest, Taubenkropf-Leimkraut, Braunwurz, Wiesenbocksbart, Eisenhut, Königskerze, Eselsdistel, Wilde Karde, Nikkende Distel, Wolldistel und Mannstreu.

Wildstaudengarten

Wildstauden brauchen Pflege

Der Wildstaudengarten macht Arbeit, wenn auch nicht so viel wie ein gleichgroßes Stück herkömmlichen Gartens. Schließlich will sogar Wildwuchs unter Kontrolle gehalten sein.

Die Pflegemaßnahmen für den Wildstaudengarten beginnen lange vor der Blüte. Die typischen Wildstauden und Sämereien sind in mühevoller Handarbeit geerntet worden, kostbare Naturware, die nicht vergeudet werden sollte. Der Preis hängt dabei von der Samengröße sowie der Ergiebigkeit der Pflanze ab. Nur zur Illustration: 100 Gramm des Orangeroten Habichtskrautes kosten im Handel knapp 300 Mark. In diese Kategorie fällt auch die gleiche Menge des Ackergauchheils, während beispielsweise 100 Gramm Samen der Gemeinen Nachtkerze oder der Kornrade schon für zehn Mark käuflich sind. Dennoch sind auch sie nicht unbegrenzt verfügbar. Deshalb gehört zum Blütenerfolg die pflegliche Behandlung der Samen und Jungpflanzen.

Und dies fängt mit der eigenen Anzucht an; so werden die natürlichen Ausfälle durch Hitzewellen, Temperaturstürze, Gewitterregen minimiert. Auch Schneckenfraß, Wühlmäuse und Vogelschäden lassen sich in der Zeit vermeiden, in der die Keimlinge sehr empfindlich reagieren. Bewährt für die Anzucht haben sich entweder das eigene Beet oder die Saatschale.

Im Anzuchtbeet sät man am besten im Reihenabstand von 30 bis 50 Zentimetern aus. Die Saatschale mit gedämpfter, keimfreier Erde findet ihren optimalen Platz an einem hellen, nicht zu warmen Fenster. Sie darf nie austrocknen und auch nicht zu feucht werden. Bereits im Februar kann die Aussaat beginnen. So haben die Pflanzen gegenüber Keimlingen des Freilands einen gewaltigen Vorsprung, kommen früher zu Blüte und Samenbildung. Sobald die Setzlinge kräftig genug sind, werden sie dann an ihren endgültigen Standort ausgepflanzt. Zwischenbemerkung: Der Wildstaudenmarkt hat sich in letzter Zeit so positiv entwickelt, daß sich Pflanzen für bestimmte Zwecke (etwa Wildblumenhecke, Wildblumenbeet) auch schon komplett in Topfballen erwerben lassen, eine vieles vereinfachende Methode.

Doch zurück zur eigenen Vorkultur, die sich freilich nur für sehr kleine Wildblumenbeete eignet. Bei größeren Flächen sollte direkt im Freiland ausgesät werden. Sobald die Pflanzen charakteristische Blätter oder Triebe ausbilden (und somit auch für Laien diffenzierbar sind), muß das erste Mal gejätet werden. In diesem Fall heißt es, das unerwünschte Unkraut vom ersehnten Wildkraut zu trennen. Wuchernde und flächendeckende Arten wie Ackerwinden, Brennesseln oder Gräser sind sorgfältig auszuzupfen. Auch der Löwenzahn läßt sich schon als Jungpflanze eindeutig identifizieren. Doch Vorsicht: Alle unbekannten Arten stehen lassen. Vielleicht handelt es sich bei der stacheligen Blattrosette doch um die eigens gesäte Wilde Karde? Alles, was den Anschein einer Distel hat, sollte – bis zur eindeutigen späteren Bestimmung – weiter wachsen dürfen, schließlich spielen im

Die Anzucht von Wildstauden bereitet große Freude. In der Saatschale werden die Arten vorgezogen (links), um die Jungpflänzlein später mit einen Wuchsvorsprung ins Freie setzen zu können (rechts).

Pflege

Eine Wildblumenhecke aus Hochstauden entlang des Gartenzauns macht nur wenig Arbeit. Bei Übergriffen kann sie leicht mit der Sense im Zaum gehalten werden.

Wildblumenbeet und mehr noch in der Wildblumenhecke die Distelverwandten eine Hauptrolle.

Zukünftige Wildstaudengärtner kommen nicht um etwas <u>Artenkenntnis</u> herum, die bald auch die Kenntnis der Keimlinge und Jungpflanzen einschließen wird. Doch was für manchen anfangs zur Überforderung zu werden droht, wird nach einiger Zeit zur sicheren Routine. Der Laie bildet sich zum Fachmann fort. Natürlich erfordert dies schon ein wenig Beschäftigung mit der Materie, es soll allerdings nicht zum Zwang ausarten. Es macht schließlich Spaß, wenn man sich schon im Frühling angesichts der ersten zarten Blätter auskennt. Nur der kundige Wildstaudengärtner darf sich auf die Dolden der Wilden Möhre freuen. Er allein weiß auch zwischen vielem anderen das Sproßwachstum der Kornrade zu verfolgen, weil er bereits erfahren hat, daß diese hochschießende Pflanze einmal tatsächlich Kornradenblüten tragen wird. Die Kenntnis wie die Liebe zum Detail fördert das Naturverständnis.

Das ist fast schon alles, was zur Pflege der Wildstaudengärten gehört: den Pflanzen ein geeignetes Saatbeet zu bereiten und ihre Entwicklungsprozesse ab und zu jätend zu unterstützen. Schießen die Pflanzen der Blumenhecke allzuschnell hoch, zerrt der Wind an ihnen, können sie durch eine gespannte Schnur oder durch Stöckchen gestützt werden.

Wer mag, kann von seinen Lieblingsarten <u>Samen ernten</u>, trocknen und im nächsten Frühjahr wieder einsäen. Doch sollte man wissen, daß nicht alle Arten sofort angehen. Vielfach überdauern Samen mehrere Jahre und keimen erst dann – eine Anpassung an widrige Umstände.

<u>Mähen</u> ist nur bei langhalmigen Wiesenformen notwendig, bei Wildblumenbeet und Blumenhecke entfällt es völlig. Die abgeblühten Stauden sollte man bis ins nächste Frühjahr stehen lassen – als dekoratives Wildgartenelement und winterliches Vogelfutter. In den hohlen Stengeln verbringen zahlreiche Insekten die kalte Periode. Zu Beginn der zweiten Saison dürfen dann die dürren Stengel entfernt werden. In dieser Zeit kann man im Wildblumenbeet, bei den Ackerwildkräutern und auf dem Humushügel entweder die natürliche Entwicklung (und Veränderung!) abwarten oder wieder neu aussäen. Schuttstandorte sollten über viele Jahre möglichst sich selbst überlassen bleiben. Einzige Pflegemaßnahme wäre hier, vertrocknete Stengel im Frühjahr abzuschneiden.

Wassergarten

Wasser ist Leben. Das feuchte Element wird Ihren Wildgarten von Grund auf verändern. Mit neuen Formen, mit Blüten, mit Tieren. Seien es Naturteich oder Sumpfgraben, sei es der Wassergraben oder der Bachlauf: Wasser ist der Quell des Lebens. Leichter wäre es, zu beschreiben, was ohne Wasser im Garten geschieht. Sie würden keine Libellenduelle sehen, keine fingernagelgroßen Fröschlein und den Singvögeln fehlte der Badeplatz. Nie kann ein Kind zu ihnen ›tümpeln‹ kommen und Einsicht in den ewigen Kreislauf des Werdens und Vergehens nehmen. Kurzum: Eine durch und durch nasse und lebendige Welt ginge verloren. Und wer will das schon?

Ein Sumpfgraben (rechts) mündet in den Naturteich und klärt das Wasser aus der Dachrinne biologisch.

Wassergarten

Hornisse **1**. Gimpelpaar **2**. Sumpfdotterblume **3**. Junge Erdkröten **4**, Steinfliege **5**. Blaugrüne Mosaikjungfer **6** bei Eiablage. Nadelige Sumpfbinse **7**. Wiesenschaumkraut **8**, Aurorafalterraupe **9**. Kleiner Rohrkolben **10**, Sumpfblutauge **11**. Spitzschlammschnecke **12**, Posthornschnecke **13**, Zungenhahnenfuß **14**, Igelkolben **15**, Stachelwasserkäfer **16**, Wasserläufer **17**. Gemeines Mädesüß **18**, Schwanenblume **19**, Wasserschwaden **20**, Breitblättriger Rohrkolben **21**, Schlangenknöterich **22** und Sumpfschwertlilie **23**. Aurorafalter **9** auf Gemeinem Baldrian **24**, Sumpfstorchschnabel **25**, Erdkröte **4**, Sumpfkratzdistel **26**, Großer Perlmutterfalter **27**. Prachtnelke **28**, Gemeine Heidelibelle **29**, Hufeisenazurjungfer **30**, Teichmolch **31**. Schwimmendes Laichkraut **32**, Plattbauch **33**, Krebsschere **34**, Froschbiß **35**. Tannenwedel **36**. Seekanne **37**, Pfeilkraut **38**, Sibirische Schwertlilie **39**. Wasserspitzmaus **40**, Deutscher Backenklee **41**, Eintagsfliege **42** und Gemeine Felsenbirne **43**.

Die Phantasie plant mit

Der Garten Ihrer Träume wird zuallererst in Ihrem Kopf entstehen. Willkürlich oder unwillkürlich werden dort Grenzen gesetzt für die Gestaltung, bewußt oder unbewußt Möglichkeiten vergeben. Für den Anfang hier deswegen der Aufruf zur Offenheit und Phantasie: Legen Sie sich nicht vorschnell fest und machen lieber ein paar Spaziergänge durch den Wassergarten à la Natur. Die Landschaft ist die beste Ideengeberin zum Thema Wasser im Wildgarten. Sie zeigt, wie vieles machbar und daß nichts unmöglich ist.

Ein Naturspaziergang präsentiert ein unendlich breites Spektrum von Möglichkeiten – wobei schnell klar wird, daß es für den Wildgarten keine Ideallösung geben kann, sondern nur eine von zahlreichen Varianten: Vom pfützengroßen Miniteich über die regenwassergefüllte Lastwagenspur, sumpfige Gräben, Moorweiher, Sandgrubentümpel oder Kiesteiche, vom schattigen Waldbach bis über den glasklaren Quelltopf reicht das Angebot. Die Lebensverhältnisse wechseln dabei je nach Standort und Ausprägung. Angesichts dieser natürlichen Vielfalt heißt unsere wichtigste Aufgabe die Beschränkung, denn nur einen kleinen Ausschnitt des prinzipiell Möglichen können wir gezielt in den Wildgarten holen und damit auch einen

Planung

Teil der natürlichen Artenfülle solcher Naturlebensräume.

Eine (im nachhinein bedauerliche) Standarderfahrung von Wildgärtnern vorweg: Die meisten würden ihren Teich das nächste Mal wesentlich größer anlegen. Dies aus zweierlei Gründen: Einmal, weil er durch den Bewuchs immer kleiner ausfällt als ursprünglich gedacht. Zum anderen, weil er so schön geworden ist! Deshalb lieber gleich großzügiger planen. Doch davon einmal abgesehen – der Blick in die Natur zeigt in punkto Größe: Vom Miniteich bis zur 30-Quadratmeter-Wasserfläche und mehr ist alles vorhanden. An Platz muß es folglich nicht mangeln, Naturteiche können sogar handtuchgroße Reihenhausgärten ökologisch aufwerten. Allerdings sind die Bedingungen in größeren Anlagen stabiler: Die Wassertemperatur schwankt nicht so stark, im Sommer kommt es langsamer zur Erwärmung, im Winter friert der Teich weniger rasch durch. Kleine Teiche wachsen überdies in kurzer Zeit zu. Doch vielleicht liegt es gerade in ihrem Interesse, einen solchen instabilen Pionier-Lebensraum zu schaffen? Sie sind speziell wertvoll für bestimmte Lurcharten. Der Frost vernichtet in flachen Naturteichen die räuberischen Libellenlarven und Fische, so daß der Froschnachwuchs im Frühjahr ausgesucht günstige Startbedingungen hat. Sehr schön, aber nur für größere Gärten geeignet, ist auch eine Gruppe mit wechselnden Bedingungen: kleine, große, flache oder tiefe Teiche mit lehmigem, kiesigem oder sandigem Untergrund, dazu Sumpfbeete und Wassergräben. Hiermit können Sie den Grundstock für eine große Artenfülle legen.

Bei der Lage dürfen wir uns ebenfalls am Vorbild Natur orientieren. Es gibt die voll besonnten Feuchtbiotope genauso wie halbschattige oder nur schattige, allein unterschieden durch ihre Ökologie: In warmen Gewässern laufen die Entwicklungsprozeße zügiger ab, Pflanzen wuchern und der Teich verlandet eher. Wärmeres Wasser fördert allerdings – speziell beim Überhang an Nährstoffen – den leidigen Wuchs der Grünalgenteppiche. Außerdem profitiert die Faunenwelt von den höheren Temperaturen. Speziell Amphibien nutzen die eisfreien Stellen im Frühjahr als Laichplatz. Ein Grund, möglichst in Südlage für seichte Wasserbereiche zu sorgen.

Empfohlen sei weiterhin die Nähe zum Haus oder einem Sitzplatz. Der von der Terrasse einsichtige Naturteich oder Sumpfgraben stellt eine lebendige Bereicherung dar. Die Teichbewohner gewöhnen sich dabei gut an die Menschen. So entsteht in unmittelbarem Blickfeld ein ganzheitliches Erlebnis mit dem Wechsel der Jahreszeiten, dem Spiel von Wind und Regen. Andererseits hat die entferntere Lage auch Vorteile: Der Naturteich als Ruhezone, Fluchtpunkt, als alltäglicher Anlaß für einen Naturerlebnis-Spaziergang.

Die Form ist eine Sache der Eingebung und des Grundstücks. Prinzipiell trifft hier wieder zu, daß alles möglich sein sollte. Je phantasiereicher, um so interessanter. Abwechslung ist die Basis für Vielfalt. Ob rechteckig oder quadratisch, langgezogen sich schlängelnd, ausgebuchtet oder gleichförmig oval, kreisrund oder um die Ecke, das hängt vom persönlichen Geschmack ab. Allerdings sollte man an komplizierte Formen nicht die hohe Erwartung haben, daß sie bleiben wie sie sind. Die Natur schafft sich mit dem Pflanzenbewuchs ihre eigenen Muster. Rechnen Sie damit: Die einmal angelegte Gestalt wird sich immer wieder verändern.

Wie tief ein Teich letztendlich sein kann, hängt stark vom Baumaterial ab: Folienteiche sollten einen Neigungswinkel von rund 30 Grad nicht überschreiten, andernfalls rutscht der aufgebrachte Sand oder Kies ab. Lehmweiher dürfen ein Gefälle von bis zu 50 Prozent aufweisen. Mit anderen Worten: Die mögliche Tiefe hängt von der vorhandenen Grundstücksfläche ab: Bei drei Meter Breite und einem 30-Grad-Gefälle wird die tiefste Stelle ungefähr einen halben Meter haben. Mehr ist im Normalfall für Naturteiche unnötig, obwohl es natürlich möglich wäre. Auf die oft in der Literatur angegebene Miminaltiefe von 80 bis 100 Zentimeter als Überwinterungstiefe für Wasserpflanzen und Tiere darf getrost verzichtet werden. Auch flachere Teiche sind ökologisch ein Gewinn! Bei der Frage nach der möglichen Wassertiefe ist gegebenenfalls Rücksicht auf Kinder zu nehmen, Steilufer sind gefährlich. Auch die Pflanzen wollen beachtet sein, denn viele Arten sind spezialisiert auf bestimmte Wassertiefen. Im Normalfall wird man allerdings schon aus optischen Gründen verschiedene Höhenniveaus erstellen: Von der Sumpfzone am Rand über differenzierte Flachwasserbereiche bis hin zum Tiefwasser.

Vollgelbe Seekannenblüten und eine noch jungfräulich frischfarbige Mosaikjungfer – der Naturteich ist eine Offenbarung des Schönen.

79

Wassergarten

Die Qual der Wahl: Welches Material eignet sich?

Drei Materialien stehen für Folienteiche zur Verfügung. Sie unterscheiden sich in Eigenschaften, im Preis und nicht zuletzt in ihrer Ökobilanz.
Folienteiche sind für nicht wenige Wildgärtner das non plus ultra. Sie lassen sich – auch von Laien – relativ einfach anlegen, gliedern sich vergleichsweise natürlich in die Umgebung ein und sind dazu noch kostengünstig. Allerdings müssen Aufwand und Nutzen in einem vernünftigen Zusammenhang stehen: Wer einen Folienteich wählt, sollte deshalb das Verhältnis von verbrauchter Teichfolie und tatsächlich erzielter Wasserfläche nachprüfen. Grundregel: Kleine Teiche benötigen für die Randgestaltung und die Sumpfzonen verhältnismäßig mehr Folie als größere Teiche. Ein Rechenexempel: Mit einer 25 Quadratmeter großen Teichfolie erzielt man selten mehr als vier Quadratmeter Wasseroberfläche. Kaufen Sie aber ein 6×6 m großes Folienstück, beträgt die freie Wasserfläche schon über neun Quadratmeter, bei einer 6×8-Meter-Folie überschreitet sie gar 14 Quadratmeter. Kurzum: Ein geringer Mehraufwand an Folie verdoppelt und verdreifacht die Oberfläche!

Ginge es allein nach der Ökobilanz, so hätte der umweltbewußte Wildgärtner nur eine Wahl: Polyethylen (PE). Bei Herstellung und auch der eventuellen Entsorgung sind bislang keine Giftstoffe nachgewiesen worden. Enthalten ist in dem Plastik allerdings oft ein Weichmacher (Vinylacetat), der das spröde Material dehnungsfähig macht. Der Vorteil der Ungiftigkeit wird bedauerlicherweise durch ungünstigere Materialeigenschaften gemindert. Auch garantiert gegen ultraviolettes Licht beständige PE-Folie (beim Kauf unbedingt verlangen!) ist nicht so haltbar und läßt sich nur mit Spezialmaschinen – also nicht vor Ort – verschweißen. Entsprechend schwierig ist auch eine eventuelle Reperatur. Angeboten wird die Folie in 0,5 mm Stärke und in 4, 6, 8 und 10 Meter breiten Bahnen oder in 1 mm Stärke und 6 Meter Breite. Die dünne Folie lohnt sich nur bei kleinen Teichen bis 5 Quadratmeter, darüber ist die dickere Folie zu empfehlen. PE-Folie ist vergleichsweise preiswert, der Quadratmeter liegt unter 10 Mark (0,5 mm) beziehungsweise unter 14 Mark (1 mm).

Ginge es nach der Strapazierfähigkeit und Umweltfreundlichkeit, so käme automatisch Kautschuk in Frage. Das Naturprodukt ist extrem haltbar und reißfest. Es wird meist in 1,5 mm Stärke geliefert bei einer Bahnenbreite von 1,3

Der frischangelegte Naturteich mit einer Rollkiesschicht auf der Folie läßt zukünftige Entwicklungen nur ahnen. Doch die Feuchtbereiche und Trockenzone samt der umrundenden Trockenmauer wurden standortgemäß besät oder bepflanzt (oben). So sieht der Längsschnitt durch einen Folienteich aus (unten).

Metern. Naturkautschuk kann in jedem gewünschtem Maß verschweißt werden und läßt sich auch vor Ort mit einem Heißluftgerät reparieren. Solche Qualität hat freilich ihren Preis: Kautschukfolie kostet zwei- bis dreimal soviel wie

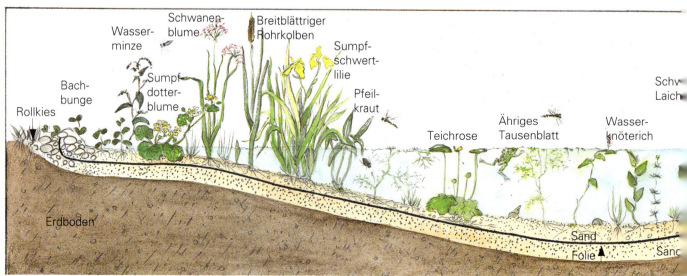

Folienteich

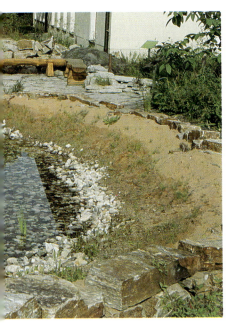

käme wohl allein Polyvinylchlorid (PVC) in Frage. Dieser Kunststoff ist außerordentlich langlebig, stabil und durch bis zu 50 Prozent Weichmacheranteile auch ungemein dehnungsfreudig. PVC läßt sich problemlos vor Ort verschweißen und kann auch nach Jahren noch leicht repariert werden. Wichtig ist allerdings, ein Qualitätsprodukt zu kaufen, das garantiert frei von giftigen Schwermetallen (wie Cadmium) oder Regeneraten (etwa mit Fungizidanteil) ist. Daneben darauf achten, daß die Folie wenigstens 3000 Sonnenstunden gegen UV-Licht stabil ist (das entspricht etwa drei Jahren). Der Werkstoff soll kälteresistent bis mindestens -30 Grad und wurzelfest sein, aus – je nach Stärke – zwei bis vier Lagen bestehen und eine gleichmäßige Schichtung aufweisen. Solche Qualitätsfolie wird in vier verschiedenen Stärken angeboten: 0,7 mm, 1 mm, 1,4 mm und 2,0 mm. Da sie stabiler ist als PE-Folie, reichen für Normalbedingungen die ersten beiden Maße voll aus. Die Preise schwanken zwischen neun und 30 Mark pro Quadratmeter. PVC-Folie wird in allen Größen angeboten. Gängige Metermaße der Standardgrößen: 4×4, 5×6, 6×6, 6×8, 8×8, 8×10, 8×12, 10×10, 10×12, 10×14, 12×12 und 12×14. Sonderanfertigungen sind möglich. Fazit: PVC – fast ein Idealstoff, wäre da nicht die giftige Fabrikation und Entsorgung, bei der Salzsäure entsteht. Landet die Folie nicht in der Müllverbrennung, sondern auf der Deponie, bleibt sie dort auf ewig – ein echtes Plastikprodukt unserer sonst so schnellebigen Zeit.

die 1mm starke PE-Folie. Kautschuk bietet sich speziell an für sehr steinige oder stark durchwurzelte Böden. Einziges Handicap: Bei der Herstellung wird Schwefel verwendet, beim Verbrennen von Abfällen entsteht also Schwefeldioxid, ein Bestandteil des Sauren Regens. Trotzdem fällt die Umweltbilanz noch günstiger aus als bei PVC. Naturbewußte Käufer ziehen im Zweifelsfall die teurere, qualitativ aber genauso hochwertige und einsatzfähige Kautschukfolie dem PVC vor.
Ginge es nach Vielseitigkeit und Preis,

In 10 Schritten zum Naturteich

1. Sie bestellen eine Folie nach Ihren Wünschen in der passenden Größe.
2. Laden Sie zum Teichbaufest an einem Samstag ein. Ihre Freunde bringen Spaten und Schaufeln mit. Sie selbst stellen Schubkarre und Verpflegung. Zuerst wird die Rohform nach Maß ausgegraben. Schön rechteckig, so wie die Folie es vorgibt. Zwischendurch immer wieder ausmessen oder (besser!) die Folie in die Grube legen. Sämtliche Wurzeln und Steine entfernen. Das Ufer soll nicht steiler als 30 Grad abfallen.
3. Bei steinigem Boden eine fünf Zentimeter dicke Sandschicht über die gesamte Fläche verteilen. Sie schützt die Folie vor Druckstellen.
4. Folie verlegen, wobei Ränder überlappen können. Falten dürfen sein, aber glatt streichen.
Mit der Schlauchwaage oder mit Wasserwaage und Meßlatte die tiefste Stelle ermitteln. Hier kommt später der Überlauf hin.
5. Anschließend die gesamte Fläche gleichmäßig mit zehn Zentimter Sand bedecken.
6. Mit Sand, Kieseln oder runden Steinen können nun auf der Folie Buchten, Halbinseln und Inseln modelliert werden. Auch die Gestaltung mit Ästen und Holzstämmen kann jetzt beginnen.
7. Pflanzzeit! Heimische Arten bevorzugen und standortgerecht setzen. Bei Nährstoff-Fressern wie Rohrkolben oder Seerosen etwas Mutterboden oder Rasensoden drumherum als Düngervorat.
8. Wasser marsch! Während es einläuft, bleibt Zeit für die Modellierung des Umlandes. Falls nötig, den Überlauf einrichten. Ast- und Steinhaufen als Versteck für Teichbewohner anlegen. Mit Sand und Kies Trockenflächen schaffen. Den Aushub zur Hügellandschaft verformen.
9. Überstehende Folie mit leichtem Gefälle zum Teich eingraben. Eventuell eine Kapillarsperre gegen Verdunstung einbauen. So entsteht eine zusätzliche Sumpfzone.
10. Die feuchten Teichränder mit einer speziellen Feuchtwiesenmischung besäen, die Trockenflächen darüber mit einer Trockenrasenmischung. Fertig!

Wassergarten

Natürliche Materialien für die Abdichtung

Gestandene Ökologen schwören auf Ton als Dichtungsmaterial für Teiche, Sumpfgräben und Bachläufe. Eine naturnahe, doch ziemlich aufwendige und dadurch zuweilen recht exklusive Möglichkeit.

Der Glücksfall sieht so aus: Sie besitzen einen schweren, bindigen Untergrund aus purem Lehm oder Ton. Dann heißt es (nur) noch ausgraben oder baggern lassen, den Boden verdichten, fertig. Doch in 99 Prozent aller Fälle haben Wildgärtner Pech, der örtliche Untergrund ist wasserdurchlässig wie ein Sieb. Dann heißt es nachdenken, ob sich eine künstliche Abdichtung mit dem Naturstoff lohnt.

Die Dichtmasse Ton hat eine Menge Vorteile: Er ist nur Natur (ohne jegliche Kunststoffe), läßt sich hervorragend in den verschiedensten Formen modellieren und bringt viele Pflanzen zu üppigem Wuchs. Zudem sind solche Feuchtbiotope gut zu pflegen und – bei Bedarf – auch einfach wieder abzudichten. Teilweise schlämmen kleine Löcher mit der Zeit sogar von alleine zu.

Als Nachteile schlagen zu Buch: der oft gewaltige Materialtransport über manchmal weite Strecken; der deswegen oft unvermeidliche Einsatz von technischem Gerät (Lastwagen, Bagger, Raupe, Fräse, Stampfer, Rüttelplatte) und die dadurch relativ hohen Kosten.

Zur Zeit bestehen fünf Möglichkeiten der künstlichen Tonabdichtung: Grubenlehm in Rohform, vorgefertigte Ziegel, Tonpulver, Tonpulvervliese oder die Kalkstabilisierung.

Als einfachste Methode gilt die Auskleidung mit rohem Grubenlehm. Teilweise fällt geeignetes Material auch bei Straßenbau- und anderen Erdarbeiten an. Pro Kubikmeter Ton ist mit 30 bis 60 Mark Kosten zu rechnen. Die Teichgrube muß ungefähr einen halben Meter tiefer als der Teichgrund ausgehoben und gut geebnet worden sein. Herausstehende Wurzeln, Steine und lockere Bodenparteien sind zu entfernen. Der feucht (!) angefahrene Lehm wird in einer Schicht von höchstens 15 cm Stärke gleichmäßig über die Teichfläche verteilt. Eine Überlappung der von Hand gestochenen Tonplatten ist anzustreben. Anschließend erfolgt die mechanische Verdichtung über Rüttelplatte oder Preßluftstampfer. Damit dies technisch noch funktioniert, dürfen die Ufer nicht zu steil sein. (Neigungswinkel zwischen 20 und 30 Grad.) Während des ganzen Vorgangs sollte der Ton nicht austrocknen, da er sonst undicht werden kann. Anschließend kommt in den gleichen Arbeitsschritten eine weitere, besser zwei Lagen Ton darüber. Anzustreben ist minimal eine Tondicke von 30 Zentimter insgesamt. Gegen die Austrockung und Rißbildung wird sofort eine 10 cm dicke Kiesschicht (Wandkies!) oder Bausand aufplaniert. Sie hilft gleichzeitig Wassertrübungen zu vermeiden.

Einfacher zu verarbeiten sind Tonziegel. Hier greift man am besten auf ungebrannte Ziegel aus der nächsten Fabrik zurück. Sie werden nach dem obigen Prinzip verlegt und festgestampft. Über die Fugen kommt die zweite Lage, dann

Lehmziegelteich im Rohbau: Die ausgebreiteten Lehmziegel werden mechanisch mit dem Preßluftstampfer verdichtet. Eine Arbeit für gestandene Männer.

eine dritte, so daß sich eine etwa 30 cm dicke Tonabdichtung ergibt. Wenn man die Ziegel hochkant aufstellt, sind insgesamt nur zwei Schichten nötig. Als Abschluß folgt wieder eine rund 10 cm dicke Kiesschicht. Im Fachhandel werden auch vorgefertigte Tonelemente angeboten, die sich nach Art der Nut-und-Feder-Bretter überlappen. Auch sie müssen mechanisch verdichtet werden. Die teils als ausreichend angegebene Schichtdicke von zehn Zentimetern dürfte jedoch nur begrenzt Wasser halten. Wurzelstarke Wasser- und Sumpfpflanzen durchstoßen sogar einen halben Meter dicke Tonschichten ohne Schwierigkeiten und können – einmal verfault – für Lecks sorgen.

Als dritte Variante wäre getrocknetes und feingemahlenes Tonpulver zu erwähnen. Es besteht aus einer stark quellfähigen Substanz (etwa Montmorillonit) und wird in einer Mischung mit Sand (Verhältnis 1:2) in der ersten

Lehmteich

Lage zehn Zentimeter stark ausgebracht. Es folgen zwei bis drei weitere gleich mächtige Tonpulver-Sandgemenge. Mit Wasser befeuchtet, quillt das Tonpulver auf und verdichtet so den Teichgrund. Wegen seines immensen Materialverbrauchs und der meist langen Transportwege kommt das Verfahren ziemlich teuer, auf 50–70 Mark pro Quadratmeter. Bei einem anderen System wird auf den verdichteten Unterboden eine einen Zentimeter starke Mineralpulverschicht aufgebracht und mit 15 Zentimeter stark verdichtetem Auffüllmaterial und fünf Zentimeter Rollkies abgedichtet. Pro Quadratmer werden 8–10 kg Tonpulver benötigt, der 40-kg-Sack kostet rund 100 Mark. Da auch hier die Mindestabnahmemenge 1000 kg beträgt, lohnt das Verfahren nur bei größeren Anlagen. Vorsicht ist jedoch bei Mineralpulvern angebracht, die durch chemische Behandlungen mit Säuren quellfähiger gemacht wurden. Sie mögen vielleicht unter eine Mülldeponie passen, nicht aber in einen Wildgarten.

Vergleichsweise jungfräulich auf dem Markt sind mit Tonpulver gefüllte <u>Abdichtungsvliese</u>. Hierbei handelt es sich um ein zweilagiges Kunststoffgewebe, in dessen Mitte ein stark quellfähiges Tonmineral (Bentonit-Gesteinsmehl) fixiert wurde. Die vliesartige, unaufgequollen zentimeterdicke Matte läßt sich gut verlegen und paßt sich optimal dem natürlichen Relief an. Sie wird ausgerollt, überlappend verlegt, mit Tonmasse verspachtelt und einer 25 cm starken Schutzschicht aus Kies oder Sand überdeckt. Einmal naß, quillt das Vlis auf die zweieinhalbfache Dicke auf und dichtet so den Teichgrund ab. Das Gefälle des Ufers darf allerdings höchstens 25 Prozent betragen. Vorteilhaft bei diesem System ist der geringere Materialeinsatz, nachteilig der Rückschritt zum Kunststoff. Gewisse Einschränkungen müssen – wie bei den vorherigen Systemen – auch in puncto Dichtigkeit gemacht werden. Nicht jeder Teich hat bislang gehalten, was die Produktwerbung versprochen hat. Am besten greift man auch beim Tonabdichtungsvlies auf fachmännische Hilfe zurück.

Als fünftes Verfahren sei abschließend noch die <u>Kalkstabilisierung</u> erwähnt, die aus Gründen des Umweltschutzes eine große Zukunft haben könnte. Hierbei wird gebrannter Kalk in den vorhandenen Teichuntergrund eingefräst, der in Kontakt mit Wasser zu einer natürlichen Abdichtung führt. Allerdings klappt dies nur bei Böden mit einem gewissen Tonanteil. Ein zwar arbeitsaufwendiger, aber insgesamt sehr begrüßenswerter Ansatz. Er wäre – abgesehen von der eingesetzten Arbeitszeit – relativ kostengünstig, würde nicht die hierfür notwendige Bodenuntersuchung in einem Speziallabor mit mehreren hundert Mark zu Buch schlagen. Auch dieses Verfahren funktioniert nur mit Hilfe von erfahrenen Praktikern.

Üppiger Pflanzenwuchs prägt viele Lehmteiche. Im Vordergrund blüht der Zungenhahnenfuß, hinten wuchern Igelkolben, Rohrkolben und Teichbinse.

Wassergarten

Faszination Feuchtgebiet: Sumpfbeet und Miniteich

Ausgedehnte Feuchtgebiete können sich die meisten im Wildgarten aus Platzgründen nicht leisten. Kleine wie ein Sumpfbeet aber schon. Sie passen überall hin. Notfalls sogar in einen Steintrog auf Terrasse und Balkon. Wer keinen Platz für den Naturteich hat, findet hier einen Kompromißvorschlag, eine Alternative, die sich sehen lassen kann. Die Rede ist vom Sumpfbeet, einer Art natürlichem Feuchtgebiet.

Ein Charaktermerkmal von Sumpfbeeten ist ihre Staunässe. Im Boden steht also – vergleichbar einer Feuchtwiese – ständig Wasser. Falls der vorhandene Untergrund nicht von Natur aus wasserdicht ist, was nur ausnahmsweise der Fall ist, muß die für das Sumpfbeet vorgesehene Fläche abgedichtet werden. Im Prinzip kommen hier all jene Lösungen in Frage, die beim Thema Folienteiche und Tonabdichtungen angesprochen wurden. Falls eine Tonabdichtung gewählt wird, dürfen die Ränder kein Gefälle über 30 Grad aufweisen, andernfalls hält die Tonmasse nicht. Zusätzlich läßt sich ein Sumpfbeet auch mit Beton auskleiden, ein allerdings aufwendiges Verfahren, das sich nur bei größeren Anlagen rentiert.

<u>Größe</u> und <u>Form</u> sind variabel und können ganz nach den Bedürfnissen ausfallen. Sumpfbeete dürfen langgestreckt sein, rechteckig, oval, rundlich. Sehr kleine Sumpfbeete sind allerdings ziemlich pflegebedürftig: Ihr Flüssigkeitsvorrat ist stark begrenzt. Sie trocknen schon an einem heißen Sommertag aus. Tip: Nach Möglichkeit größere Flächen schaffen. Wichtig ist eine ausreichende <u>Tiefe</u>. Faustregel: mindestens 50 Zentimeter, wenn es geht, einen Meter. Nur so läßt sich dem starken Verdunstungseffekt durch üppig wuchernde Sumpfpflanzen begegnen.

Die ausgehobene Grube wird entsprechend dem hohen Nährstoffbedarf der meisten Sumpfpflanzen mit Mutterboden beziehungsweise einem mageren Humus gefüllt. Anschließend wäre Wasser einzulassen und die passenden Arten zu pflanzen. Das gesamte Spektrum der Sumpfpflanzen bietet sich hierzu an, angefangen von A wie *Achillea ptarmica*, der Sumpfschafgarbe, bis V wie *Veronica beccabunga*, der Bachbunge. Kräftige und hochwüchsige Pflanzen wie Rohrkolben, Wasserschwaden oder Sumpfschwertlilie eignen sich nur für größere Beete.

Der immense Flüssigkeitsgehalt, der größte Vorteil eines naturnahen Sumpfbeetes, ist zugleich sein entscheidender Nachteil. Woher die beträchtlichen Wassermengen nehmen? Immerhin sollte der Fuß eines Sumpfbeetes mindestens zehn Zentimeter Wasser aufweisen. Der Anschluß an die Wasserleitung kann hier nur eine (kurzfristige) Notlösung bedeuten, da kostbares Trinkwasser nicht für gärtnerische Zwecke vergeudet werden sollte. Die beste Lösung ist die Regenrinne, eine aus ökologischer Sicht gewiß zuträgliche Quelle. Deshalb sollte das Sumpfbeet diesen Regenrinnenanschluß bekommen. Hierzu bietet der Fachhandel verschiedene Abzapf- und Zuleitungssysteme an. Wichtig ist, daß speziell nach längeren Trockenperioden das erste Regenwasser vom Dach in die Kanalisation geleitet werden kann, um den gröbsten Schmutz zu entfernen. Das folgende Regenwasser darf dann direkt in unser Sumpfbeet laufen.

An diesem Punkt müssen wir uns allerdings beim klassischen Sumpfbeet vor allzuviel Nässe schützen. Zwar stehen auch in natürlichen Feuchtgebieten die Wiesen immer wieder einmal unter Wasser, doch ist dies kein Dauerzustand und geschieht auch meistens nur während des Frühjahr zu Beginn der Vegetationsperiode. Eine ständige Überschwemmung in unserem Sumpfbeet

Sumpfbeet

Vorbild für Sumpfbeete sind natürliche Feuchtgebiete mit weißem Mädesüß und lila Baldrian (oben links). Pfeilkraut gedeiht im Sumpfbeet wie im Miniteich (oben rechts).

Dieses Sumpfbeet integriert sich voll in den Wildgarten. Die artenreiche Bepflanzung garantiert große Blütenfülle (links).

Kapillareffekte, die das Wasser auf natürliche Art aus dem Sumpfbeet ziehen. Eventuell kann die Sogwirkung sogar so groß sein, daß Sie eine zweite Dachrinne anschließen müssen oder eine Kapillarsperre einbauen müssen.

Falls trotz großen Speichervolumens ihr Sumpfbeet einmal ins Umland überlaufen sollte, muß dies nicht zum Nachteil geraten. Ganz im Gegenteil: Geschieht es öfter, entsteht an Ort und Stelle ein natürlicher Sumpf. Mit anderen Worten, genau das, was sie eigentlich auch innerhalb des Beetes erreichen wollten.

wäre unnatürlich und damit auch unerwünscht. Um dem vorzubeugen, müssen wir bei einem 50 cm tiefen Beet in 20 cm Höhe über dem Boden einen Überlauf einbauen, aus dem überschüssiges Wasser abfließen kann. Das ablaufende Wasser läßt sich gut zur Bewässerung eines nächsten Sumpfbeetes verwenden, das wiederum mit dem nächsten in Verbindung steht. Diese Reihenschaltung eignet sich speziell für eine Kette kleiner Pflanzgefäße. Alternativ dazu können Sie das Überlaufwasser auch bedenkenlos in einen Wassergraben oder in einen Naturteich leiten.

Den Überlauf darf sich der gänzlich sparen, der ein sehr großes Sumpfbeet besitzt, das mit Folie oder Ton abgedichtet wurde und dessen Ränder Kontakt mit dem umliegenden Erdreich haben. In solchen Fällen erzielt man sehr starke

Sumpf und Miniteich im Trog

Der Sperrmüll, ein bäuerliches Anwesen oder Omas Rumpelkammer bieten zuweilen Überraschungen feil: Steintröge oder Holzfässer, die zu schade sind zum Wegwerfen. Sie lassen sie gut in ansprechende Sumpfgefäße umfunktionieren, die uns mit üppigem Wachstum erfreuen. Steintröge plaziert man am besten auf der Terrasse oder am Wegrand. Sogar ein Balkon bietet sich als Standplatz für das Minifeuchtgebiet an. Holzfässer werden ebenerdig in den Boden versenkt. Anlage und Bepflanzung funktionieren bei Holzfässern geradeso wie beim Sumpfbeet. Bei ausgesucht schönen und wertvollen Stükken lohnt die Abdichtung mit Folie oder Silikon, ein Umstand, der sich bei alten und löchrigen Fässern sowieso nicht vermeiden läßt. Dekorative und standhafte Fässer kann man nach Art der Steintröge auch offen stehen lassen. Tiefe Steintröge ohne eingebauten Ablauf nutzt man am besten gleich als Miniteich. Hierzu wird der Boden etwa fingertief mit Kies oder Sand bedeckt. Das Wasser darf bis zum Rand reichen. Die Bepflanzung, diesmal mit Sumpf- und Wasserpflanzen, sollte sparsam erfolgen. Fünf kleinwüchsige Arten genügen. Ein regelmäßiger Rückschnitt ist von Fall zu Fall angebracht.

Wassergarten

Der Sumpfgraben – eine Kläranlage Marke Natur

Nichts einfacher, als aus Dreckwasser eine Flüssigkeit von Trinkwasserqualität zu machen. Man leitet das Regenwasser vom Dach durch eine natürliche Pflanzenkläranlage. Damit hat man einen idealen Zulauf für einen Naturteich. Denn Wildgärtner riskieren für den Traum vom Wassergarten keinen Alptraum in Form zusätzlicher Wasserspeicher, Talsperren oder millionenteurer Trinkwasserbrunnen. Wasser gehört in den Garten, aber bitteschön nicht aus der Trinkwasserleitung. Da jedoch jedes Haus über enorme Dachflächen verfügt, die wiederum über Regenrinnen entwässert werden, könnten wir diese unversiegbare Himmelsquelle für den Wassergarten anzapfen – eine ökologisch wie ökonomisch günstige Problemlösung. Ein Sumpfgraben übernimmt für uns die kostenlose Klärung der Schmutzfracht.

Ein solch an eine oder mehrere Dachrinnen angeschlossener Sumpfgraben kann beliebige Länge erreichen, aus nur einem Stück bestehen oder verschiedene Becken enthalten, die nach dem Überlaufprinzip funktionieren. Sobald Becken Nummer Eins voll ist, füllt sich das nachgeschaltete Becken Nummer Zwei, darauf Nummer Drei und so fort. Der Sumpfgraben darf sich schlängeln wie ein Bach, um die Ecke kommen oder sich ausbuchten und verbreitern. Bei Regen verwandelt sich das stehende Gewässer in einen kleinen Bachlauf.

Zwischendurch – auf dem Weg sozusagen – erzeugt dieses Wildgartenelement noch saubereres Wasser. Das Klärprinzip ist denkbar einfach: Der Sumpfgraben besteht zum einen aus verschiedenen Filterschichten, die dreckiges Wasser mechanisch vorreinigen. Gleichzeitig sorgt ein reicher Bewuchs mit speziellen Sumpfstauden für die biologische Vollklärung, bei der Schadstoffe entweder abgebaut oder im Substrat angelagert werden. Jene bemerkenswerte Leistung ist allerdings nicht den Pflanzen selbst zuzuschreiben. Sie sorgen nur durch eine kräftige Durchwurzelung des Sumpfgrabens und schaffen dadurch Sauerstoff in die Tiefe. Für diese Aufgabe ist die Sumpfflora durch speziell voluminöse Luftleitungsbahnen in den Sprossen hervorragend geeignet. Den eingeleiteten Sauerstoff aber verbrauchen Bakterien zur Zersetzung der organischen Schmutzfracht im Regenwasser.

Zur Unterstützung der mechanischen Vorreinigung und um einen besseren Durchlauf zu erzielen, werden unterschiedliche Filtermaterialien eingesetzt. Hier der Aufbau eines Sumpfgrabens mit drei Becken: Ins erste Becken (beziehungsweise am Anfang eines längeren Sumpfgrabens) kommt Rollkies oder grober Schotter. Darauf schließt im zweiten Becken eine Fraktion mit Wandkies an, während das dritte Becken dem Sand vorbehalten ist. Jedoch muß man durch die Sandschicht noch eine Drainage mit Rollkies führen, da sonst größere Mengen schnell einlaufendes Wasser (Gewitterregen!) nur oberflächlich abfließen würden. Ziel ist aber die unterirdische Einleitung.

Gepflanzt wird direkt in die Filterschichten hinein, die Wurzeln können gegebenenfalls mit etwas Erde umgeben werden. Anders als beim Naturteich sollen in der Anfangsphase bereits viele Stauden eingesetzt werden (Pflanzabstand 20 cm), um bald eine hohe Reinigungsleistung zu erzielen. Die Bepflanzung könnte etwa so aussehen: Im ersten Becken Breitblättriger Rohrkolben, Teichbinse, Schilf und Wasserschwaden. Im Becken Zwei dann Sumpfschwertlilie, Schwanenblume und Kalmus. Becken Drei wird mit Igelkolben, Zungenhahnenfuß und Flatterbinse versehen.

Bei einer Anlage nach dem Überlaufprinzip – sie eignet sich besonders für Grundstücke mit leichtem Gefälle bis hin zur Hanglage – erscheint es ratsam, die einzelnen Becken so zu konstruieren, daß im gefüllten Zustand das Re-

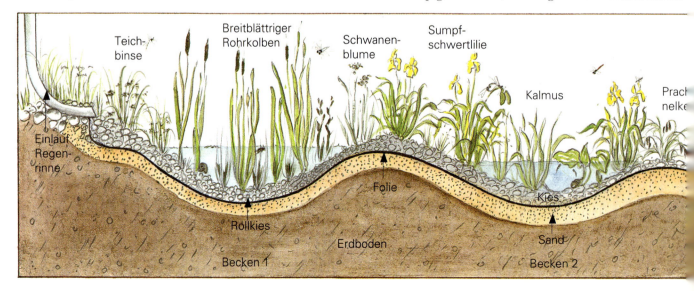

86

Sumpfgraben

genwasser mindestens zwanzig Zentimeter über den Filterschichten steht. Der Wasservorrat soll möglichst lange auch bei längerer Trockenheit reichen. Allerdings ist ein Überstand nicht dauerhaft notwendig, die Wasserlinie darf ruhig bis tief in die Filterschicht absinken, der Graben in der Vegetationsperiode kurzfristig sogar austrocknen. Im Winter halten Sumpfgraben und Pflanzen längeres Trockenfallen aus.

Aus welchem Dichtungsmaterial man den Sumpfgraben letztendlich baut, ob Folie oder natürliche Tondichtung, bleibt freigestellt. Hier sollten Sie die regional beste und umweltfreundlichste Lösung wählen (siehe Seite 80). Im großen und ganzen ist die Anlage ein Kinderspiel, jedenfalls um Dimensionen leichter als etwa die eines Teichs. Eine knifflige Angelegenheit bleibt allerdings der Regenrinneneinlauf. Falls dies über einen Schlauch unterirdisch geschieht – eine optisch ansprechende Lösung – muß der Einlaufbereich so mit Steinplatten verbaut werden, daß ein Hohlraum entsteht. Andernfalls könnte er zuschlämmen und verstopfen. Ein zweite Möglichkeit wäre, das Regenrinnenwasser auf eine Dränfläche aus groben Kies zu leiten. Alle paar Jahre sollte der Einlauf aus Sicherheitsgründen kontrolliert werden.

Ein Sumpfgraben schafft auf engstem Raum eine interessante Atmosphäre.

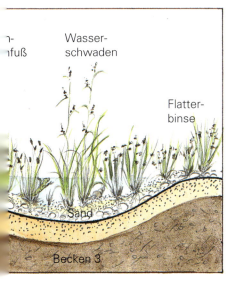

Die einzelnen Becken des aus der Dachrinne gespeisten Sumpfgrabens werden bepflanzt (oben). Hintereinander gestaffelte Überlaufbecken im Anfangsjahr (links unten). Und so dekorativ bewächst ein Sumpfgraben mit der Zeit (rechts unten).

Dreistufiger Sumpfgraben im Längsschnitt. Vom Regenrinneneinlauf links fließt das Wasser durch die Sumpfbecken und wird dabei mechanisch und biologisch geklärt. Die Abdichtung erfolgte mit Teichfolie.

Wir können ihn farbenfroh mit heimischen Sumpfpflanzen bestücken und durch den Garten führen. Weißes Mädesüß, leuchtend gelbe Sumpfdotterblumen und lila Blutweiderich sind nur einige Beispiele. Mit hohem Schilf oder Wasserschwaden läßt sich aber genauso gut entlang der Gartengrenze eine optische Barriere zum Nachbarn schaffen. Natürlich könnte der Sumpfgraben auch ein Wegstück begleiten oder einen Sitzplatz umrahmen.

Wassergarten

Ein Wassergraben schafft Vielfalt

Mit geringem Aufwand lassen sich gerade kleine Wasserflächen in Ausnahme-Biotope verwandeln. Im Grunde ähnelt der Wassergraben dem Teilabschnitt eines stillgelegten Bachlaufs, er könnte jedoch ebenso ein geöffneter Sumpfgraben sein mit allen sich dadurch ergebenden Gestaltungsvarianten. Die Länge steht ebenso zur Disposition seiner Planer wie die Details der grundsätzlich langgestreckten Form mit ihren Ausbuchtungen und Einschnürungen. Das Stillgewässer mit seinen charakteristischen offenen Wasserflächen bietet vielleicht besser als alle anderen Wassergartenelemente die Möglichkeit, sehr spezifische Standortverhältnisse schaffen, die in größeren Anlagen schwieriger aufrecht zu erhalten wären. Bei einer entsprechenden Abtrennung über Wälle kann man aus einem längeren Wassergraben auch unterschiedlich aufgebaute und bewachsene Standorte schaffen. Voraussetzung ist eine ausreichende Abdichtung des Untergrundes und der Seitenwände, wie sie auch beim Sumpfgraben notwendig ist.

Über den direkten Einlauf von Regenwasser muß von Fall zu Fall entschieden werden. Bei einer Festlegung auf ein saures Mileu darf das selber säurehaltige Regenwasser unmittelbar in den Wassergraben gelangen. Empfehlenswert ist allerdings eine vorgeschaltete Reinigungsstufe über einen puren Sand-Kiesfilter. Nicht so bei einem alkalisch eingestellten Wassergraben. Hier würden größere Mengen sauren Regens zu einer unerwünschten Neutralisation führen. Abhilfe bringt eine Filterschicht aus Kalkschotter, aus Kalkkies oder Kalksand. Je feinkörniger das Filtermaterial, je länger die Laufstrecke des eingeleiteten Wassers, um so stärker ist die Wirkung. Es versteht sich von selbst, daß der Säuregehalt von Zeit zu Zeit überprüft werden muß. Der Fachhandel bietet entsprechende Meßstreifen an.

Eine kniffelige Angelegenheit beim Sumpfbeet, dem Sumpfgraben und dem Wassergraben bleibt die Einmündung der Regenrinne (siehe Seite 86/87). Aus gärtnerisch-naturschützerischen Motiven kann beim Wassergraben im kleinen unbeschadet experimentiert werden. Die Ergebnisse dürften – das wäre das Minimum – die ästhetischen Ansprüche befriedigen; mag sein, daß sie auch aus Artenschutzgründen Bedeutung erlangen. Mit etwas Erfahrung las-

Bei unterirdischer Wasserzuführung aus der Regenrinne muß der Einlaufbereich mit großen Steinplatten verbaut und so freigehalten werden (links). Ein Wassergraben im April, mit noch blühender Sumpfdotterblume (unten).

Wassergraben

Die Wasserfeder, Bewohnerin des wassergefüllten Grabens, könnte wegen ihrer Anmut zur Königin der Wasserpflanzen gekrönt werden.

ner läßt uns eine Ahnung dessen zuteil werden, was die Wasserpflanzenwelt alles zu bieten hat. Dabei kann – bei den hochspezifischen Ansprüchen bestimmter Vertreter – durchaus auch einmal die Abkehr von der gelobten Artenvielfalt Sinn machen. Denn ginge es allein danach, möglichst viele Arten an einem Fleck zu konzentrieren, müßten alle Wassergärtner nährstoffreichere Naturteiche im alkalischen Mileu schaffen, ist doch hier die Artendichte am höchsten. Doch was geschähe dann mit der Wasserfeder? Welcher Blickfang ginge uns doch da verloren: Der ganze Wassergraben, zur Maienzeit eine einzigartige Sammlung rötlich leuchtender Blütenquirle!

sen sich so viele Wildarten heranziehen und sogar vermehren, die ansonsten im Wassergarten aufgrund ihrer spezifischen Ansprüche wenig Chancen hätten. So sind etwa Wassernuß und auch die wunderschöne Wasserfeder im Durchschnittsnaturteich kaum zu halten. Erstere benötigt stark erwärmte, humusreiche Schlammböden zwischen 50 und 200 Zentimeter Tiefe. Nur dann bilden sich die rautenförmigen Schwimmblätter und die namensgebenden dornigen Samen. Sie bevorzugt außerdem saure Gewässer. Die Wasserfeder ihrerseits, ebenfalls ein Spezialist für saure Standorte, reckt nur dann ihre filigranen, an Etagenprimeln erinnernden Blütentriebe aus dem Wasser, wenn sie zwischen 10 und 50 Zentimeter Tiefe wurzeln kann und das Wasser nicht zu nährstoffarm, aber auch nicht mit Nährstoffen übersättigt ist.

Wieder anders die gleichfalls interessante Seekanne. Diese Schwimmblattpflanze liebt ähnlich wie Wasserfedern seichte Uferbereiche allerdings nährstoffreicher, alkalischer Biotope. Nur dann bildet sie ihre goldgelben Blüten mit der tiefgeteilten Krone aus. Im Gegensatz zur Wasserfeder verträgt sie auch Wasserschwankungen recht gut.

Der Blick auf die Lebensraumansprüche nur weniger Wassergrabenbewoh-

Die Mischung macht's

Durch spezielle Bodenmischungen lassen sich unterschiedliche Bedingungen erzeugen. Die Zutaten sind dabei entweder leicht zu beschaffen oder selbst herzustellen: Kompost aus Gartenabfällen, Laub und Rinde gehört dazu. Daneben spielen Sand sowie lehmiger Ackerboden eine Rolle. So entsteht die Wuchsbasis für nährstoffarme bis nährstoffreiche, saure, neutrale oder alkalische Wasserpflanzenbiotope. Die Mischung wird direkt auf die Abdichtung aufgebracht und gegen Trübungen durch Schwebstoffe mit einer dünnen Sandschicht abgedeckt.

Passend zum jeweiligen Standort folgt dann die Artenwahl der heimischen Sumpf- und Wasserflora.

Boden-Milieu	Nährstoffanteil		
	groß	mittel	gering
	Mischungsrezept und Bepflanzung		
alkalisch (pH-Wert über 7)	⅓ Rindenkompost ⅔ nährstoffreicher Kompost/ lehmiger Ackerboden	⅓ Sand ⅔ Kompost/ lehmiger Ackerboden	½ Sand ½ nährstoffarmer Kompost/ lehmiger Ackerboden
	Seekanne Wasserfenchel Zweischneidige Sumpfkresse Tannenwedel Rauhes Hornblatt Dreifurchige Wasserlinse	Straußgilbweiderich Pfeilkraut Zungenhahnenfuß Wasserpest Schwimmendes Laichkraut	Zwergigelkolben Gefärbtes Laichkraut
neutral (pH-Wert um 7)	½ Rindenkompost ½ nährstoffreicher Kompost/ lehmiger Ackerboden	½ Sand ½ Kompost/ lehmiger Ackerboden	
	Froschbiß Weiße Seerose Teichbinse Großer Merk	Teichmummel Bachbunge	
sauer (pH-Wert unter 7)	⅓ nährstoffreicher Kompost/ lehmiger Ackerboden ⅔ Rindenkompost	⅓ Kompost/ lehmiger Ackerboden ⅔ Sand	¼ nährstoffarmer Kompost/ lehmiger Ackerboden ¾ Sand
	Wasserhahnenfuß Wassernuß Schmalblättriger Rohrkolben	Wasserfeder Wasserschierling	Kleine Teichrose Zwergseerose

Wassergarten

Der Bachlauf – ökologisch ein Gewinn?

Ein Bach, selbst ein kleiner, ist der Wunsch vieler Wildgärtner. Doch nicht in jedem Fall ist er ökologisch sinnvoll. Die eine Seite sieht so aus: Ein munteres Plätschern lockt zur Betrachtung. Über eine Holzschwelle läuft Wasser in ein natürlich bewachsenes Becken. Es wird gespeist von einem Quellteich oberhalb. Von dort aus windet sich das Bächlein querbeet, streift die Blumenwiese, schlängelt sich unter einer Natursteinbrücke durch, passiert die Wildsträucherhecke hin zur nächsten Staustufe. Noch einmal springt es gluckernd über eine Kante, bevor der Wasserlauf schließlich vor der Terrasse in einen größeren Naturteich mündet.

Die andere Seite wäre diese: Der Bach ist ein vollständiges Kunstprodukt, eine technische Glanzleistung. Er ist gerade 15 Meter lang und liegt in einem ansonsten vollkommen ebenen Garten. Das Gefälle zwischen »Quelle« und »Mündung« beträgt anderthalb Meter und wird überwunden durch ein ausgeklügeltes Pumpen-Leitungssystem. Ein elektrisches 60-Watt-Gerät pumpt aus dem unteren Teich 45 Liter Wasser in der Minute in den oberen Teich, damit die Quelle nicht versiegt.

Ob solch ein künstlicher Bachlauf nötig ist, ob der technische Aufwand, der Energieverbrauch das Ergebnis lohnen, das muß jeder für sich entscheiden. Sicher allein ist, daß er nicht in jeden Garten paßt und in viele Wildgärten überhaupt nicht. Bachläufe benötigen von Natur aus abfallendes Gelände. Von daher bieten sie sich vor allem bei Hanggrundstücken an. Ideal wäre es hier, wenn bereits ein Bächlein vorhanden wäre (oder zumindest nach Niederschlägen fließt) oder wenn sich eine natürliche Quelle fassen läßt. So kann auch ein künstlich angelegter Wasserlauf zum sinnvollen Erlebniszentrum eines Wildgartens werden.

Ob der Bachlauf jedoch in ebenem Gelände zur Geltung kommt; ja, angemessen seinen Platz findet – das hängt sehr vom Können des Gartengestalters ab. Er muß das künstlich zu erzeugende Gefälle möglichst natürlich einbinden. In vielen Fällen geht die Anlage daneben, und nichts wirkt befremdlicher als ein Bächlein, das eingezwängt in einen aufgeworfenen Wall mehr oder weniger geradlinig durch den Garten geführt wird, nur um in einem gußeisernen Abfluß zu verschwinden.

Aus biologischen Gründen gerät der bewegte Bachlauf im Vergleich zu seinen Alternativen – dem stillen Wassergraben, Sumpfgraben oder Naturteich – auf jeden Fall ins Hintertreffen. Ursache ist die Bachtechnik: Die Pumpe muß das Wasser ständig absaugen. Für ein Rinnsaal ist dazu eine Wasserbewegung bis zu 20 Liter pro Minute notwendig, der Bach verbraucht bis 60 Liter, jede Fördermenge darüber führt schon zu Sturzbächen und Wasserfällen. Gehen wir vom obigen Beispiel mit 45 Litern pro Minute aus, errechnen sich daraus in einer Stunde 2700 Liter, am Tag 64 800 Liter. Kurzum: Innerhalb von 24 Stunden werden gut 64 Kubikmeter Wasser umgewälzt, bei kleineren Anlagen das Doppelte und Dreifache der insgesamt vorhandenen Wassermenge.

Einen Bachlauf natürlich zu gestalten, ist eine große Kunst. Dazu gehört nicht nur eine harmonische Geländeführung, sondern auch die ansprechende Bepflanzung (links).

Der Längsschnitt durch einen 15 Meter langen Bachlauf mit Quellteich, zwei Staustufen und Endteich zeigt die zugrundeliegende Technik.

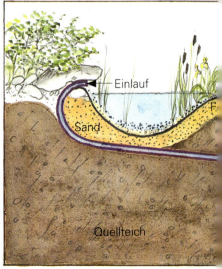

Bach

Da die Pumpe mit einem vorgeschalteten Filtersystem versehen ist, wird diese Wassermenge außerdem noch andauernd durchgesiebt.

Dies schafft instabile Verhältnisse insbesondere für den Mikrokosmos. Falls die Wasserwelt der Kleinstlebewesen nicht im Filter hängenbleibt, wird sie zumindest durch die Pumpe geschädigt. Das Artenspektrum vermindert sich zwangsläufig, was wiederum Konsequenzen für die möglichen Nahrungsketten im Wasser und – wichtiger noch – die biologische Gewässergüte hat. Der Pumpenfilter beeinträchtigt nämlich all diejenigen Organismen, die ansonsten für den Abbau von Nährstoffen verantwortlich zeichnen und für klares und reines Wasser sorgen. Von daher ist es nicht weiter verwunderlich, wenn sich urplötzlich Algen in den Staubecken und sogar mitten im Bachlauf breitmachen.

Diese ökologische Labilität läßt sich selbst durch zeitweises Stillegen des Bachlaufs nicht in den Griff bekommen. Die Grundproblematik der Wasserfilterung und Bewegung bleibt bestehen. Noch ungünstiger ist es für Bachläufe, bei denen die Pumpe ganz nach Bedarf angestellt wird, etwa wegen des Besuchs an einem schönen Sommerabend oder, um Strom zu sparen, nur zum Wochenende. Dann kann sich in dem meistens stehenden Wasser zwar die zum Ökosystem Teich gehörende Tierwelt ansatzweise entwickeln, wird aber immer wieder durch die Wasserbewegung gestört. Auch die so phasenweise austrocknenden Randbereiche können sich nicht standortgemäß entfalten.

Als weiteres Argument gegen die Modewelle der Bachläufe mag auch die Botanik sprechen. Aus floristischer Sicht ist der Bachlauf das artenärmere Biotop. Mit Stillgewässern – eben einem Naturteich, dem Sumpfgraben, dem Wassergraben – werden wir die größere Pflanzenvielfalt erzielen und damit ökologischen Gewinn verbuchen. Fazit: Es ist nicht alles gut, was schön aussehen mag. Aber vieles Gute kann außerordentlich schön sein.

Dieser mit Kieselsteinen ausgelegte Bachlauf ist noch jungfräulich und darf noch einwachsen. Dann gliedert er sich organischer in die Umgebung ein.

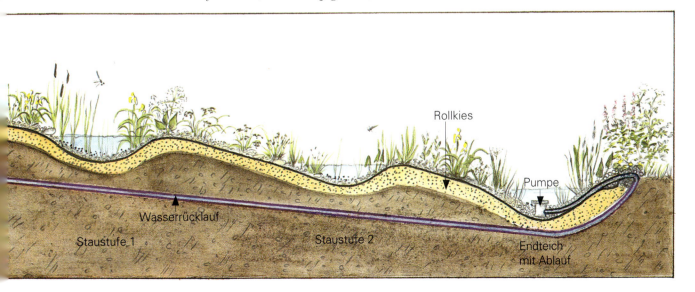

Wassergarten

Gewußt wie – den Wassergarten richtig pflegen

Wasser ist eingelassen, der Teich ist bepflanzt. Kurzum: Das Feuchtbiotop ist fertig. Doch bildschön ist die Anlage dennoch nicht. Sie ähnelt eher einer mittelgroßen Baustelle als einer artenreichen Stätte des Lebens. Einmal abgesehen von den erdbraunen Haufen Mutterbodens und den etwas trostlos anmutenden Sandflächen wirkt besonders die Wasserfläche still und leer.

Was tun? Wie kommt Leben in den jungfräulichen Naturteich? Dazu lassen sich grundsätzlich zwei Wege beschreiten. Der eine führt schnurstracks in das nächste Gartencenter oder die Zoohandlung und versorgt uns mit Exoten und Fischen, darunter chinesische Gelbbauchunken, kanadische Molche, amerikanische Ochsenfrösche, Schmuckschildkröten oder Goldfische. Dieser Weg ist zwar der schnellere, er endet aber nicht mit dem gewünschten Ergebnis: Die exotische Tierwelt geht entweder ein oder sie wandert zu natürlicheren Gewässern ab und räumt – wie der räuberische Ochsenfrosch inzwischen im Ruhrgebiet – unter den heimischen Amphibien auf. Auch mit den vielgepriesenen Fischen und Schildkröten handeln sich Wildgärtner nur Probleme ein. Die wühlen den Boden auf, reißen Pflanzen heraus, trüben den Teich. Zudem gehören viele Arten zu den natürlichen Feinden von Amphibienlaich, fressen Wasserinsekten und reduzieren die natürlich mögliche Artenvielfalt. Ein biologisches Gleichgewicht kann sich auch durch die notwendige Zufütterung nicht einstellen. Das Wasser wird mit Nährstoffen überlastet, es kommt zur Massenvermehrung von Algen.

Deshalb führt der bessere, der zweite Weg hinaus in die Natur oder zu einem Naturteich-Nachbarn. Werkzeuge für die Gewässerexkursion: Ein 10-Liter-Wassereimer mit Deckel, ein Spaten, eine Wanne. Den Eimer füllen wir mit

Das Algenproblem, eine Kinderkrankheit vieler Naturteiche, läßt sich leicht mit dem Gartenrechen bekämpfen. Mit den Algen entfernt man den Nährstoffüberschuß, Ursache des ungehemmten Wuchses.

Teichwasser, wobei wir bewußt auch durch Pflanzen und Schlamm streichen; mit dem Spaten graben wir vom Uferbereich einige Soden aus, die daheim möglichst am gleichen Standort gesetzt werden. So impfen wir unserer Anlage die Natur ein: Die Mikroorganismen aus dem Eimer vermehren sich millionenfach, durch zufällig mitgebrachte Samen keimen Wasserpflanzen, aus ausgestochenen Soden schieben sich unerwartete Blätter und Blüten von Sumpfgewächsen – der biologische Grundstock ist gelegt. Mehr müssen wir zur Gewässerpflege lange Zeit nicht tun.

Anfangs kann es speziell bei Foliengewässern und Steilhängen zum Abrutschen des aufgebrachten Bodens kommen. Indem Steilwände direkt auf der Folie mit Ästen und Steinen »verbaut« werden, läßt sich dies verhindern. Auch käufliche Böschungsmatten aus Jute, Kokos oder Leinen, die über die Kante gehängt und bepflanzt werden, lohnen die Investition. Haltgebende Kunst-stoffvliese, bekannt als Vegetationsmatten, erweisen sich dadurch meist als unnötig, sind also eine vermeidbare Umweltbelastung.

Im Handel wird für Wasserpflanzen oft eine bestimmte, gedüngte Erde angeboten. Doch eine Düngung ist nicht nur überflüssig, sondern kann fatale Auswirkungen haben. Sie führt zur Nährstoffüberlastung und damit zum Algenwuchs mit seinen Folgeproblemen.

Trotzdem gehört Algenwuchs speziell der fädigen und teppichbildenden Grünalgen zu den ganz normalen Kinderkrankheiten der ersten drei Jahre. Er tritt auch bei mageren Teichböden wie Sand und Kies auf, verstärkt sich allerdings durch nährstoffreiche Substrate. Algenwuchs entsteht daneben durch ungefiltert eingeleitetes Leitungs-, Brunnen- oder Regenwasser. Ursache ist ein Überangebot an Nährstoffen, das von den neuen Wasserpflanzen im Anfangsstadium noch nicht verarbeitet werden kann. Die schnellwüchsigen Grünalgen profitieren vom freilöslichen Nährstoffangebot auf ihre Art, nämlich mit Massenvermehrung. Gegen die unschöne Algenmenge hilft allein Geduld und ein Rechen oder Netz, mit dem der Überschuß immer wieder abgefischt wird. Bewährt hat sich zudem ein ausrangierter feinmaschiger noch mit Bleiband beschwerter Gardinenstoff, der durch den Naturteich gezogen wird. (Nebenbei bemerkt: Letztere Methode funktioniert auch hundertprozentig beim Fang versehentlich eingesetzter Fische! Der Gardinenstoff muß dabei über die ganze Teichbreite reichen, das Bleiband über direkt über den Boden gezogen werden.) Über die Algen werden auch Nährstoffe entzogen. Keinesfalls sollten chemische Klärungsmittel eingesetzt werden; sie schädigen das gesamte Wasserleben.

Zur regelmäßigen Pflege gehört weiterhin, hereingefallenes Laub im Herbst und Frühjahr zu entfernen. Ein über den Teich gespanntes Laubschutznetz kann vorbeugend wirken, gefällt aber nicht jedem. Außerdem leisten wieder Laubrechen und Gardinennetz gute

Pflege

Dienste. Natürlich verbietet sich diese Form der Teichreinigung während der Winterruhe der Wasserbewohner zwischen November und März.
Ältere Teiche drohen mitunter zu verlanden. Dann heißt es, abgelagerten Bodenschlamm und überschüssige Pflanzen zu entfernen. Dies trifft speziell für die Sumpfbereiche von Teich und Wassergraben sowie die tiefsten Stellen im Naturteich zu. Bei Sumpfbeeten können bei Bedarf ganze Soden abgestochen werden (verschenken!). Zum gezielten Biotopmanagement gehört ferner die Förderung schwachwüchsiger Arten durch Unterdrückung der konkurrenzstarken. Auch deswegen: ab und zu ausdünnen und jäten.

Kein Problem stellen hingegen in den meisten Fällen die Wasserschwankungen dar, die durch Verdunstung und Kapillareffekte entstehen. Niveauunterschiede zwischen 30 bis 50 Zentimeter kommen in der Praxis vor. Doch so etwas passiert auch in Natur und sollte im großen und ganzen toleriert werden. Der nächste Gewitterregen füllt wieder nach. Geschieht dies nicht, wird der Anschluß an eine Dachrinne empfohlen oder der Einbau einer Kapillarsperre.

Kapillarsperren sorgen dafür, daß das wertvolle Wasser nicht verlorengeht.

Von Kapillareffekten und Kapillarsperren

Bevor immer und immer wieder kostbares Leitungswasser nachgefüllt werden muß, bevor außerdem die Wasserrechnung in die Höhe schnellt, davor lohnt sich, über den Kapillareffekt nachzudenken.

Im Grunde handelt es sich um nichts anderes als eine Sogwirkung des Umlandes durch physikalisch wirksame Kapillarkräfte. Das Wasser steigt durch feine Röhren und Risse über den Teichrand, wo es schließlich verdunstet. Die feuchtigkeitsbedürftige Vegetation verstärkt den Sogeffekt. Das Phänomen ähnelt einer brennenden Kerze, deren Docht automatisch Wachs zur Flamme transportiert. Sowie eine durchgängige Verbindung zwischen Wasserfläche und Erdreich drumherum besteht, tritt die Dochtwirkung in Kraft. Bei großen Randflächen kann ein Teich im Hochsommer täglich einen Kubikmeter Wasser verlieren.

Gegen den Kapillareffekt hilft nur die Kapillarsperre, mit anderen Worten, die Unterbrechung der Saugkräfte. Die Grafik zeigt zwei verschiedene Methoden, die sich bei Folienteichen in der Praxis bewährt haben. Bei Tonabdichtungen müßte am Rand eigens ein schmaler Folienstreifen eingezogen werden.

1. Saugsperre-Graben
Hierbei wird die Folie über einen mindestens 20 Zentimeter breiten Uferwall gezogen und danach ein ungefähr gleich breiter Graben gebildet. Am Ende des Ringgrabens stellt man die Folie dann senkrecht auf und schneidet sie ab. Auf diese Weise vermag das umliegende Erdreich den Teich nicht leerzusaugen. Wall wie Graben werden mit Kies oder Sand bedeckt und standortgemäß bepflanzt. Der nasse Ringgraben läßt sich sehr schön als zusätzliches Feuchtgebiet gestalten, der Uferwall bleibt trockener. Übrigens dient beides nebenbei der Stabilisierung der Folie, die nun nicht mehr vom Ufer abrutschen kann.

2. Saugsperre-Kante
Auch hier sind die Kapillarkräfte wegen einer senkrecht aufgestellten Kante unterbrochen. Dazu verlegt man die Folie randwärts im rechten Winkel. Das Ganze wird anschließend mit groben Kies abgedeckt. Auch eine Ufergestaltung mit Natursteinplatten ist machbar. Die Saugsperre-Kante ist zwar einfacher zu verlegen, bleibt aber in ihrer Wirkung hinter dem Graben zurück.

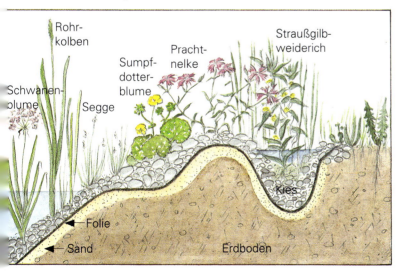

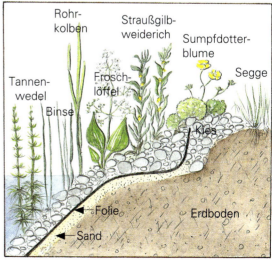

Stein- und Felsgarten

Früher war ein Landwirt arm, wenn sein Boden reich an Steinen war. Bei Wildgärtnern ist es heute umgekehrt: Der Stein- und Felsgarten stellt eine unglaubliche Bereicherung dar. Es ist das Reich der Katzenkopfpflaster und Splittwege, der Trockenmauern und Kiesflächen, Sandhaufen und Steintreppen. Das wichtigste daran ist freilich, daß die Anlage mit Bedacht und nach Maßgabe der Natur geschieht. Denn Stein ist nicht gleich Stein. Verbundpflasterwege, Waschbetonplatten mit Zementverfugung haben wir zur Genüge. Nur wer einmal bewußt unvollkommen ist und versucht, weniger perfekt zu arbeiten, nähert sich dem natürlichen Vorbild. Insofern kann dieser Stein- und Felsengarten ein meisterliches Lehrstück sein.

Naturstein-Spitzplatz, belegt mit Donaukalk. Große Gneis- und kleine Kalksteintrockenmauer mit anschließendem Kalkschotterbeet für Wildblumen bilden den Rahmen.

Stein- und Felsengarten

Schlicht und schön

Stein- und Felsgärten passen grundsätzlich an jeden Standort, wiewohl sie sich am besten auf Südseiten ausmachen. Dort erfüllen sie auch ihre natürliche Funktion der Wärmespeicherung. Bestimmte Elemente, beispielsweise windabweisende und Sonne reflektierende Trockenmauern, bieten sich als Umrandung für Sitzgelegenheiten an, können sogar zur Terrasse ausgebaut werden. Ein freier, lichter und sommerwarmer Platz ist gleichzeitig die beste Garantie für eine optimale Entfaltung der prägenden Pflanzenarten. Bei der Planung ist ferner der Schattenfall von Bäumen und Gebäuden vor allem in der kälteren Jahreszeit zu berücksichtigen. Bleibt es zu lange kühl, kommen manche der wärmebedürftigen Arten zu spät zur Blüte. Hanglagen weisen für bestimmte Grundelemente wie Trockenmauern und Steinbeete zwar besondere Eignung auf, doch auch ebene Gärten lassen sich attraktiv gestalten. Die Form und Größe des Grundstücks spielen dagegen eher eine untergeordnete Rolle. Die Ausmaße des Stein- und Felsgartens sind leicht den individuellen Verhältnissen anzupassen.

Welche der vielen Möglichkeiten im Garten verwirklicht werden, hängt selbstverständlich auch von den Kosten

Zauneidechse **1**, Scharfer Mauerpfeffer **2**, Schwarzbraune Gartenameise **3** Trichter von Ameisenlöwen **4**. Gemeines Leinkraut **5**. Kissenmoos **6** an Gneistrockenmauer, Wilde Karde **7** mit Steinhummel **8**. Echtes Eisenkraut **9**, Mauerraute **10**. Gemeiner Blasenstrauch **11**, Gelbes Sonnenröschen **12**. Hausrotschwanzpärchen **13**, Wegwarte **14**, Kopfginster **15**. Moschusmalve **16**, Tüpfeljohanniskraut **17**, Purpurgeißklee **18**, Gemeine Nachtkerze **19** mit Raupe von Mittlerem Weinschwärmer **20**. Ästige Graslilie **21**, Natternkopf **22** und Gemeiner Bläuling **23**. Gemeines Leinkraut **5** und Plumpschnecke **24**. Zimbelkraut **25**, Bruttöpfe der Pillenwespe **26**, Echte Hauswurz **27** mit Steinhummel **8**, Wilde Möhre **28** und Schwalbenschwanzraupe **29**, Sandwespe **30** Bläulingsraupe **23**. Feldsandlaufkäfer **31**, Gänsefingerkraut **32**, Mittlerer Wegerich **33**, Hornklee **34** Bläuling **23**, Gemeines Widderchen **35** Gewöhnlicher Thymian **36**.

96

Planung

ab. Mögen die Steine selbst im Steinbruch noch erschwinglich sein (wohl dem, der in der Nähe wohnt!), steigen die Preise doch mit zunehmender Entfernung der Baustelle. Die Anfahrt stellt schließlich in der Regel den teuersten Posten auf der Rechnung dar. Auch aus Umweltschutzgründen sei hier eher zu den regionalen Vorkommen geraten. Kostspielig werden des öfteren die umfangreichen Erdarbeiten, vor allem wenn große Flächen Erde abgetragen und wieder neu mit Kies oder Schotter aufgefüllt werden müssen. Bei Neubauten kann der Bauherr erhebliche Aufwendungen sparen, wenn er große Findlinge aus der Baugrube gleich dabehält oder wenn ein geeigneter Untergrund (Kies, Sand, Schotter, Fels) nicht mit Mutterboden gefüllt wird. Ein nicht zu vernachlässigender Kostenfaktor ist schließlich die Planung und Ausführung der Anlage selbst.

Für schmalere Budgets existieren daneben auch noch preiswerte, tatsächlich in Eigenregie zu bewältigende Lösungen. Eine Trockenmauer zu bauen oder ein Schotterbeet anzulegen, das liegt auch noch im Arbeitsbereich interessierter Laien. Teilweise finden sich auch geeignete Steine beim Straßenbau oder dem Ausschachten von Fundamenten. Weil diese Steine manchmal sogar auf die kostenpflichtige Schuttdeponie müssen, sind manche Bauunternehmer erfreut, sie in der Nähe woanders unterbringen zu dürfen. Ganz umsonst geben oft Steinmetzbetriebe ihren Steinverschnitt ab. Nachteil: Man muß ganze Mulden abnehmen, hat keine Wahl und erhält ein Sammelsurium verschiedenster Steinarten.

Von geradezu zentraler Bedeutung ist die Wahl der Materialien. Am größten ist die Bandbreite bei den Urgesteinen. Einer der häufigsten Steine ist hier der Granit, der in verschiedenen Farben abgebaut wird. Er eignet sich – als Bruchstein – entweder speziell zum Trockenmauerbau oder mit abgerundeten Kanten – in Findlingform – als markantes Einzelstück. Granit kommt außerdem in verschiedenen Bearbeitungsformen vor, von Wegplatten über Pflastersteine, Schotter oder Splitt ist die Auswahl groß. Interessante Effekte sind des weiteren mit Lavatuff zu erzeugen, einem porösen Vulkangestein, das allerdings am schönsten in großen Stücken wirkt. Auch Sandsteine mit ihren warmen Farbtönen kann man universell einsetzen. Natürlich wirken hier jedoch nur runde Formen, gebrochener Sandstein kann befremdlich aussehen. Basalt ist säulenförmig und kommt im Steingarten auch kantig und eckig hervorragend zur Geltung. Mit Fragmenten lassen sich außerdem Geröllpartien simulieren; in bearbeiteter Form gibt es Basalt als Schotter oder in verschiedenen Pflastersteingrößen. Serpentin ist ein außerordentlich farbenprächtiger Stein, der in Tönen von Grün bis Violett zu haben ist. Auch Schiefer und der gleichfalls spaltbare Gneis lohnen näherer Betrachtung. Damit können kleine und große Trockenmauern aufgesetzt, Hänge terrassiert, Steinbeete bestückt oder Wege belegt werden. Kieselsteine wiederum – Quarze – sind dank verschiedener Korngrößen professionelles Material für Trockenflächen und Wege. Die Aufzählung der für den Wildgarten in Frage kommenden Kalkgesteine darf kürzer ausfallen: Im wesentlichen ist es hier Kalkstein selbst, der in großen Platten und Blöcken gebrochen wird – Idealbaustoff für Trockenmauern und Steilhänge. Erwähnenswert sind ferner Kalktuffe, die sich wie Lavatuffe durch eine poröse, schaumartige Struktur auszeichnen. Sie lassen sich dekorativ bepflanzen. Ein schwärzliches Kalkgestein ist Kohlenkalk, während Marmor in verschiedenen Farbvarianten existiert.

Kleiner Tip zum Schluß: Bevor Sie sich jetzt in allzuviele Steinarten verlieben, berücksichtigen Sie den Grundsatz, daß weniger mehr ist. Im Stein- oder Felsgarten sollten Sie bei den gut sichtbaren Flächen schwerpunktmäßig bei einem Material bleiben. Bunt genug wird es schon durch die Pflanzen.

Ein echter Steingarten besteht größtenteils aus Quadern, Blöcken und Schotter. Nur das bietet den Siedlern der Felsen und Gerölle ein akzeptables Biotop.

Stein- und Felsengarten

Wie ein Steingarten entsteht

Das Knirschen unter nackten Füßen. Das weltferne Spiel eines Dreijährigen, der große Berge schaufelt, seinen Bollerwagen füllt. Das Gemeine Leimkraut mit Steinhummelbesuch. Die platzgreifenden Ausläufer vom Fingerkraut, die flinken Schritte eines Goldlaufkäfers und vieles andere mehr. Trockenflächen bieten tausend Naturerlebnisse und Schönheiten.

Doch bevor sie so werden können, sind in vielen Fällen erhebliche Vorbereitungen nötig. Denn die Flora und Fauna trockener Flächen stellt sich nur unter den entsprechenden Standortbedingungen ein: ein magerer, knochentrockener und gleichzeitig lockerer Untergrund.

Nun reicht es indes nicht, auf einen fetten Mutterboden im Garten eine zehn Zentimeter dicke Schicht Kies aufzufüllen. Schon anderthalb Jahre später wäre dieser Versuch mißlungen; die an Ort und Stelle dominierende Pflanzengesellschaft hätte sich durch den Kies gearbeitet, ihn durchwurzelt und von oben neu besiedelt. Deshalb müssen wir alle flächigen und räumlichen Trockenstandorte, seien es Kiesberg oder Sandhügel, Geröllbeet oder Schotterfläche auf einem 30, besser: 40 Zentimeter tiefes Fundament aufbauen. Der Oberboden wird zu diesem Zweck abgetragen (damit läßt sich ein Erdhügel oder ein Wall für Wildsträucher anlegen), der Untergrund maschinell mit der Rüttelplatte verdichtet und dann je nach Bezugsmöglichkeit ein grober Straßenschotter (Frostschutzmaterial) oder Wandkies eingefüllt. Wer genügend Bruchsteinreste hat, kann auch damit das Fundament erstellen. Das eingefüllte Material wird wiederum verdichtet. Anschließend wird eine fünf Zentimeter dicke Lage Straßenkies aufgetragen, worauf endlich die gewünschten Gestaltungselemente kommen. Diese Kiesschicht kann man auch weglassen und direkt auf dem verdichteten Schotter beginnen. (Anmerkung: Wer einen natürlichen Kies-, Fels- oder Suntergrund im Garten hat, kann sich die Vorbereitungen bis zu diesem Punkt selbstverständlich sparen!)

Folgende flächige Bestandteile bieten sich an: Ebene, durch Mauern terrassenförmig abgesetzte oder leicht ansteigende <u>Flächen aus Sand, Kies, Geröll, Splitt- und Schotterarten</u>. Sie werden in einer Schichtdicke zwischen 15 bis 30 Zentimeter aufgebracht, die feineren Materialien dünner, die gröberen dikker. In diese vergleichweise monotonen Areale sollten zur Auflockerung größere Felsen eingebracht werden. Sie sitzen mit ihrem Fuß tief im kühleren Untergrund und erhitzen sich nicht so schnell wie kleinere Steinbrocken. Solche Flächen eignen sich speziell für Wegränder, den Fuß von Mauern, für Längsstreifen unter überstehenden Dachkan-

Trockenflächen

ten. Prominent und effektheischend sind ferner derart gestaltete Abhänge, wobei das Gefälle höchstens 30 Grad betragen sollte. Keine Frage, daß entsprechende Lösungen auch in Rand- und Übergangsbereichen von Naturteichen angebracht sind, um das feuchte mit dem trockenen Element ökologisch sinnvoll zu verbinden.
Als räumliche Elemente aus Lockermaterial kommen in Frage: verschiedenartige <u>Haufen, Hügel und Berge aus Sand,</u>

Auf Trockenflächen ein sicher seltener Wildgartengast, das dekorative Alpenleinkraut (links). Kiesareal mit Klatschmohn, Wiesen- und Echtem Labkraut sowie Bunter Kronwicke (unten). Wechselfeuchter, vom Teichüberlauf berieselter Kalktuffhang mit Habichtskräutern, Prachtnelke, Schwarzer Königskerze und Flatterbinse (rechts).

<u>Kies, Splitt oder Steinen.</u> Sie bringen zusätzliche gestalterische Varianten, können etwa als Blickfang wirken und mit einem neuen Material – Sand auf Kies, Kies in Geröll, Splitt auf Sand – optisch Kontraste erzeugen. So läßt sich auch wirkungsvoll mit verschiedenfarbigem Material experimentieren (siehe Seite 102/103). Andererseits können solche räumlichen Elemente auch bestehende Kontraste harmonisch verbinden – beispielsweise zwischen höheren Steingartenbestandteilen wie einer Trockenmauer und der daran anschließenden Kies-Trockenfläche.
Ein weiterer Vorteil der losen Haufen ist ihre Mobilität – sie können bei Bedarf und Gefallen versetzt, gänzlich entfernt und anderweitig genutzt werden. Sie laden zum Staunen ein, Kinder zum Spiel. Wir dürfen sie besäen oder gezielt bepflanzen oder sich selbst überlassen – als Modellfall für natürliche Selbstorganisation. Sogar falls man gar nichts tut, geschehen an solch anfänglich kargen Plätzen wahre Wunder. Mit der Zeit fassen Pionierpflanzen Fuß. Werden die Flächen nicht begangen, die Hügel nicht bewegt, wechselt das Pflanzenkleid hin zu dauerhaften Siedlern. Von daher ist es sogar von Vorteil, wenn Kinderhände ab und zu einmal umschichten. So keimt dank zarter Hände immer wieder junges Leben.

Stein- und Felsengarten

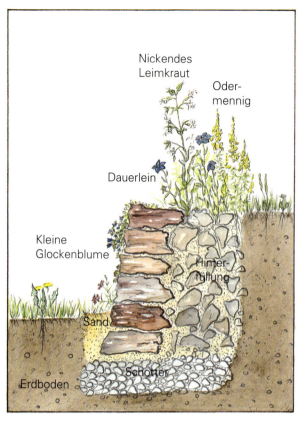
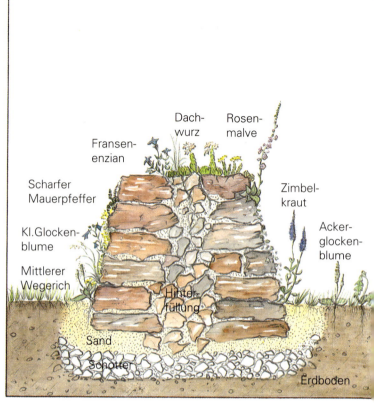

Einseitige (links) und zweiseitige Trockenmauer (rechts) aus Gneis. Beide benötigen ein Schotterbett und die Hinterfüllung mit Bruchsteinen, Kies und Sand.

Trockenmauern

Es gibt wohl kein ansprechenderes Element im Stein- und Felsgarten als die Trockenmauer. Sie kann einseitig sein oder zweiseitig, in jedem Fall aber ist sie vielseitig.

Wenn normale Architekten Mauern planen, geschieht dies mit deutscher Gründlichkeit. Solide Betonfundamente müssen es mindestens sein, gebaut wird wie für alle Ewigkeit. Sämtliche Öffnungen werden vermörtelt, der Bodenbereich mit ebensolcher Perfektion zugepflastert und mit Flüssigbeton verfugt. Das Ergebnis kann dann jedermann besichtigen: Leblosigkeit, Starre und Monotonie sind die unbeabsichtigte Konsequenz solch naturferner Konstruktionen.

Wenn hingegen Wildgartenplaner Mauern entwerfen, haben sie dabei immer Lebensräume im Kopf. Ihr Ziel liegt darin, die Verbindung zur Erde nicht zu unterbrechen, sondern offen zu lassen. Natürliche Veränderungen oder Alterungsprozeße sind keine Schande, sondern ausdrücklicher Wunsch. Infolgedessen behalten die aus natürlichen Bruchsteinen errichteten Mauern ihre Lücken, bleiben offen für Entwicklungen. An Trockenheit und mageren Boden angepaßte Lebewesen fühlen sich hier wohl.

Grundsätzlich stehen uns zwei Mauertypen zur Verfügung, die verschiedene Ansprüche abdecken. Zweiseitige Trockenmauern stehen frei und können so eine natürlich wirkende Raumteilung bewirken. Sie umrahmen den Naturstein-Sitzplatz oder laufen längs eines Weges ein Stück mit oder markieren die Grenzlinie zum Nachbarn.

Einseitige Trockenmauern lehnen sich scheinbar an einen Hang an, stützen diesen durch die Masse ihrer Steine aber tatsächlich ab. Sie bieten sich an, um Hanggrundstücke zu terrassieren (ein traditionelles Beispiel stellen die Trockenmauern in Weinbergen dar), können aber auch in der Ebene wirkungsvoll eingesetzt werden. Hiermit läßt sich etwa ein in den Boden vertiefter Sitzplatz gegen das Erdreich abgrenzen oder ein Wildstaudenbeet an einer Mauer oder Hauswand schaffen (siehe Seite 70/71).

Grundmaterial für den Trockenmauerbau sind natürliche Bruchsteine aller Art, daneben werden gebrannte Ziegel verwendet (siehe Seite 96/97). Besonders gut passen geschichtete Steinarten (Schiefer, Gneis) aufeinander, deren verhältnismäßig glatte Flächen zügiges Arbeiten garantieren. Schwieriger wird es mit unregelmäßig gebrochenen Blöcken oder gar gerundeten Kieseln. Solche kniffeligen Mauerbauten sollten wir dem Experten überlassen.

Trockenmauern

Damit die Mauer zu Frostzeiten nicht durch Erdbewegungen einstürzt, muß ihr Fundament 30 bis 50 Zentimeter tief in den Erdboden reichen. Sie ruht auf einem gut verdichteten Frostschutzschotter, auf frostsicheren Wandkies (bis 32 mm Korngröße) oder Bruchresten von Steinen. Das Fundament ist breiter als der Mauerfuß, dieser wiederum nimmt ungefähr ein Drittel der späteren Höhe ein.

Beim Aufschichten der Steine kommt es darauf an, sie in ihre stabilste Lage zu bringen. Dies gelingt Ungeübten am einfachsten durch Ausprobieren, Drehen und Wenden. Labile Lagen (hochkantig) sind zu vermeiden. Übereinander abschließende Steine (Kreuzfugen) destabilisieren die Mauer, haltbar sind allein Stoßfugen, wie sie jeder Maurer kennt: die Fugen zweier Steine überdeckt in der nächsten Lage ein dritter. Die größten Blöcke kommen nach unten, nach oben wird zunehmend leichterer Steinbruch eingesetzt. Wichtig ist ferner, daß die Mauer nach oben hin in einem Winkel zwischen 10 und 15 Grad zurückweicht. Zwischendurch sollten immer wieder längere Steine, die sogenannten Binder oder Anker, so eingebaut werden, daß sie bis in den hinterfüllten Bereich ragen. Sie stabilisieren das Mauerwerk nach hinten und verhindern, daß es unvermittelt absackt.

Beim Mauern werden hinten (bei der einseitigen Mauer) oder in der Mitte (bei der zweiseitigen Mauer) fortwährend kleinere Bruchsteine, Kies oder Schotter eingefüllt. Diese Steindrainage verleiht speziell einseitigen Stützmauern eine sagenhafte Standfestigkeit. Tonnenschwere Hänge lassen sich so jahrhundertelang abstützen. Andernfalls bringt Hangwasser das Bauwerk schnell zum Einsturz. Bei feuchten Hängen kann es sinnvoll sein, zwischen Hang und Mauerfuß eine gesonderte Drainageleitung zu legen. Die Hinterfüllung wird gut mit Wasser eingeschwemmt, damit sich das Füllmaterial setzen kann.

In Lücken und Nischen wird nun Pflanzerde eingebracht, erprobt sind nicht zu nährstoffreiche, humose und gleichzeitig mineralische Substrate mit guter Krümelstruktur. Der pH-Wert sollte im Neutralbereich liegen. Solche Mischungen lassen sich selbst anfertigen. Das Standardrezept sieht so aus: 3 Teile Komposterde mit 2 Teilen Mineralgemisch aus Splitt, Sand und Kies und 1 Teil Rindenhumus. Die so vorbereiteten Plätze sät man anschließend entweder ein (siehe Seite 72/73) oder bepflanzt sie mit der passenden Flora. Um eine gute Verwurzelung zu erreichen, werden größere Wildstauden am besten bereits während des Mauerbaus in geeignete Öffnungen eingefügt, mit kleineren Steinen verkeilt und Erde versehen. Danach sollte eigentlich nichts mehr schief gehen.

Die Zwergglockenblume besiedelt die Nische einer Trachyt-Steinmauer (links). Karthäusernelke, Ochsenauge und Wilde Möhre bringen die einseitige Trockenmauer zum Blühen (unten).

101

Stein- und Felsengarten

Plätze und Wege

Plätze und Wege erhalten im Wildgarten einen Schwerpunkt. Ihre Form, ihr Naturmaterial prägen das Gesamtbild. Wenn Wege im Wildgarten als Pfade der Näherung an die Natur verstanden werden, dann müssen Plätze so etwas ähnliches wie die Seele des Gartens sein. Begreifen wir sie als Ruhepunkte, als Stelle zum Aufatmen und Entspannen, ja zum Einklang finden mit dem Belebten. Plätze, professionell geplante Plätze, können dies alles. Sie besitzen Lebensqualität im wahrsten Sinne des Wortes. Auch Wege symbolisieren Leben, sind Lebenswege. So gesehen, passt auf Wildgärtner die chinesische Weisheit: Der Weg ist das Ziel.

Wie wir Wege und Plätze anlegen, hängt einmal vom Geldbeutel, zweitens vom Gesamtkonzept ab. Grundsätzlich stehen alle plattenförmigen Steinarten und daneben die Lockermaterialien Sand, Kies, Splitt und sogar Rundkiesel zur Verfügung. Der Weg muß nicht durchgängig im ganzen Garten aus einem Material bestehen, in Harmonie zu anderen Wildgartenelementen darf er seine Gestalt wechseln. So kann der rund um den Naturteich vorhandene Sand in der Wegführung ein Stück aufgenommen werden, während es vielleicht nahe der Trockenmauer eher Steinplatten sind. Doch auch Farbkontraste sind möglich, etwa ein grauer Splittweg vor einer braunen Gneismauer, der hellgelbe Sand nebem dunklem Granit. Selbst zwei Sitzplätze des Gartens müssen nicht im gleichen Material gehalten werden, doch beißen dürfen sich weder die Farben noch die Strukturen. Im Zweifelsfall lieber die ruhigere, die gefälligere Lösung suchen.

Eine exzellente Gelegenheit, einen Sitzplatz mit Trockenmauer durch einen Weg zu erreichen, bringt uns der Hohlweg nahe. Wann immer machbar, gehört ein Stück Hohlweg zum Stein- und Felsgarten. Das Motiv der den Sitzplatz umgebenden Trockenmauer wird dadurch aufgenommen und weitergeführt. Die Seitenwände sind nach Trockenmauerart angelegt (siehe Seite 100/101), können aber terrassiert werden, so daß Pflanzbeete entstehen. In dieser Blickfang kommen empfindliche und attraktive Arten, die näherer Betrachtung verdienen.

Wegplatten, aufsteigende Wände und Pflanzbeete sind aus ein und demselben Material (Glimmerschiefer, Schiefer Gneis, Granit). Der Hohlweg kann sowohl in der Ebene verlaufen als auch einen Hang ansteigen. Er sollte größtenteils breit genug sein, um zwei Menschen aneinander vorbeizulassen (70 cm). Ansonsten darf er sich stellenweise weiten, aber auch einmal schmaler werden. Nischen, Absätze, Vorsprünge, all dies gehört zu seinen bildhübschen Gestaltungselementen. Lassen Sie der Phantasie freien Lauf.

Durch diese hohle Gasse muß er kommen, der Gartenbesitzer eines solch schönen Hohlwegs. Eine gelungene Kombination aus Trockenmauern, Platten und Schotterflächen, alles in Kalkstein ausgeführt.

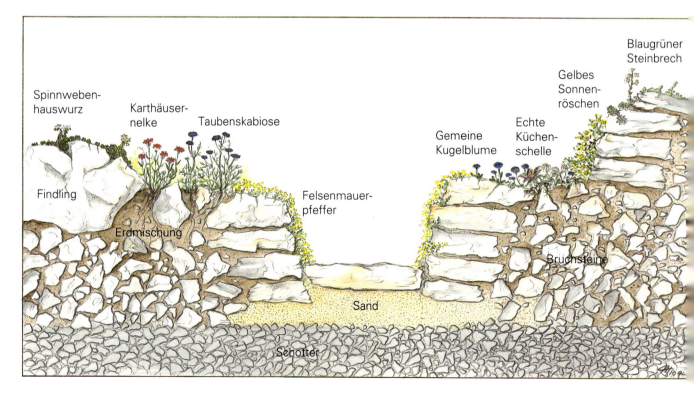

102

Plätze und Wege

Steinwege einmal beispielhaft

Wege sollen nicht nur in einen Garten führen, sondern vielmehr verführen. Steine in vielerlei Form und Feinheit bieten hierzu Gelegenheit. In der Regel nehmen wir bei naturnahen Wegen des Wildgartens Abschied von der Geraden; nichts wirkt häßlicher als die mit der Schnur gezogenen, exakt ausgemessenen und fein säuberlich abgezirkelten Ränder. Wildgartenwege krümmen sich, biegen kurvig um Ecken, schlängeln sich dahin. Unwillkürlich werden sie schmaler, dann bauchen sie wieder aus. Sie sind Mittel zur Fortbewegung, um zu bestimmten Punkten zu kommen (Naturteich, Trockenmauer), um diese umgehen und entdecken zu können. Aber sie sind auch Selbstzweck, der Weg für sich. Vor allem aber sind es lebendige Wege, ohne Betonfundament und wasserdichte Verfugungen. Auf, zwischen und unter ihnen krabbelt, kriecht, schlängelt, wächst, gedeiht es.

Welche Steinart auch oben zu liegen kommt, ihre Basis kann immer gleich aufgebaut sein: Der Boden wird 30 bis 40 Zentimeter tief ausgekoffert, dabei auf ein leichtes Gefälle achten, damit Wasser seitlich abfließen kann. Anschließend den Untergrund mit einer Rüttelplatte verdichten. Frostschutzkies oder Straßenschotter oder Steinbruch werden nun 20 bis 30 Zentimeter dick aufgefüllt und wieder abgerüttelt. Es folgen ungefähr fünf Zentimeter Splitt der Korngröße 3/5 mmm. Hierauf kann dann aufgebaut werden.

Ornamentgestaltung auf dem Gehweg mit Kopfsteinpflaster aus Granit.

Ein Sitzplatz mit Trockenmauerumrandung aus Marmorplattenresten lädt ein.

Natursteinplatten: Wege aus Natursteinplatten sind sehr solide und haltbar. Bei dem angegebenen Unterbau lassen sie sich sogar mit PKW's befahren. Sie können entweder direkt in den Splitt oder in eine extra Lage Bausand verlegt werden. Lücken zwischen den Platten sind nicht nur unvermeidlich, sondern erwünscht. Nach dem Verlegen sollte die Fläche noch einmal abgerüttelt werden, damit sich die Steine setzen. Verfugt wird etwa mit einem zum Stein passenden Brechsand (Korngröße 0/2 mm). Mit Natursteinplatten lassen sich natürlich auch Sitzplätze und Terrassen belegen.

Kopfsteinpflaster: Es ist in vielen Naturfarben, Steinsorten und Größen käuflich. Verlegt wird am besten in Splitt (3/5 mm), verfugt mit zunächst 3/5 mm Splitt, dann mit Brechsand 0/2 mm. Auch hier: Vor dem Verfugen abrütteln. Damit die äußeren Steine nicht abweichen, wird die Außenkante mit länglichen Steinen gefaßt oder mit einem (später überdeckten) Band aus Betonguß stabilisiert. Mit Kopfsteinpflaster lassen sich auch sehr schöne Ornamente und Muster erzeugen.

Katzenkopfpflaster: Ein traditioneller Wegbelag, der aus katzenkopfgroßen Flußkieseln besteht. Dieser Wegtyp charakterisierte bereits mittelalterliche Städte. Die Kiesel werden vorsortiert und entweder hochkant oder flach verlegt. Weiteres Vorgehen wie beim Kopfsteinpflaster.

Rollkies: Der Rollkiesweg ist ungemein arbeitssparend. Flußkiesel der Korngröße 3/5 cm werden cirka zehn Zentimer hoch auf den Splittuntergrund geschüttet. Verteilen und abrütteln. Verfugen mit Sand oder Splitt ist möglich, aber nicht nötig.

Kiesweg: Noch billiger ist diese Variante. Wandkies wird direkt auf den Schotter aufgebracht, planiert, abgerüttelt – fertig. Ähnlich einfach der Weg aus gewaschenem und sortiertem Rundkies, der ab einer Korngröße von 5 mm erhältlich ist.

Splittweg: Er ist in verschiedenen Korngrößen machbar. Je feiner die Körnung, um so eleganter wirkt der Belag. Der Splitt kann locker aufgebracht sein oder eine feste, wassergebundene Decke aufweisen, die mit einem Brechsand-Kalkgemisch verfestigt wurde. Letzteres Verfahren beherrschen allerdings nur Fachleute.

Sandweg: Er muß nicht gewöhnlich aussehen (obwohl er spottbillig ist), sondern kann sehr fein wirken. Da kommt es ganz auf die Farbe an, die ihrerseits wiederum vom Gestein abhängt. Am exklusivsten macht sich Brechsand der Korngröße 0/3 mm. Er stammt aus der Steinverarbeitung und ist in folgenden Farben lieferbar: anthrazit, grau, gelb, grün oder rot. Eine Schichtdicke von 2–5 cm auf dem Splittuntergrund reicht. Bei Bedarf kann der Belag leicht erneuert werden.

Stein- und Felsengarten

Natürlich treppauf und treppab

Haustreppen, Terrassentreppen, Hohlwegtreppen, Treppen hinunter zum Sitzplatz, zur Garage oder den Hang hinauf – die Abstufung macht's. Selbstverständlich kann man auch einen Trampelpfad hangaufwärts schlängeln lassen – das mag im Einzelfall sehr romantisch wirken, und ein Wildgarten-Weg ist das allemal. Doch bleibt dies eine Frage des Platzes und der Gesamtkonzeption. In den meisten Fällen funktioniert die Pfadlösung nicht. Und wie gestaltet man den Hauseingangsbereich oder den Abgang von der Terrasse?

Eine Blockstufentreppe aus Kalkstein verführt den Betrachter, bepflanzt mit Wilder Möhre, Nachtkerze und anderen Liebhabern trockener Standorte.

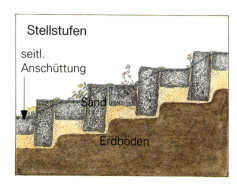

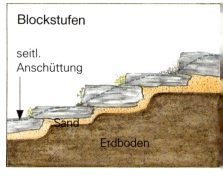

Die drei traditionellen Treppenformen lassen sich sehr schön bepflanzen, hier mit Mauerpfeffer, Gänsefingerkraut, Habichtskraut, Prachtnelke, Thymian, Glockenblumen, Schafschwingel und Dachwurz.

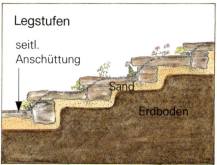

Die Universallösung für die Praxis heißt schlicht und einfach: eine Treppe aus Naturstein. Sie wird nie langweilig, denn jede schaut anders aus. Die Steinart gibt den Hauptton an, die Verarbeitung schafft die Nuancen. Es dürfen ganz roh gebrochene, urig wirkende Blöcke sein oder grob behauene Platten. Die Stufen müssen nicht gleichmäßig groß und dick sein, ganz im Gegenteil: Unregelmäßigkeit erzeugt Abwechslung. Besonders krumme Vorderkanten (sie können schräg abfallen oder sich runden) vermitteln Natürlichkeit. Zu vermeiden sind zu glatt abgeschliffene oder gar polierte Oberflächen (Marmor!); nicht nur, weil sie sich im naßen Zustand in Rutschbahnen verwandeln, sondern weil sie in vielen Fällen gekünstelt aussehen.

Die Höhe der Trittstufen hängt von der Platten- oder Blockstärke ab. 15 Zentimeter Tritthöhe sind auch für alte Menschen noch leicht zugänglich, eine Handspanne (20 cm) geht gerade noch. Größere Steighöhen (30 cm) können allerdings zwischendurch reizen, wogegen 40 Zentimeter nur für passionierte Kletterer (und Kinder) ratsam sind. Es wäre jedoch grundverkehrt, sich auf eine bestimmte Stufentiefe von vorneherein festzulegen: Steinart, Bauweise und Bedürfnisse bestimmen die Daten.

Treppen

Die Auftrittsfläche kann 20 cm breit und eher knapp bemessen sein oder sie läßt über 40 cm Platz. Noch größere Trittplatten besitzen auch ihre Ästhetik, warum sollen es nicht zwei oder drei Schritte bis zur nächsten Treppenstufe sein?

Der Unterbau von Treppen entspricht dem von Trockenmauern (siehe Seite 100/101). Links und rechts des Weges dürfen gezielt Wildstauden für Trockenstandorte gesetzt oder gesät werden. Eine ansprechende Gestaltung läßt sich mit Schottermaterial, Kies, Findlingen oder Sand erreichen. Größere Steine oder niedrige Trockenmauern seitlich eignen sich, um Bodenabschwemmungen zu verhindern. Auch die Stufen mit ihren Ritzen, Ecken und Kanten sollten bepflanzt werden. Niedrige, polsterbildende Wildstauden wie Steinbrech, Wildnelken, Dachwurz oder Mauerpfeffer bieten sich an. Daneben kommen an Ort und Stelle Kleines und Orangerotes Habichtskraut ausgezeichnet zur Geltung. An feuchten, schattigeren Plätzen mag sogar die Ansiedlung von Braunstieligem Streifenfarn, Frauen- und Wurmfarn glücken, in der Sonne wächst vielleicht die Mauerraute. Je nach Steinart und persönlicher Neigung können prinzipiell drei Konstruktionsformen gewählt werden. Die Stellstufentreppe sieht man am seltesten. Dies liegt unter anderem am immensen Materialverbrauch, müssen hier doch mächtige Steinplatten unsichtbar in den gut verdichteten Boden versenkt werden. 40 Zentimeter sind das Mindestmaß. So mancher reut die verschwundene Schönheit (und das Geld!). Die Platten werden hochkant mit leichter Schräge zum Hang plaziert, der Neigungswinkel beträgt etwa 10–15 Grad. Zwischen den Stellplatten sind dann die horizontale Trittplatten zu verlegen. Die Stufenhöhe variiert oft zwischen 8–15 cm, kann aber auch darüber liegen.

Am einfachsten für Laien ist wohl die Blockstufentreppe. Hier kommt es nur darauf an, entsprechend große Steinblöcke oder Platten leicht überlappend zu verlegen. Dieser Treppentyp steigt im Normalfall nicht sehr stark an, häufig sind Stufenhöhen um 10 cm. Wer allerdings dickere Steine bekommt, kann auch wesentlich größere Absätze erzeugen. Mit verschieden hohen und verschieden großen Blöcken lassen sich ausgesprochen individuelle Treppen erstellen.

Die Legstufentreppe schließlich vermag dank der untergelegten Höhensteine auch mit schmalen Platten schnell Höhe zu gewinnen. So läßt sich selbst bei Schieferplatten noch eine sehr schöne Steiltreppe bauen und mit verschieden starken Legsteinen eine reizvolle Gesamtgestaltung erzielen – Abwechslung treppauf, treppab.

Gerade zwei Wochen jung, doch schon sehr natürlich wirkt diese Gneistreppe. Trockenflächen seitlich und zwischen den Blöcken verleihen einen harmonischen Rahmen.

Stein- und Felsengarten

Pflege mit Hacke und Händen

Lange können wir durch Jäten gegen die Zeit arbeiten. Doch irgendwann reicht das nicht mehr, der Trockenstandort wächst zu. Eine Radikalkur wird fällig.

Es gibt zwei Arten von Flächen im Stein- und Felsgarten: Solche, die ständig benutzt werden, und solche, die nur schön sind oder sein sollen.

Seien wir froh über die irgendwie und irgendwem nützlichen Areale, vorausgesetzt, ihr Gebrauch geschieht nicht in absichtlich zerstörerischer Weise. Seien wir froh um die Kinder, die auf den Trockenflächen schaufeln, den Sandhügel besteigen und über den Kiesweg rennen. Seien wir froh auch über unsere Gäste, die nicht immer darauf achten, was sie gerade zertreten. Freuen wir uns über die ständige Benutzung des Naturstein-Sitzplatzes oder die gelegentliche des Mauerfußes. Alles dies verschafft uns Freizeit, denn das natürliche Pflanzenkleid bleibt im erstrebten Rahmen. Solche Flächen pflegen sich von selbst, sie benötigen weder Hacke noch hilfreiche Hände.

Flächen, die vor allem schön sind, aber keiner praktischen Nutzung unterliegen, halten sich über Jahre in dem Zustand, den wir uns wünschten – vorausgesetzt, wir haben sie fachmännisch angelegt, mit Gießkanne und anfänglichen Jäten rund um die gepflanzten Wildstauden für standortgemäße Startbedingungen gesorgt. Das gilt vor allem für Trockenmauern und Treppen, deren kleinklimatische Bedingungen einen nur sparsamen Bewuchs erlauben. Auch aufgeschichtete Steinhaufen zeigen langjährige Konstanz.

Anders hingegen die sandigen, die kiesigen Plätze mit ihrem lockerem Boden. Sie sind schneller zugänglich für die Neubesiedlung über Samen und Wurzelausläufer – ein Prozeß, der von uns grundsätzlich zunächst gutgeheißen wird: Aus den drei Einzelexemplaren

der Wilden Karde sollte ja eine Kardengruppe werden. Die Bunte Kronwicke ist deshalb so dekorativ, weil sie so eminent in die Breite und Höhe geht. Und an Nachtkerzen kann sich mancher lange nicht sattsehen. Doch irgendwann kommt der Punkt, an dem der Griff zur Hacke angebracht ist. Der Überschuß der starkwüchsigen Pflanzen muß ausgehackt, besser: von Hand ausgerissen werden, und zwar vor der Samenreife! Andernfalls verkehrt sich der offene Charakter des Sandweges in sein Gegenteil, verschwindet der Splitthaufen unter schnödem Grasgrün.

Mit dem selektiven Jäten drängen wir die dominanten Arten speziell deswegen zurück, damit die schwachwüchsigen Vertreter ebenfalls Wuchschancen bekommen. Wer die Bunte Kronwicke am Mauerfuß nicht im Zaum hält, wird wenig Plaisir an Mauerpfeffer, Steinbrech und Hauswurz haben. Sie ersticken. Genauso brauchen Wildnelken die ordnende Hand gegenüber der Hauhechel, der Hasenklee Freiraum zum Färberginster.

Doch – nach ein paar Jahren, manchmal Jahrzehnten – kann der Kampf für einen kontrollierten Wildwuchs zur Sisyphusarbeit ausarten. Der ursprünglich offene Boden ist zu. Damit einher geht ein sichtlicher Wechsel im Artenspektrum: Die ein- und zweijährigen Pionierpflanzen können im dichten Filz nurmehr schlecht keimen, sie verschwinden. Dafür breiten sie andere Arten aus, einst in der Minderheit – Gräser und Kräuter von nährstoffreicheren Wiesen sind es. Ursache der schleichenden Verände-

Pflege

oder wenigstens umzugraben und mit mindestens der Hälfte Sand oder Kies zu vermischen.

Der Erfolg wird nicht ausbleiben: Die Schlankheitskur tut dem Standort gut und die Trockenpflanzen werden wieder ungestört von der kräftigeren Konkurrenz Fuß fassen. Alles beginnt von neuem. Und vielleicht ist es gerade das, was uns der Wildgarten vermitteln kann, eine geradezu philosophische Sicht der Lebensdinge: Nichts bleibt so, wie es einmal war, und doch wiederholt sich ständig, was schon einmal war.

Eine einzige Bunte Kronwicke kann etliche Quadratmeter Trockenflächen überranken und damit den Standortcharakter langsam verändern (oben). Auch die Wilde Möhre ist für ihren unkontrollierten Wildwuchs bekannt (rechts).

rung ist der angestiegene Humusanteil im Boden. Abgestorbene Blätter und Triebe haben sich im Laufe der Jahre in eine dichte Humusauflage verwandelt, den Todfeind der Mehrzahl der Wildstauden auf Trockenstandorten des Stein- und Felsgartens.

Nun ist es an der Zeit für eine Radikalkur. Die dicht bewachsenen Flächen müssen abgesenst werden. Der obere, erdige Bodenhorizont wäre anschließend abzutragen – die beste Lösung –

Heidegarten

Die Lüneburger Heide ist nichts für jedermann. Sie paßt nur an ausgesuchte Standorte. Doch wenn die Lage stimmt, kann auch das Ergebnis überzeugen. Dann könnte in Ihrem Heidegarten so einiges blühen. Nein, nicht nur Heidekraut, das wäre ja schon monoton. Wie wäre es beispielsweise mit Katzenpfötchen oder mit dem kriechenden Flügelginster? Nie gesehen? Aber die Arnika, den Bergwohlverleih, kennen Sie vielleicht? Auch sie gehören in eine Heidelandschaft. Und wenn in ihren Garten dieser typisch norddeutsche Heidetyp nicht so gut paßt – kein Problem. Als kleiner Trost: Wie wäre es stattdessen mit einer Dünenheide, der Felsheide, der Wacholderheide oder der Feuchtheide?

Ein ökologisch durchdachter Heidegarten wird niemals leblos sein.

109

Heidegarten

Wo paßt ein Heidegarten hin?

Die Entscheidung zum Heidegarten will wohlüberlegt sein. Schließlich sollte man schon den richtigen Platz haben.
Beim Stichwort Heide fällt den meisten wohl Lüneburg ein. Der Stadtname stand Pate für eine Landschaftsform, die Lüneburger Heide. Die weithin baumlose Zwergstrauchsteppe wird dabei durch eine Pflanze geprägt, das Heidekraut oder die Besenheide. Doch neben dieser für Norddeutschland so typischen Form der atlantischen Heide bestehen eine Reihe anderer Heidearten.

So überwachsen Sanddünen an Nord- und Ostsee nach einiger Zeit ebenfalls mit Heide. In Mittelgebirgsgegenden breiten sich Wacholderheiden aus und auch in den Alpen existieren oberhalb der Baumgrenze auf den Hochgebirgsmatten heidedominierte Vegetationsformen. Dies alles kann als Vorbild für Wildgärtner stehen.

Welche Größe soll nun eine Heidefläche haben? Beginnen wir mit der atlantischen Heide, so sehen wir, daß die Natur hier großflächig arbeitet. Wo immer wir den natürlichen Reiz dieser Besenheidelandschaft nachempfinden möchten, sollten wir deshalb großzügig planen und 50 Quadratmeter Fläche nicht unterschreiten. Nebenbei be-

merkt: Aus botanischen Gründen wächst das Heidekraut als Einzel- oder Kleingruppenpflanze sowieso nicht – und kommt so auch nicht zur Geltung. Bei anderen Heideformen, etwa mit der alpinen Schneeheide, wirkt auch eine kleinräumigere Gestaltung durchaus harmonisch. Unter Umständen läßt sich hiermit im Steingarten auch ein Wildblumenbeet bepflanzen.

Die Lage des Heidegartens spielt eine entscheidende Rolle. Für den atlantischen Typ der Zwergstrauchheide kann als Standort nur Norddeutschland empfohlen werden. Dies aus drei Gründen: Die Besenheide und ihre Begleiter gedeihen am besten in einem wintermilden, sommerfeuchten Klima. 700 bis

110

Planung

Auf Heidekrautblüten **1** nährt sich der Gebänderte Fallkäfer **2**, an den Blättern frißt die Raupe des Heidekrautbürstenbinders **3**. Blaubeeren **4** tragen bereits erste Früchte, eine späte Blüte wird gerade von einer Heidehummel **5** nach Nektar untersucht. Eine prächtige Pflanzgruppe aus Flügelginster **6**, Sandglöckchen **7** säumt den Sandweg, der von Heidegrashüpfer **8** und Schwarzköpfigem Breithalsläufer **9** belebt wird. Auf einem Stein sonnt sich eine Wolfspinnenart **10**. Das Heidekraut darüber als Futterpflanze der Heidekrauteule **11**. Die Raupe des Kleinen Nachtpfauenauges **12** wird gerade von einem Warzenbeißer **13** verspeist. Auf der anderen Wegseite wieder Heidekraut **1**, Heidenelken **14**, Borstgras **15**, Katzenpfötchen **16** und Silbergras **17**. Hinter einem Findling der Deutsche Ginster **18**, daneben Arnika **19** mit Behaarter Hummelschwebfliege **20**. Ein zweites Tier wird von einer Trockenrasenraubfliege **21** ausgesaugt. Eine Heidekrauteule **11** saust über die Zwergsträucher. Englischer Ginster **22** und immer wieder Heidekrautflächen. Im Schutze des Gemeinen Wacholders **23** hat eine Grauammer **24** ihren Brutplatz eingerichtet. Zwischen den Wacholderbüschen stehen noch einzelne Stechginster **25** und Besenginster **26**. Hinter dem Totholzhaufen ein lichter Gehölzsaum mit Ebereschen **27**, Hängebirken **28** und Rotem Fingerhut **29**.

800 mm Niederschlag tun ihnen gut. Speziell die Ginsterarten sind teilweise frostempfindlich und frieren leicht zurück.
Zweitens sind in Norddeutschland oft von Natur aus die Böden vorhanden, auf die unsere Heidekrautgesellschaft angewiesen ist. Sie wächst am besten im armen, sandigen und leicht sauren Milieu. Zwar lassen sich solche Standorte auch künstlich auf alkalischem Boden schaffen, doch bedeutet dies einen immensen Aufwand bei der Anlage und später der Pflege. Optimale Bedingungen für einen atlantischen Heidegarten liegen deshalb da vor, wo das Heidekraut entweder bereits natürlich vorkommt oder wo der Boden sehr kalkarm oder reich an Rohhumus ist.
Der dritte Grund, warum eine »Lüneburger Heide« nicht nach Garmisch, dafür aber vielleicht nach Schleswig paßt, ist der Wind. Die Besenheide liebt offenes Gelände mit starkem Wind.

Dies fördert ihren Wuchs. Die atlantische Besenheide – ein typisches Beispiel, wie ein Wildgarten regionale Bezüge aufweisen kann.
Eine Dünenheide der Küste, die Wacholderheide der Mittelgebirge oder die Felsheide des Alpenraumes lassen sich hingegen leichter an andere Orte verpflanzen. Ihre Ansprüche sind nicht so hochspezifisch wie die der atlantischen Besenheide. Freilich passen auch die anderen Heideformen am besten in die Landschaft, in der bereits die notwendigen Standortbedingungen vorhanden sind. Doch gerade, weil beispielsweise die Wacholderheide auf saurem und auf alkalischen Boden wächst, ist unsere Bandbreite hier wesentlich größer.
Ein Blick in den typischen Koniferengarten mit Heidekrautbewuchs zeigt: Heidekraut läßt sich auch ohne natürliche Bezüge kultivieren. Viele solche Gärten wirken aber, eben weil die natürlichen Vorausetzungen fehlen, gekünstelt. Oft liegt dies allerdings auch an der Form der Anlage, sie sind zu monoton gestaltet. Greifen wir noch einmal auf die Lüneburger Heide zurück: So ebenerdig wie uns diese Original-Heidelandschaft auf den ersten Blick erscheinen mag, so wenig stimmt dies bei näherer Betrachtung. Sie verläuft oft in Wellenlinien, weist sanfte Kuppen und flache Mulden auf. Zwischendurch finden sich immer wieder große Findlinge, auch kleinere Felsen sind vertreten. Solche Geländemodulationen sollten wir bei der Planung des Standorts berücksichtigen. Sehr schön passen Heiden außerdem an Abhänge. Leicht geneigte Flächen in reinen Südlagen, aber auch in Südost oder Südwest erweisen sich als optimal.
Zur harmonischen Gestaltung gehören ferner natürlich wirkende Wege. Angemessen sind Sand- und Kieswege, die im hügeligen Gelände mit Baumstämmen (Kiefer!) seitlich gefaßt werden können. Auch hin- und wieder gemähte Rasenwege haben sich bewährt. Wobei der Rasen nicht automatisch aus Gras bestehen muß. Es könnten ja auch Kriechpflanzen wie Fingerkraut oder Thymian sein. Sie verlängern die Blühsaison und verströmen darüber hinaus einen herrlichen Duft aus.

Schneeheide und immergrüner Wacholder prägen das Pflanzenbild in diesem Heidegarten. Sie setzen auch zur kalten Jahreszeit Farbtupfer.

Heidegarten

Welche Heidetypen gibt es?

Der Sonderfall zuerst: Eine Felsheide aus den Kalkalpen mit der Schneeheide als prägendem Element. Dieser bodendeckende Zwergstrauch kommt in der Latschenzone des Hochgebirges bis 2400 Meter vor, steigt aber über die Flußtäler weit ins Flachland ab. Die natürliche nördliche Verbreitungsgrenze liegt ungefähr am Main. Unschwer können Wildgärtner das Schneeheidengebüsch aber auch andernorts ansiedeln. Der optimale Bodenmileu-Wert liegt bei pH 7,5. In diesem leicht alkalischen Milieu befinden sich auch die meisten Gartenböden. Bei normaler Gartenerde ist der Untergrund in einer 50-cm-Schicht zur Hälfte mit Rindenkompost und mit einem Viertel Kalksand zu strecken. Falls der Boden komplett ausgetauscht werden muß, dann eine Mischung von 25 Prozent Kalksteinsand mit Rindenkompost und Lauberde gleichmäßig auf 50 cm Tiefe einbringen. Übrigens: Torf gehört ins Moor und nicht in den Garten. Das gilt sogar für Ausnahmefälle wie die Moorbeetpflanzen der Heiden. Sie wachsen im Wildgarten aus ökologischen Gründen in Rindenhumus.

Das Gelände darf leicht modelliert sein: Mit nicht zu kleinen, naturgebrochenen Kalksteinfindlingen und Kalkbrocken werden optische Akzente gesetzt. In das vorbereitete Pflanzbeet passen folgende Arten: Schneeheide als Flächendecker, durchsetzt mit Alpenglöckchen und Christrose. Um und über Steine wachsen Zwergwacholder und Latschen oder Zwergmehlbeere, dazwischen rankt die Alpenwaldrebe. Ökologisch passend sind außerdem Preißelbeeren, Wiesenwachtelweizen, die dekorative Silberwurz und der aparte Gestreifte Seidelbast. Auch das Blaugras mag hinzukommen. Die Felsheide blüht über viele Monate hinweg in immer anderen Farben: Einen Schwerpunkt bilden die hellrosa-weißen Blütenstände der Schneeheide zwischen Januar und April, dazwischen die Christrosen. Im Frühsommer öffnen dann Alpenwaldrebe ihre lila und Alpenglöckchen ihre blauvioletten Kelche. Der Sommerzeit sind Wachtelweizengelb und Seidelbastpurpur vorbehalten, das aber bereits ab Mai auftaucht.

Einen völlig anderen Charakter bietet die atlantische Besenheide des Flachlandes. Sie wird vorzugsweise auf saurem, am besten schon stark humosen Boden angelegt. Andernfalls muß man durch Bodenaustausch und Beimengungen auf das geeignete Milieu von pH 4,5–5,5 heruntergehen. Dazu ist der Oberboden 20–40 cm stark mit einem Teil saurem Rinden- oder Holzkompost, Lauberde sowie vier Teilen kalkfreiem Quarzsand (0,5/2 mm Korngröße) zu durchmischen. In diesen Standort lassen sich dann die Charakterpflanzen der bodensauren Besenheide einbringen: Die Besenheide als Flächendecker, versetzt mit Katzenpfötchen, Arnika und Heidenelken. Zur typischen Flora gehören weiter Deutscher, Flügel-, Stech-, Besen- und Englischer Ginster. Als Gehölze für den Rand oder zur solitären Gestaltung eignen sich Gemeiner Wacholder, Eberesche sowie Hängebirke.

Noch spezieller und nur unter bereits gegebenen Standortbedingungen zur Anlage zu empfehlen, ist die feuchte Heide. Ausgangsmaterial ist ein saurer Boden zwischen pH-Wert 5–6, der im Untergrund genügend verdichtet sein

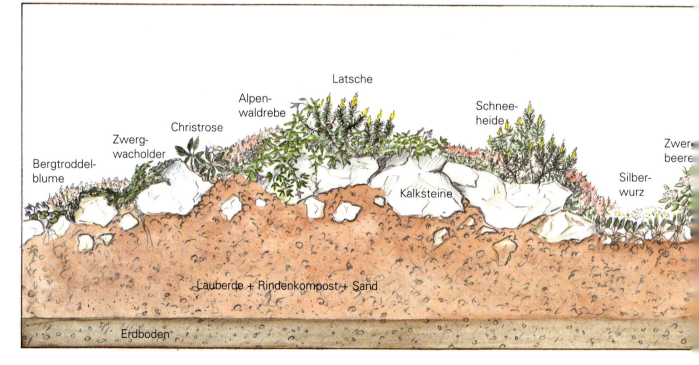

Heide-Arten

muß. Mit sehr saurem Rinden- und Holzkompost läßt sich ein geeignetes Mileu einstellen. Auch hier verzichten wir wieder bewußt auf Torf. Zur Abdichtung unterhalb eventuell eine Folie einziehen und an die Dachrinne anschließen (siehe Seite 84–86). Auch ein kleiner Moorweiher kann so entstehen. Typische Flora: Scheidiges Wollgras, Sumpffarn, Rosmarinheide, Lungenenzian, Pfeifengras, Arnika. An trockeneren, erhöhten Punkten mögen die Pflanzen der Besenheide gedeihen, am Rand vielleicht noch der Königsfarn.

Ein ökologischer Sonderfall des Heidegartens, oft aber gerade in kleinen sonnigen Gärten auf wenigen Quadratmetern zu verwirklichen, wäre die Dünenheide. Mit ihr werden wichtige Besiedler von Meeresdünen in den Wildgarten geholt. Der Untergrund besteht

Längsschnitt durch einen basischen Heidestandort (unten). Bodensaurer Heidegarten mit Heidenelke, Deutschem Ginster und Wacholder (rechts).

Gestreifter Seidelbast

aus sehr feinkörnigem Meersand, der in einer Dicke zwischen 30–50 cm aufgebracht wird. Zur Bepflanzung eignen sich: Besenheide, Stranddistel, Silbergras, Bergsandglöcken, Dünenstiefmütterchen und Krähenbeeren. Hinzu kämen Kriechweide und – als höheres Element für den Rand – die Bibernellrose. Last but not least die Wacholderheide, ein Florenelement aus dem Mittelgebirge. Es ist für arme, oft durch jahrhundertelange Schafweide abgemagerte Böden typisch und findet sich auf Schiefer, Grauwacke, Granit, Sandstein, Sand, Kies oder Lehmböden. Wer einen solchen Untergrund hat, sollte eine Nährstoffanalyse durchführen und gegebenenfalls über Sandbeigaben abmagern. Charakterpflanzen: Gemeiner Wacholder, Besenheide, Besenginster, Behaarter Ginster, Rotes Straußgras und Heidelbeere.

Heidegarten

Bitte nicht betreten!

Der Heidegarten, schon vom Standort her ein Spezialfall, wird dies erst recht in pflegerischer Hinsicht. So heißt es unter anderem: Betreten verboten!
Kinder würden sich einen anderen Wildgarten wünschen als ausgerechnet ein Stück Heide (kluge Eltern deshalb auch!). Zwischen Besenheide und Deutschem Ginster mag gut verstecken sein und der lockere Sandboden lädt geradezu ein zum Schaufeln – der Heide aber bekommt all dies nicht. Die Zwergsträucher besitzen dünne Zweige, die schnell abbrechen. Auch wachsen sie nur allmählich nach. Schon von daher sollten sie möglichst wenig betreten werden. Während also die Heide als Wildgartenelement für Kinder mit Eltern nur bedingt zu empfehlen ist, ist sie stattdessen eher für ruhigere Charaktere geeignet.
Dennoch sollten wir den Pflegeeinsatz nicht unterschätzen. Nur der laienhafte Blick über die relativ uniforme Fläche eines Stück Heides übersieht die Menge Arbeit, die dahintersteckt. Da wäre zunächst einmal der Schnitt. Die Besenheide blüht nämlich dann am schönsten, wenn sie regelmäßig verjüngt wird. Dazu schneidet man sie Mitte März mit der Heckenschere bis zum Holz zurück. Dank der Verjüngungskur bleiben die Pflanzen im Wuchs niedrig, schlagen nach allen Seiten üppig aus und bilden so ein dichtes Gebüsch. Die abgeschnittenen Strauchteile können liegen bleiben; sie tragen zur Rohhumusbildung bei. Falls die Heckenschere nicht zum Einsatz kommt, wachsen die Sträucher aus, werden dünn und dürr. Ohne Schnitt blüht das Heidekraut nur bis ins 15. Jahr und stirbt danach langsam ab. Mit dem Schnitt hingegen ist eine Lebensspanne von hundert und mehr Jahren möglich. In Natur übernimmt der Schafverbiß durch Heid- oder Moorschnucken diese Aufgabe – und wie die vierbeinigen Heidpfleger sollten auch wir nicht alles plan schneiden, sondern uneben und wellig arbeiten. Schließlich muß die Heide keinen Schurrasen darstellen. Auch die Schneeheide benötigt den steten Rückschnitt. Sie sollte direkt nach der Blüte um 10–20 cm zurückgenommen werden. So wird sie wieder kräftig austreiben und neue Blütenknospen schieben.

Die Flächendeckung des Heidekrautes läßt sich durch regelmäßige, zusätzliche Neuausaat fördern. Auch hierzu dient der gezielte Schnitt. Die reifen Samen nimmt man am besten zwischen Oktober und Dezember mitsamt den Endtrieben ab und legt sie an lichte Stellen. In den kommenden acht Monaten werden hier neue Heidekrautpflänzlein sprießen.

Da die Nährstoffe im Heideuntergrund schnell abgebaut werden, kann die Substratschicht um bis zu zwei Zentimeter jährlich abnehmen. Diesem Substanzverlust kann man durch Aufstreuen von

Der Rote Geißklee kann einen kalkhaltigen Heidetyp ökologisch dekorieren (oben). In eine saure Wacholderheide wurde eine Wildblumenwiese integriert (rechts).

Rindenkompost oder Rindenmulch entgegenwirken – was gleichzeitig eine Düngung der Flächen bedeutet. Die günstigste Jahreszeit hierzu ist der Herbst.

Stichwort Gießen. Am meisten Arbeit macht der Heidegarten anfangs. Während die Gehölze am besten in der Herbstsaison in den Boden kommen, wachsen die Wildstauden besser bei der Frühlingspflanzung an. So trocken der Standort in späteren Jahren vorübergehend auch werden darf, so wenig sollte das den frischgepflanzten Heidebewohnern geschehen. Sie sind solange feucht zu halten, bis sie gut gewurzelt haben und austreiben. Die Gießkanne als Werkzeug des Heidegärtners muß überdies die ersten zwei Jahre für große Trockenzeiten bereitstehen. Wichtig ist für die immergrünen Arten wie Heidekraut und Ginster, daß auch vor den ersten Frösten der Boden gut durchfeuchtet ist. Im Gegensatz zur laubabwerfenden Flora verdunsten die Immergrünen auch während der winterlichen Ruhephase andauernd Wasser.

Trotz der für die meisten Unkräuter unattraktiven Bedingungen können sich vereinzelt Probleme ergeben. Vor allem Wurzelunkräuter und aufkom-

114

Pflege

mender Baumwuchs (Birken!) müssen regelmäßig durch Jäten entfernt werden. Der flächendeckenden Ausbreitung der ungeliebten Sprosse kann man aber durch die standortgemäße Pflanzung vorbeugen. Heidekraut und auch Schneeheide gehören traditionell dicht gepflanzt. 15 Pflanzen pro Quadratmeter sind das Minimum, bis 20 Pflanzen nicht zuviel. Nur so kann sich ein dichter Bestand entwickeln. Zu weite Abstände fördern nicht nur den Unkrautwuchs, sondern verhindern sogar, daß sich die Heidearten überhaupt entwickeln. Sie sind obligatorische Gruppenwesen. Wer mit nur wenigen Exemplaren einer Art anfängt, sollte folglich erst eine kleine Fläche bestücken und nach und nach vergrößern.

Nach dem Motto: Vertrauen ist gut, Kontrolle besser, wäre auch der pH-Wert des Bodens regelmäßig zu über-

Die Rosmarinheide ist eine Charakterpflanze saurer Feuchtheiden (links), während die Christrose zusammen mit der Schneeheide zur Felsheide gehört (rechts).

prüfen (siehe Seite 54/55). Zwar sind natürliche Schwankungen möglich und viele Arten vertragen ein ziemlich breites Spektrum des Bodenmileus. Das Paradebeispiel ist das Heidekraut selbst, das in einer großen ökologischen Amplitude zwischen stark sauren und leicht alkalischen Böden vorkommt. Sogar typische Kalkpflanzen vertragen unter Umständen eine leichte Versauerung (etwa das Alpenleinkraut). Das gilt auch umgekehrt. So wächst die generell saure Standorte anzeigende Bergnelkenwurz ausnahmsweise auch im alkalischen Substrat. Diese Toleranz tritt jedoch nur bei gut belüfteten und optimal wasserdurchlässigen Böden auf. Falls die pH-Werte zu stark abweichen, ist eine Bodenverbesserung ratsam, entweder über Kalkgaben oder neuen stark sauren Rindenmulch (pH 3–4,5), Rindenhumus (pH 5,5–7) oder Rindenkompost (pH 5,5–7).

Wildsträuchergarten

Wildsträucher sind die beste Überlebensversicherung für die Tierwelt im Wildgarten. Wildsträucher sehen schön aus und kommen als Einzelpflanze, in Buschgruppen oder als Hecke zur Geltung. Sie passen auf alle Standorte und dienen verschiedensten Ansprüchen – zum Beispiel als Schmetterlingssträucher oder Vogelschutzhecken.
Eine Menge Argumente für heimische Straucharten. Fassen Sie sich ein Herz und wagen Sie den Ausflug in die (kontrollierte) Wildnis.
Dabei sollte keineswegs nur ein möglichst buntes Gehölzsortiment herauskommen. Ganz wichtig: Bitte die zugehörige Wildkräuterflora nicht vergessen.

Ein sonnig-halbschattiger Heckenstandort mit Totholzhaufen, Mulchweg und jeder Menge Leben.

Wildsträuchergarten

Ein Wildstrauch tut's auch

Einige provokative Vorschläge: Sägen Sie die Serbische Fichte um, entfernen Sie Thujahecke und Rhododendronhain. An Ort und Stelle kommen dann ökologisch wertvolle heimische Sträucher. Wildsträucher sind die Ernährungsbasis für Tausende von Tierarten. Sie bieten Sichtschutz, grenzen ab, können aber auch – als gemeinsamer, quicklebendiger Gartenzaun – verbinden. In Frühling und Sommer erfreuen sie unser Auge mit einem schmucken Blütenreigen, zur Herbstsaison verwöhnen sie dann den Gaumen in Form von Beeren für Pudding, Gelees, Mus, Wein oder Schnäpsen. Auch medizinisch stehen sie uns zur Seite.

Wenn es so viele Gründe gibt, keinen Rhododendron, keine Serbische Fichte, keine Thujahecke zu pflanzen, dafür aber heimische Berberitze, Schwarzen Holunder und Wolligen Schneeball in den Garten zu holen, sollten wir keinen Moment zögern.

Die Größe des Gartens spielt keine Rolle. Wildsträucher passen auf jedes Grundstück. Wer nicht genug Platz hat für eine breite dreireihige Hecke, kann auch schmaler planen, zwei- oder einreihig. Wer an eine Hecke denkt, sollte auch Raum für die Saumvegetation mit einplanen. Wildsträucher und Wildkräuter bilden eine untrennbare ökologische Einheit. Je breiter der Heckensaum sein darf, um so besser. Er kann sehr schön auch in eine Wiese übergehen. Als Faustregel läßt sich merken, daß der Saum etwa halb so breit wie die Hecke selbst sein sollte, und zwar möglichst auf jeder Seite. Für eine zwei Meter breite Wildsträucherhecke empfiehlt sich demnach auf jeder Seite ein Meter Luft zu lassen.

Auch Buschgruppen können mit solchen seltener gemähten Krautsäumen umrahmt werden. In kleinen Gärten lassen sich hierdurch reizvolle Anhaltspunkte schaffen oder – eine weitere Variante – mit dekorativen Einzelsträu-

Planung

Ein Grünes Heupferd **1** frißt die erjagte Fleischfliege **2**. Zimtrose **3**, daneben Herbstzeitlose **4** mit Wiesenhummel **5**, darunter Waldgrille **6**. Distelfalter **7** und Admiral **8** auf Bergaster **9**. Doldenhabichtskraut **10**, Sichelklee **11**, Schwarze Flockenblume **12**. Eine Rötelmaus **13** knabbert an vollreifen Schlehenfrüchten **14**. Noch in der Sonne der Blutstorchschnabel **15**, den Heckenrand bildet der Rote Hartriegel **16**. Rotkehlchen **17** als Liebhaber der Pfaffenhütchenfrüchte **18**, eine Heckenbraunelle **19** lugt durchs Gebüsch. Vollbeladen der Schwarze Holunder **20**, überrankt mit Wildem Hopfen **21**, als Unterwuchs Blaue Heckenkirschen **22**, am Heckenrand Wolliger Schneeball **23**. Vor einer Gemeinen Berberitze **24** steht eine Tollkirsche **25**, links dahinter gedeiht ein Kreuzdorn **26**. Der Asthaufen gehört zum Revier eines Zaunkönigmännchens **27**, er ist überwuchert mit Bittersüßem Nachtschatten **28** und Waldgeißblatt **29**. Das Mauswiesel **30** hinter der Filzrose **31** hat hier wie der Igel **32** seinen Unterschlupf. Reife Haselnüsse **33** verführen einen Siebenschläfer **34**, darunter biegt sich der Salomonsiegel **35**. Die Rote Heckenkirsche **36** hängt voller Früchte. Sonnig mögen es Wilder Dost **37** und der zarte Odermennig **38**. Auch die Gemeine Schafgarbe **39** und der Herbstlöwenzahn **40** sind Sonnenkinder. Weiße Taubnesseln **41** hingegen könnten auch im Halbschatten gedeihen.

chern optische Akzente setzen. Gerade bei Platzmangel bieten sich Wildsträucher gegenüber hochwachsenden Bäumen an. Die 25-Meter-Fichte ist ein denkbar ungeeignetes Vorgartengewächs. Da paßt ein Europäisches Pfaffenhütchen doch vielfach besser. Die mögliche Endhöhe der heimischen Sträucher sollte dabei nicht abschrecken. Schließlich darf man die Wildsträucher nach Belieben zurückschneiden – eine Pflegemaßnahme, die sicher nichts für einen Koniferengarten oder Rhododendronhain taugt. Die günstigste Schnittzeit – wie auch die beste Pflanzung – erfolgt nach dem Laubfall im Herbst. Gepflanzt werden darf allerdings bis zum Laubaustrieb Mitte April/Anfang Mai.

Selbst die Lage ist unerheblich. Ob sonnig oder schattig, feucht oder trocken, nährstoffarm oder reich – für jeden Standort existiert ein breites Artenspektrum heimischer Gehölze.

Gleiches gilt für die Form. Wildsträucher passen in jedes Grundstück hinein. Mit ihnen lassen sich überdies auch ungemein wirkungsvolle Umgestaltungen vornehmen. Gezielte Pflanzungen können einen Garten räumlich unterteilen und so ein quadratisches Gelände in eine optisch ansprechende Gestaltung mit vielen Ökonomischen verwandeln. Heimische Sträucher eignen sich auch besonders, um Sitzplätze zu umrahmen, Wege zu begleiten oder um markante Punkte zu schaffen. Nichts wirkt gelungener, als die solitäre Strauchkronwicke hinter der Trockenmauer, die Zimtrose an der Wegrundung.

Bei einer Heckenpflanzung wäre zu überlegen, welchen Ansprüchen die Arten zu genügen haben. Soll die Hecke reine Lärmschutzfunktion besitzen, muß sie dicht und breit sein? Wollen Sie Sichtschutz, dann müssen auch hochwachsende Arten enthalten sein. Oder wollen Sie Übersichtlichkeit? Dann dürfen nur kleinwüchsige Spezies gepflanzt werden. Möchten Sie die Wildfrüchte persönlich ernten oder die Vögel verkösigen, dann ist Wert auf eßbare und für die Gefiederten nützliche Arten zu legen. Man kann aber auch eine Blütenhecke rein nach farbigen Gesichtspunkten ausrichten, Futtersträucher für Insekten pflanzen oder einen katzensicheren Brutplatz für Vögel. Alles dies will bedacht sein.

Über die Kosten hingegen müssen Sie sich weniger den Kopf zerbrechen. Die heimischen Sträucher sind in der Regel ausgesprochen günstig. Mit wenigen hundert Mark können Sie eine lange Naturhecke anlegen.

Die Wege im Wildsträuchergarten sind in vielen Ausführungen möglich. Holzwege oder Mulchwege passen zwar vom Material gut, müssen aber nicht sein. Wildsträucher sind so anpassungsfähig, daß sie auch mit Steinwegen, mit Kiesbelägen oder Sand harmonieren.

Ein mächtiger Weißdornbusch erhebt sich am Wegrand, flankiert durch einen Besenginster. Ein Pflanztip Marke Natur mit jeder Menge Sträucher.

Wildsträuchergarten

Hecken für alle Fälle

Die Hecke aus heimischen Sträuchern ist mit das Wertvollste, was ein Wildgärtner im Garten schaffen kann. Damit das nicht eintönig ausfällt, hier einige konkrete Alternativen.

Ab November kann es losgehen: die Pflanzsaison beginnt. Wildwachsende Hecken aus heimischen Wildsträuchern benötigen Platz. Der Pflanzabstand variiert zwischen einem halben und einem Meter, je nach Größe und Wüchsigkeit. Man kann einreihig, zweireihig oder vielreihig versetzt planen, wobei dies nicht streng linear gemeint ist. Mut zur Ungeraden! Lücken, Ausbuchtungen, Einschnitte stellen keinen Fauxpas dar, sondern garantieren die ökologisch erwünschte Vielfalt unterschiedlichster Kleinstandorte. So können auch die Bedürfnisse einzelner Arten besser berücksichtigt werden, wobei die Mehrzahl jedoch ziemlich starke Abweichungen vom Optimalstandort toleriert. Wärmeliebende Arten kommen auf die Südseite, schattentolerante in den Norden, größere in die Mitte oder nach hinten, kleinere nach vorne und an den Rand. Bei zunächst schwachwüchsigen Spezies (Schlehe, Berberitze, Wolliger Schneeball, Zimtrose, Feldrose, Felsenbirne) ist es ratsam, gleich in Kleingruppen (3–5 Stück) anzupflanzen, die konkurrenzstarken Vertreter dürfen für sich alleine stehen.

Anders sieht es bei Schnitthecken aus. Sie können zwei oder auch nur einen halben Meter breit sein und zwischen einem und drei Metern hoch wachsen. Statt nur eine Art wählen wir ein halbes Dutzend, die sich gut kombinieren lassen, etwa Hainbuche, Roter Hartriegel, Weißdorn, Eibe, Wolliger Schneeball und Liguster. Auch Schlehen und Gemeiner Schneeball sowie Wildbirne und Wildapfel eignen sich für die Schnitthecke. Im Unterschied zur wildwüchsigen Hecke pflanzen wir pro Art aber immer 3–5 Pflanzen nebeneinander. So können schnellere Heckenpflanzen die langsamen nicht verdrängen. Der Pflanzabstand liegt hier dichter, bei 20–30 cm.

Optisch attraktiv und speziell bei Lärmbelastung zu empfehlen ist die Pflanzung auf einem Wall. Die Wallhecke als traditionelles Landschaftselement Norddeutschlands paßt gut in Wildgärten. Der Wall muß etwa so breit wie hoch sein und kann auf beiden Seiten oder nur in der Mitte bepflanzt werden. Am besten legt man den Wall mit dem Aushub vom Naturteich oder der Trockenmauer an.

Lebensraum Totholzhaufen

Die Hecke und Bäume des Wildgartens sorgen ständig für Nachschub an Reisig, Ästen und Baumstämmen. Sogar Wurzeln können ab und zu anfallen. Diese organischen Materialien gehören nicht auf den Sperrmüll, sondern in einer feuchtschattigen Gartenecke aufgeschichtet. Langsam dürfen sie hier vermodern, nach einigen Jahren entnehmen wir wertvollen Holzkompost. Ein lebendiger Kreislauf, den ständig obenauf geschichtetes Material in Schwung hält. Zwischendurch aber bringt so ein Totholzhaufen jede Menge Leben. Ein Heer von Baumpilzen, Bakterien, Asseln, Springschwänzen und Regenwürmern baut den Haufen Stufe um Stufe ab. Rare Käferarten finden im morschen Holz einen Platz für die Kinderstube. Schlupfwespen suchen mit vibrierenden Fühlern nach Holzwespenlarven. Der Haufen als Ganzes dient Igel und Mauswiesel als Tagesquartier. Hier brüten Heckenbraunelle und Zaunkönig. Rotkehlchen, Nachtigall und Kleiber gehen in den Zweigetagen auf Insektenjagd. Ein Hoch auf den Tod, aus dem wieder Leben wird.

Schnittgutsammlung im Heckenschatten als Lebensspender (links). Die fruchtige Wildsträucherhecke statt Maschendraht-Gartenzaun (oben), ein Beitrag zur Stadtökologie.

Hecken

Wildstrauchart	Durch-schnitts-hecke	Trocken-hecke	Feucht-hecke	Wild-rosen-hecke	Vogel-schutz-hecke	Schmetter-lings-hecke	Wild-frucht-hecke
Gemeine Felsenbirne		•					•
Gemeine Berberitze	•	•			•		•
Hainbuche			•				
Gemeiner Blasenstrauch		•					
Kornelkirsche	•	•					•
Roter Hartriegel	•					•	
Strauchkronwicke		•				•	
Waldhasel	•						•
Eingriffeliger Weißdorn	•	•			•	•	•
Schwarzer Geißklee	•	•				•	
Besenginster		•				•	
Gemeiner Seidelbast	•					•	
Europäisches Pfaffenhütchen	•	•	•				
Färberginster		•	•			•	
Sanddorn		•			•		•
Mannsblut			•			•	
Gemeiner Liguster		•	•				
Blaue Heckenkirsche			•				
Rote Heckenkirsche	•					•	
Wildapfel	•				•		•
Vogelkirsche	•	•				•	•
Steinweichsel		•					
Gemeine Traubenkirsche			•			•	
Schlehe	•	•			•		•
Wildbirne	•	•					
Gemeiner Kreuzdorn	•				•		
Faulbaum			•			•	
Feldrose		•		•			
Hundsrose	•			•	•		•
Essigrose				•			
Hechtrose				•			
Rauhblättrige Rose				•			
Zimtrose				•	•		
Alpenrose				•	•		
Bibernellrose				•	•		
Weinrose		•		•	•		
Filzrose				•			
Wilde Brombeere					•		•
Salweide	•		•				
Ohrweide			•				
Korbweide			•				
Schwarzer Holunder	•		•				•
Roter Holunder	•					•	•
Vogelbeere	•	•					•
Wolliger Schneeball	•	•					
Gemeiner Schneeball			•				

Was sonst alles noch als Hecke in Frage kommt, das steht uns ziemlich frei: Wie wäre es mit einer Wildfruchthecke? Wie schön kann eine reine Wildrosenhecke aussehen! Oder haben Sie eher ein Herz für Tiere? Dann... Wer die Wahl hat, hat die Qual.

Schön ausgeheckt

Statt einer eintönigen Exotenhecke pflanzen Wildgärtner bunte Hecken aus heimischen Sträuchern und Bäumen. Hier eine Auswahl für verschiedene Standorte und Bedürfnisse. Die Pflanzlisten können nicht mehr als ein Beispiel sein. Andere Kombinationen sind freilich möglich.

121

Wildsträuchergarten

Schneiden und pflegen

Wildsträucher sparen viel Zeit. Allenfalls in den ersten zwei Jahren bedürfen sie unserer Obhut. Später fällt alle Jubeljahre ein Rückschnitt an.

Manche Wildgärtner zeigen so hohe Achtung vor ihren frisch erstandenen Sträuchern, daß sie den Pflanzschnitt verweigern. Dies ist gewiß auch ein psychologisches Phänomen, denn wer mag schon gern die kleinen Sträuchlein auch noch kräftig einkürzen. Aber ein richtiger Pflanzschnitt ist wichtig zum Anwachsen. Dazu werden zunächst die Triebe zwischen einem Fünftel und einem Drittel bis zum nächsten gesunden Auge gekürzt. Abgeknickte oder beschädigte oder schwache Triebe sind ganz zu entfernen. Gleiches geschieht mit den Wurzeln. Außerdem werden sie leicht zurückgeschnitten, damit sie besser austreiben.

Das Pflanzloch darf doppelt so groß sein wie der Wurzelballen, die Sträucher sollen weder zu tief noch zu hoch in den lockeren feinkrümeligen Boden. Bei trockenem Wetter im Herbst und bei der Frühjahrspflanzung muß man immer die Wurzeln mit Wasser gut einschlämmen. Für späteres Bewässern einen Gießrand anlegen.

Gießen ist eigentlich nur im Frühjahr notwenig. Speziell, wenn die Pflanzen schon ausgetrieben haben, sollten sie die ersten Wochen ausreichend gewässert werden.

Solange bis die Wildsträucher über die Krautschicht hinausgewachsen sind (2–3 Jahre), ist regelmäßiges Jäten angebracht. Sie sollten immer genug Licht haben. Dem mühsamen Unkrautzupfen oder Hacken kann man allerdings größtenteils entgehen, wenn man eine Mulchschicht aus Rindenhäcksel, Stroh, Schilf oder Grasschnitt 10 bis 20 cm dick aufbringt. Bewährt haben sich auch Mulchscheiben aus dicker Pappe. Sie werden wie eine Manschette direkt um den Strauch gelegt und halten ihn frei. Den gleichen Effekt erreichen wir über zurechtgeschnittene Pappkartons oder Zeitungspapier, das möglichst dicht um den Jungstrauch gelegt wird. Aus optischen Gründen kann man das Papier mit einer dünnen Rindenhäckselschicht überdecken.

Eine Alternative zum Mulchen ist die Einsaat einer Gründüngung. Groß geworden, kann sie abgesenst werden und bleibt als natürliche Mulchdecke liegen. Wer mag, kann auch standorttypische Wildstauden zwischen den Sträuchern einsäen oder gezielt pflanzen (siehe Seite 72/73). Sie werden solange in der Hecke bleiben wie genügend Licht vorhanden ist, später aber in den Heckensaum auswandern, wo sie die natürliche Begleitflora ausbilden.

Eine Düngung sollte bei heimischen Sträuchern in aller Regel unterbleiben. Sie kann sogar schädlich sein, da zwei Drittel der Arten nährstoffarme Standorte bevorzugen.

Je nach Wuchsfreudigkeit und gewünschter Höhe wird dann alle paar Jahre ein Rückschnitt fällig. Dazu setzt man die Sträucher zum einen auf den Stock, schneidet sie also 10–20 cm über dem Erdboden ab. Jene Methode eignet sich speziell für lange Hecken. Um eine tiefergehende Störung der Lebensgemeinschaft Hecke zu vermeiden, erfolgt dieser radikale Schnitt am besten abschnittsweise. So bleiben den Tieren genügend Ausweichmöglichkeiten. Die meisten Sträucher reagieren auf den Rückschnitt mit einem dichteren Austrieb und verstärktem Wachstum. Einige Arten (Vogelkirsche, Traubenkirsche, Kornelkirsche, Elsbeere, Mehlbeere, Seidelbast, Eibe, Weißdorn, Vogelbeere, Liguster, Wolliger Schneeball, Wildbirne, Wildapfel, Stechpalme) vertragen diesen Schnitt jedoch weniger gut. Sie treiben nur langsam wieder aus.

Pflege

und werden von den schnellwüchsigen Arten (Holunder, Traubenkirsche, Weiden) verdrängt.
Die schonendere, für empfindliche Arten geeignete Methode ist die des Auslichtens. Hierbei nimmt man kontinuierlich Äste aus dem Busch heraus. Sie werden direkt über dem Boden oder an einer Verzweigung entfernt. Auf diese Weise vermeidet man die Radikalkur des völligen Rückschnittes. Ein besonderer Vorteil ist, daß sich so die typische Strauchform gut herausarbeiten läßt.

Nachbarn haben sich zusammengetan und setzen anstelle eines trennenden Gartenzauns eine verbindende Hecke (unten). Beidseitig der Sträucher darf ein breiter Wildkräutersaum ungemäht bleiben (rechts).

Schneidet man einen Strauch immer an derselben Stelle ab, bildet er mit der Zeit besonders dichte Verästelungen (Kopfweidentypus). Auf diese Art läßt sich in Vogelschutzhecken an Schlehe, Hundsrose, Stechpalme, Kreuzdorn, Sanddorn und Berberitze besonders dichter Wuchs erzeugen.
Eine spezielle und uralte Form der Heckenpflege stellt das Knicken dar. Hierzu werden die Triebe ungefähr 30–40 cm über dem Boden zur Hälfte eingeschnitten, abgeknickt und im Boden verankert. Traditionell werden vor allem Weißdorn und Schlehen geknickt. Die angeschnittenen sowie die verankerten Strauchteile treiben dann wieder aus und bilden mit der Zeit eine besonders dichte Hecke, die jedem Gartenzaun Ehre macht.

Baum- und Waldgarten

Ein Wildgarten mit hohen, alten Bäumen muß nicht farblos und eintönig sein. Mit der richtigen Wildpflanzenmischung zaubern wir einen bunten Blütenteppich. Viel stärker noch als bei anderen Gartenformen wird der Baum- und Waldgarten zum Garten der Jahreszeiten. Der Frühling schickt reichlich Sonnenlicht auf den Boden, der Sommer macht die Kronen mit Blattgrün dicht. Im Herbst wird alles kunterbunt, während der Winter zwischen den Zweigen hell und freundlich daherkommt. Alles hat seine eigene Ästhetik, doch das wirklich Vollkommene ist der Wechsel. Die Veränderung ist das einzig Dauerhafte.

Buchenwaldgarten im Frühling, eine der schönsten Jahreszeiten.

Baum- und Waldgarten

Spielereien mit Licht und Schatten

Einen Garten mit einzelnen Bäumen haben viele. Seltener ist ein Garten mit einem richtigen Wald. Was heißt, sich mit dem Gegebenen zu arrangieren. Doch man kann Bäume auch neu pflanzen und sie mit Unterwuchs versehen. Wie auch immer, herauskommt ein Spiel mit Licht und Schatten.
Erster Fall, der alte Garten: Die Grundgestalt liegt bereits fest, den Plan hatte ein anderer vor ewiger Zeit entworfen. Gelungen oder aber nicht – auf Ihrem Grundstück stehen mächtige Bäume, deren Zweige ein spielerisches Muster von Licht und Schatten auf den Boden werfen. Zunächst ist einmal eine Begutachtung der Lage fällig. Welche Bäume stehen dort? Nadelbäume oder Laubarten? Werfen sie überall Schatten oder finden sich im Laufe des Tages oder des Jahres sonnige und halbschattige Plätzchen? Ist der Boden feucht, trocken, sauer oder alkalisch? Wie steht es mit dem Kalkgehalt? Welcher natürliche oder künstliche Unterwuchs ist bereits vorhanden? Die Beantwortung dieses Fragenkataloges bringt uns weiter und wird entscheiden, was wir tun, was wir lassen können. Ist es nur schattig, weichen wir allein auf die reine Schattenflora aus. Bei halbsonnigen oder sonnigen Standorten (Lichtung!) steht uns ein breiteres Artenspektrum zur Verfügung. Sehr wichtig ist auch die Bodenuntersuchung (siehe Seite 54/55). Sie wird unsere zukünftigen Entwicklungsmöglichkeiten festlegen. Selbst das noch so gewünschtes Leberblümchen kommt nicht auf einem sauren Fichtenuntergrund, während umgekehrt die Echte Goldrute Schwierigkeiten im alkalischen Kalkbuchenwald hat. Liegt das Milieu hingegen um den Neutralbereich, können sowohl Arten der leicht sauren wie der leicht alkalischen Böden wachsen. Für diesen Fall hätten wir nur noch auf die Feuchtigkeit zu achten.

Planung

Ein als Schmetterling überwinterter Zitronenfalter **1** besucht ein Leberblümchen **2**, einer der ersten Frühblüher. Im Mauseloch haben Dunkle Erdhummeln **3** ein Nest angelegt. Der Gemeine Seidelbast **4** verströmt betörende Düfte, die ein Landkärtchen **5** angelockt haben. Hin zu einer Rotbuche **6** flattert ein Großer Fuchs **7**. Bergmolchmännchen **8** auf Laichwanderung. Unter einer Frühlingsplatterbse **9** erwischte die Waldeidechse **10** einen Nagelfleck **11**. Eine zweite sonnt sich neben einer Vielblütigen Weißwurz **12**. Im Hintergrund blüht eine Gruppe der Zwiebeltragenden Zahnwurz **13**, im Halbschatten des Wegrands gedeiht eine immergrüne Stechpalme **14**, ihr gegenüber blüht gerade die Alpenheckenkirsche **15**. Die Haselnuß **16** trägt letzte männliche Kätzchen, in dem vorderen Busch liegt das Schlafnest einer Haselmaus **17**. Die Haselmäuse selbst sind weiter vorne aktiv. Weil Paarungszeit herrscht, klettert ein Männchen hinter dem Weibchen her. Zum Wildstaudenunterwuchs gehören der ockergelb blühende Wollige Hahnenfuß **18** sowie der Mittlere Lerchensporn **19**. Seine Blüten zählen zur Lieblingstracht der Dunklen Erdhummel **3**. Die Mandelwolfsmilch **20** hat Besuch von einem nektarsaugenden C-Falter **21**. Waldzwenke **22**, Buschwindröschen **23**, Haselwurz **24** und Nagelfleck-Paarung **11**. Trauermantel **25** beim Durststillen an einer Pfütze.

Der lichte Birkenwald gestattet Trollblume und Sumpfstorchschnabel die Existenz, ein feuchter Standort (unten). Die Gemeine Akelei, Bewohnerin im Waldunterwuchs (rechts).

Vorausgesetzt der Standort stimmt, lassen sich so mit neuem Unterwuchs sehr ermutigende Erfolge erzielen. Die Wildstauden werden als Zwiebeln gesteckt, als Jungpflanzen eingebracht oder eingesät. Doch die Erwartungen sollten nicht zu hoch gesteckt sein; jeder Waldtyp besitzt seinen angepaßten Unterwuchs. Anders gesagt: Im Einzelfall kann dies beispielsweise heißen, daß wir uns an den jahreszeitlichen Rhythmus anzupassen haben. Der Buchenwald ist nun einmal ein typischer Standort für Frühblüher, im Spätsommer gibt es dort deutlich weniger Blumenflor. Unter Umständen können wir bestimmte Standorte aber trotzdem mit Arten anreichern. So lassen sich im lichten Wald durch Bepflanzung mit kleineren heimischen Bäumen und Sträuchern gezielt sehr schattige Stellen schaffen, andererseits aber auch ein dunkler Fichtengarten durch Auslichten wieder mit sonnigeren Abschnitten versehen. Mit der Zeit können so auch fremdländische Arten gegen heimische Gehölze ausgetauscht werden. Zur Aufwertung bestehender Baumgärten gehört ferner die Ansiedlung typischer Schling- und Kletterpflanzen, von Jelängerjelieber, Gemeinem Hopfen und Efeu bis zur Waldrebe.

Zweiter Fall, der neue Garten. Hier mögen uns zwar anfangs beim Planen nicht so die Hände gebunden sein, allerdings wird es dafür länger dauern, bis wir das ersehnte Spiel von Licht und Schatten, den Wechsel von Feucht und Trocken erleben dürfen. Doch solche optisch und ökologisch attraktiven Wuchsstellen lassen sich auch langfristig vorplanen. Da junge Waldbäume und Sträucher jedoch über viele Jahre nicht die erstrebten Wirkungen erzielen, lohnt sich ein Zwischenstadium. Auf den noch lichten Flächen lassen sich mit ziemlichem Erfolg Pionierarten ansiedeln. Hier können auch typische Pflanzen von Feucht- und Trockenstandorten jahrelang wachsen, ehe sie an den Gehölzrand, in die Saumvegetation, gedrängt werden.

Bei Neuanlagen wird oft die Größe des Grundstückes erheblich überschätzt. So bringt man zu viele und – für kleine Gärten – auch viel zu hohe Baumarten ein. Nicht vergessen: Die kleine Rotbuche überspannt einmal 400 Quadratmeter Land, die Durchschnittsgartengröße heutzutage. Von daher wäre weniger oft billiger.

Baum- und Waldgarten

Blumenteppiche unter Bäumen

Während andere Wildgärtner in der Sonne braten, sitzen Sie im Schatten. Welch ein Glück! Der Waldgarten, das Leben unter Bäumen bietet viele Freuden. Und zwar nicht nur im Hochsommer, wenn jedermann die Kühle, die Frische sucht. Der Spaziergang in jeden Wald zeigt, daß auch dort Unterwuchs vorhanden ist. Wobei die Grundvoraussetzung natürlich ein minimaler Lichteinfall ist. Nur im tiefen, stockdusteren Fichtenforst wächst so gut wie nichts. Alle anderen Baumarten und Waldformen hingegen setzen farbige Akzente. Wenn das bei Ihnen nicht der Fall sein sollte, dann hat Ihr Waldgarten entweder zu wenig Licht oder es fehlt die richtige Begleitflora. Über den natürlichen Baumbewuchs erhalten sie wichtige Hinweise auf die Bodenart. So kann man das passende Artenspektrum mit ziemlicher Wahrscheinlichkeit finden. Der Boden bestimmt nämlich im großen und ganzen den Baumbewuchs. Auf kalkhaltigen Böden wachsen gern Buchen, Eichen vertragen es feuchter und saurer, Erlen und Weiden lieben die Staunässe, Kiefern den armen, oft sauren Sandboden, Fichten wachsen noch auf trockenem, felsigem Untergrund.

Die meisten Wildstauden in der Tabelle können Sie im Fachhandel erwerben, als Jungpflanze, als Zwiebel, als Sämerei. Mit etwas Geduld klappt dann die Ansiedlung. Und warum sollte Ihnen das Glück nicht hold sein?

Sie befinden sich auf dem Holzweg

Wer befindet sich schon gern auf dem Holzweg? Doch – Spaß beiseite – ein Weg aus kurzgeschnittenen Baumstämmen bringt schon ein ungewöhnliches Laufgefühl und harmonisiert gleichzeitig mit einem Waldgarten. Und so kommen Sie zum Rundholzweg: Eine 20-Zentimeter-Lage aus Schotter, Frostschutzkies oder Bruchsteinen wird mit der Rüttelplatte gut verdichtet. Darauf folgen etwa 5 cm grober Splitt (3/5 mm), worin dann die etwa 25 cm langen Holzrundlinge verlegt werden. Am besten eignet sich hierfür Hartholz wie Buche oder Robinie, weichere Holzarten halten nicht so lange. Verfugt wird beispielsweise mit sehr feinem Brechsand (0/2 mm). Die Außenkante stabilisiert man mit etwas Beton oder mit längeren Rundlingen (ca. 50 cm), die seitlich in ein Schotterbeet eingraben werden. In ähnlicher Weise läßt sich auch ein Holzbohlenweg verlegen, nur daß hier die Rundlinge so breit wie der Weg sein müssen. Alternativ dazu eignen sich auch Kanthölzer. Rundholzweg und Holzbohlenweg halten mindestens zehn Jahre, bei fachgerechter Verlegung auch doppelt so lange. Übrigens lassen sich hiermit auch sehr schön Treppen bauen (siehe Seite 104/105). Ein Rindenmulchweg ist noch billiger und schneller herzustellen. Hier wird auf den verdichteten Schotter oder direkt auf den Erdboden eine ca. 30 cm dicke Schicht aus gehäckselten Rindenschnitzeln aufgebracht. Der Rand kann mit eingegrabenen Rundlingen eingefaßt werden. Der Mulchweg hält nur einige Jahre, dann muß er erneuert werden. Alternativ dazu kann man jährlich eine dünne Lage frisches Material aufstreuen.

Unterwuchs

Der Hohle Lerchensporn sproßt in Eichen-, Hainbuchen- oder Buchenwäldern auf kalkreichem Humus (oben). Die Türkenbundlilie liebt frische und nährstoffreiche Plätze (unten) auf kalkhaltigem Grund.

Unterwuchs im Waldgarten

Sie haben das Glück von mächtigen, ehrfurchterregenden, wunderschönen und uralten Bäume auf dem Grundstück. Und Sie haben das Pech, daß darunter einfach nichts wachsen will, jedenfalls nicht das, was Sie wollen. Doch vielleicht haben sie nur nicht den richtigen standortgemäßen Unterwuchs ausprobiert. Hier der Versuch einer Zuordnung für lichte oder halbschattige Stellen. Die Angaben variieren von trocken bis naß und sauer bis alkalisch und kalkreich. Sie sind für die genannten Arten nur als Optimalstandort anzusehen. Die Natur legt sich nicht so fest, die Pflanzen gedeihen teilweise auch unter anderen Bedingungen.

Standort	sauer	neutral
trocken bis frisch	Echte Goldrute Bergplatterbse Salbeigamander Europäischer Siebenstern Waldehrenpreis Schirmhabichtskraut	Pfirschblättrige Glockenblume Waldlabkraut Salomonsiegel Nickendes Leimkraut Immenblatt Buschwindröschen Mandelblättrige Wolfsmilch Waldmeister Waldhabichtskraut Erdbeerfingerkraut Große Sternmiere Waldveilchen
	alkalisch	**kalkreich**
	Haselwurz Nesselblättrige Glockenblume Echte Nelkenwurz Leberblümchen Frühlingsplatterbse Türkenbundlilie Vielblütige Weißwurz Hohe Schlüsselblume Lungenkraut Sanikel Immergrün	Diptam Blutstorchschnabel Hirschwurzhaarstrang Rauhes Veilchen Schwalbenwurz Echte Schlüsselblume Stinkende Nieswurz
feucht	sauer	neutral
	Adlerfarn Pfeifengras Glockenheide Aufrechtes Fingerkraut Gemeiner Hohlzahn	Kriechender Günsel Ruprechtsstorchschnabel Gundelrebe Waldgilbweiderich Braunwurz Gefleckte Taubnessel Rote Nachtnelke
	alkalisch	**kalkreich**
	Gefleckter Aronstab Scheidengelbstern Scharbockskraut Zweiblättriger Blaustern Waldziest Große Sterndolde Milzkraut Weiße Pestwurz	Bärlauch Gelbes Windröschen Hohler Lerchensporn Gemeiner Gelbstern Märzbecher
nass	sauer	neutral
	Scheidiges Wollgras Sumpffingerkraut Wiesenschaumkraut Sumpfkratzdistel Echtes Mädesüß Gilbweiderich Blutweiderich Sumpfbaldrian	
	alkalisch	
	Kohlkratzdistel Sumpfpippau Bachnelkenwurz Beinwell Gemeiner Baldrian Sumpfdotterblume Sumpflabkraut	

Baum- und Waldgarten

Nichtstun erlaubt

Einmal ausgewachsen, macht der Baumgarten keine Arbeit mehr. Natürlich können wir hie und da eingreifen, absolut notwendig ist dies aber nicht. Wenn Sie sich schon immer ein pflegeleichtes Wildgartenelement wünschten, dann werden Sie es im Waldgarten finden! Der Garten voller hoher Bäume, das erspart einfach Arbeit. Es ist keine Wiese zu mähen und kein Teich zu füllen. Es ist auch kein Unkraut vom Wildblumenbeet zu zupfen.

Daß Sie kein Laub rechen, setzen wir hier einmal voraus. Auch wenn es manchem gegen das von Generationen von Ziergärtnern eingetrichterte ästhetische Empfinden gehen mag, gewöhnen wir uns daran: Laub gehört natürlicherweise auf den Boden. Es liefert Nährstoffnachschub für den Baumwuchs. Es versorgt Heerscharen von Kleinstlebewesen mit Futter und größere tierische Gartenbewohner auch. Und, darauf kommt es uns ja hier an, die Mulchschicht bildet den geeigneten Boden für den Unterwuchs. Leberblümchen und Buschwindröschen gedeihen nie auf kahlgehacktem und abgerechtem Boden. Sie benötigen das Buchenlaub als Schutz. Falls wir das Erbe eines klinisch rein gerechten Gartens antreten, kann es sogar nützlich sein, zusätzlich Laub in den Garten zu karren: zum Aufbau der standortgemäßen Walderde. Bitten Sie ihre immer noch Laub rechenden Waldnachbarn darum. Es dürfte ihnen wahrscheinlich ein Vergnügen sein.

Eine Bodenverbesserung ist außer mit Laub mit Rinden- und Laubkompost, gehäckselten Holzabfällen oder Kompost selbst praktikabel. Nährstoffe dürfen sein. Sie schaden im Waldgarten weniger als anderswo. Auch den anderen natürlichen Abfall von Bäumen und Sträuchern können wir eigentlich vor Ort liegen lassen oder – um unserem Ordnungsbedürfnis ein bißchen entgegenzukommen – daraus einen Totholzhaufen errichten (siehe Seite 120/121). Hierauf kommt auch der Abfall von

Bäumen und Sträuchern nach dem Pflegeschnitt (siehe Seite 122/123). Er vermodert zu wertvoller Walderde.

Falls wir allerdings mit dem Unterwuchs unzufrieden sind, wird das Schweiß kosten. So können wir starkwüchsige Arten wie Giersch, Brennesseln, Springkraut durch Jäten unterdrücken, um andere dadurch zu fördern. Auf geeigneten Standorte lassen sich auch zusätzliche Arten einbringen. Wir stecken Blumenzwiebeln von Maiglöckchen, Schneeglöckchen, Bärlauch oder Märzenbecher oder pflanzen Frühlingsplatterbse oder Stinkende Nieswurz. Entscheiden wir uns für die billigere Ansaat, geschieht dies am erfolgreichsten auf einem extra Beet außerhalb, eventuell sogar mit Schneckenzaun. Ansonsten könnten die Schnecken gierig über die Keimpflanzen herfallen und die zarten Sprosse vernichten.

Bei Neupflanzungen von Wildstauden in alten Gärten ist wichtig, die Flächen groß genug anzulegen. Eine oder zwei Exemplare werden im bestehenden

Zu den Frühblühern im Kalkbuchenwald gehören Buschwindröschen (links) und Leberblümchen (rechts). Sie nutzen die lichte Zeit vor dem Laubaustrieb der Bäume.

kräftigen Unterwuchs untergehen. Minimal sollten Sie 20 Stück von einer Art dicht an dicht pflanzen (Abstand: 10–20 cm). Je mehr Quadratmeter so in Beschlag genommen werden, um so günstiger sind die Startbedingungen. Zwischendurch mit Laub mulchen.

Waldarten zu pflanzen macht allerdings nur dann Sinn, wenn der Standort schon so weit ist. Diesbezüglich ergibt sich gerade bei Neuanlagen das größte Problem. Für schattensuchende Wildstauden reicht der Baumwuchs die ersten Jahre noch nicht aus. Hier behilft man sich mit Arten, die auch im Halbschatten beziehungsweise auf sonnigen Waldlichtungen wachsen, oder Sie wechseln phasenweise gleich zur wärme- und sonneliebenden Saum- und Waldrandflora über.

130

Pflege

Ökologisch ratsam ist ferner die Impfung einer Neuanlage oder eines naturfernen Altbestandes mit natürlichem Waldboden. Hierzu bringen Sie etliche Eimer der oberen Bodenschicht von einem vergleichbaren Standort ein. Automatisch kommt so auch die passende Bodenfauna mit. Auch werden Sie sich wundern, wieviele Samen ungewollt miteingeschleppt wurden von Arten, die Sie bislang nie zu Gesicht bekamen. Doch auch dies liegt im Sinn der Sache.

Wenn der Standort paßt, werden die Arten sich bald bei Ihnen wie zuhause fühlen.

Kommen wir zum Anfang zurück: Dies alles können Sie tun. Sie können es aber auch lassen. Denn auch ohne menschliche Einwirkung wird sich ein Baumgarten entwickeln, wird Unterwuchs keimen, mit den Jahren neuer einwandern und alter verschwinden. So wird sich zeitlebens das Ökosystem Waldgarten zu einem stabilen Zustand hinbewegen Dem dürfen wir mit Muße und Bewunderung ein Leben lang zuschauen. Der Waldgarten ist ein Projekt für das ganze Leben.

Maienpracht: Eine bunte Unterpflanzung mit Rotem Leimkraut, Bärlauch, Salomonsiegel und anderen Waldstauden.

Kletter-
pflanzengarten

Städte, Häuser, Mauern, Gärten können viel lebendiger werden mit Kletterpflanzen. Das hochrankende Grün paßt an Hausmauern, Garagen, Brandschutzwände. Es umschlingt Zäune, umrahmt Balkone, hängt von Dächern herab oder läßt die Pergola unter einem dichten Blätterpelz verschwinden. Vor allem aber sind all die Schlinger, Ranker und Kletterer außerordentlich nützliche Zeitgenossen. Hausgrün schützt die Wände vor klimatischen Extremen, es kühlt im Sommer und wärmt im Winter. Der grüne Pelz bildet dazu eine in der Stadt rare Futterquelle für Insekten, bietet Vogelverstecke und Niststatt. Anders ausgedrückt: Es gibt reichlich Argumente für den Kletterpflanzengarten und kaum eines dagegen.

Der vielen Möglichkeiten vier: Zaun, Haus, Garage und Pergola, alles im Pflanzengrün.

Kletterpflanzengarten

Mut zu grünen Wänden

Die Grundvorausetzung bringt jeder mit: Er wohnt und arbeitet in einem Haus. Häuser aber lassen sich begrünen. Einerlei ob aus Stein oder Holz, ob nur eine Wand, alle Außenmauern oder der Innenhof, ob allein der Balkon und zusätzlich das Dach mit einbezogen werden können oder ob es nur ein vor's Fenster gehängter Blumenkasten sein darf – überall wären Möglichkeiten zur Gebäudebegrünung.

Die Lage spielt dabei eine untergeordnete Rolle. Denn grundsätzlich läßt sich für alle Himmelsrichtungen, für sonnige, schattige, feuchte oder trockene Standorte ein Grünkleid anpassen. Die Auswahl der Kletterer, Schlinger und Ranker ist groß genug, um sämtliche Bedürfnisse zu stillen. Wo ein Wille ist, findet sich auch eine Grünlösung.

Viel wichtiger ist es zunächst einmal, sich darüber klar zu werden, welcher Standort überhaupt begrünt werden soll. Das nämlich hat Einfluß auf die Artenauswahl. Ist es die südseitige Hauswand, greifen wir vielleicht zum Wilden Wein oder ziehen ein Spalier mit Rieslingreben oder Aprikosen hoch. Im Sommer spendet uns dies Fassadengrün Schatten, im Winter wärmt die Sonne dennoch die Hauswand. Anders auf kalten, windigen Nordseiten. Hier passen am besten Immergrüne wie der Efeu, dessen dichter Pelz die Hauswand isoliert und vor der Witterung schützt. Während an mehrgeschossigen Wänden schnellwüchsige und hochkletternde Arten wie Wein, Efeu, Hopfen, Knöterich oder Gemeine Waldrebe erwünscht sind, steht an Garagen oder in Hausecken oft weniger Raum zur Verfügung. Hier sollten wir unter Umständen auf kleinere und schwachwüchsige Arten zurückgreifen – Zuchtwaldreben und Jelängerjelieber nur als Beispiel. Wieder andere Verhältnisse bietet ein Zaun, der ja am günstigsten dicht und auf lange Strecken bewachsen sein soll.

134

Planung

An der Blüte des Bittersüßen Nachtschattens **1** saugt der Efeubläuling **2**, darüber ruht die Große Schwebfliege **3**. Im Schwirrflug trinkt der Hummelschwärmer **4** am Jelängerjelieber **5**, der C-Falter **6** an der Duftwicke **7**. Die Zauneidechse **8** hat mit dem Windenschwärmer **9** einen fetten Fang gemacht. An der Zaunwinde **10** raspelt, ebenfalls unbemerkt, noch die Windenschwärmerraupe **11**. Am Jelängerjelieber **5** frißt der Nachwuchs des Hummelschwärmers **4**. Die Gemeine Goldschwebfliege **12** tupft am Kletterstrauch Pollen. Himmelblaue und purpurne Blüten präsentiert die Prunkwinde **13** am Gartenzaun, daneben windet sich die Rote Zaunrübe **14**. Ein Kernbeißer **15** sucht nach Beeren des immergrünen Efeus **16** an der Hauswand. Gut getarnt zwischen den Blättern die Raupe vom Efeubläuling **2**. Auch der Nachtschwalbenschwanz **17** ist gegen die weiße Fassade nur schwer auszumachen. In einem verlassenen, vorjährigen Zaunkönignest **18** hat sich ein Gartenhummelstaat **19** etabliert. Der Wilde Wein **20** versteckt den Mittleren Weinschwärmer **21** nur unvollständig. Die Pergola wird vom Gemeinen Hopfen **22** berankt, daran eierlegende Tagpfauenauge **23**. An der Trompetenblume **24** nascht ein weiterer Hummelschwärmer **4**. Dazwischen sausen Gelbfuß-Wiesenschwebfliegen **25**. Die hintere Hauswand ist begrünt mit Kletterrosen **26** und Blauregen **27**, darin flügge Zaunkönige **18**.

Hier bieten sich wieder die schnellwüchsigen Arten der Klettersträucher an oder einjährige Kletterkräuter.
Überhaupt ist es eine wichtige Vorüberlegung, von welcher Dauer unsere Begrünung sein muß. Ist sie langjährig geplant und wir wollen uns nicht jedes Jahr Arbeit mit Einsäen und Pflanzen machen, bevorzugt man am besten die mehrjährigen verholzenden Strauchgewächse. Haben wir sehr viel Zeit, werden wir hierzu sogar langsame Begrüner wie etwa den Blauregen oder Efeu verwenden. Soll es schneller zuwachsen, wären die wüchsigeren Arten angebracht. Bereitet uns gerade die Anzucht und Pflege große Freude, sind wir mit einjährigen Kletterkräutern gut beraten, die jedes Frühjahr neu in den Boden müssen. Der Hopfen ist als überwinternde Staude ein guter Kompromiß – er wird nur einmal gesetzt und treibt dann jedes Frühjahr frisch aus. Gerade mit dem bunten Kaleidoskop an Kletterstauden, denken wir an Trichterwinden, Zierkürbis oder Glockenrebe, lassen sich reizvolle Effekte erzielen. Sie eignen sich speziell für die Balkon- und Dachbegrünung aus dem Pflanztrog. Natürlich können wir auch einen Laubengang überwachsen lassen oder Bäume beranken.

Es lohnt sich ferner darüber nachzudenken, wie die Kletterpflanzen Wasser erhalten sollen. Am besten ist es, die Arten direkt in die Erde zu bringen und vom Regen versorgen zu lassen. Unter Umständen muß man hierzu auch etwas Abstand von der Mauer halten.

Zu Schäden durch Fassadenpflanzenwurzeln kommt es normalerweise nicht. Anders die Situation bei selbstkletternden Arten an sehr alten, rissigen Hauswänden. Sowie die Kletterpflanzen auf Feuchtigkeit und Erde in den Rissen stoßen, können sie eindringen und Erdwurzeln ausbilden. Dadurch sind spätere Mauerschäden möglich. Doch das dürfte eine absolute Ausnahme sein: Wer pflanzt schon vor eine brüchige Mauer Wilden Wein oder Efeu?

Eine alte Trompetenblume hat Besitz von der Südwand ergriffen. Zu Bauschäden kommt es deswegen nicht. Ganz im Gegenteil, der Grüne Pelz schützt. Und er nützt!

135

Kletterpflanzengarten

Schlinger, Ranker und Kletterer

Die Pfeifenwinde stammt aus Nordamerika, den Blauregen verdanken wir den Chinesen, der Dreiblättrige Wilde Wein ist japanischen Ursprungs. Diese und viele weitere Kletterpflanzen exotischer Herkunft eignen sich hervorragend zur Hausbegrünung. Wir weichen mit ihnen bewußt vom Prinzip ab, bei dem wir heimischen Spezies ansonsten den Vorzug geben. Doch – und dies ist auch der Grund für den gezielten Griff nach fernen Ländern – die heimische Pflanzenwelt bietet in diesem Fall leider nicht genügend Auswahl für die doch sehr unterschiedlichen Ansprüche und Bedürfnisse. Mit Gemeiner und Alpenwaldrebe, Jelängerjelieber, Waldgeißblatt und Gemeinem Hopfen oder Efeu steht uns gerade ein halbes Dutzend Wildstrauchsarten zur Verfügung. Auch bei den Kletterkräutern sieht es kaum besser aus, mit Bittersüßem Nachtschatten, Zaunwinde und Zaunrübe läßt sich lange nicht jeder Balkon begrünen. Und wenn, es wäre doch ein ziemlich monotones Bild.

Neben der Artenarmut der heimischen Flora bringt uns noch ein zweiter Umstand zum fremdländischen Mauergrün: an hiesigen Hauswänden, auf Sonnenterrassen herrschen um die Mittagszeit tropische Temperaturen. Doch gerade ein solches Kleinklima ist die Zierliche Kapuzinerkresse *(Tropaeolum peregrinum)* aus ihrer peruanischen Heimat gewöhnt, was sie zum Idealkandidaten für das mitteleuropäische Stadtklima macht. Der Bittersüße Nachtschatten, die Zaunwinde, als heimische Vertreter feuchter bis nasser Standorte, wären mit diesen Gegebenheiten hoffnungslos überfordert.

Nur eine Handvoll Arten kommen ohne Kletterhilfe aus. Die Wilden Weine bilden an Ranken Haftscheiben aus, mit denen sie die Wände emporklimmen. Hortensie und Efeu, Kletterspindel und Trompetenblume wiederum zählen zu den Wurzelkletterern, die mit Hilfe eigener Haftwurzeln Halt suchen. Doch auch diese Spezies sind für ein Gerüst dankbar, das sie ebenfalls zum Aufstieg nutzen. Der größte Teil der Arten fällt in die Kategorie der Ranker. Sie klettern mittels spezieller Rankorgane, die als Umbildungen von Blättern oder Sproßteilen das Gerüst umschließen. Beispiele hierzu sind etwa die Waldreben, Kürbisse oder Glockenrebe. Eine weitere große Gruppe umfaßt die Schlinger, die sich mit ganzen Stengeln oder Trieben spiralenförmig hocharbeiten. Das Gros gehört dabei zu den sogenannten Linkswindern (Pfeifenwinde, Baumwürger), während die Rechtswinder (Jelängerjelieber, Waldgeißblatt) seltener sind. Des weiteren existieren die Spreizklimmer. Sie spreizen sich mit Dornen, Ranken oder Zweigen in Bäume oder künstliche Gerüste und klettern so nach oben. Bekanntere Fälle sind Kletterbrombeere und Kletterrosen, weniger bekannt der Winterjasmin. Die arteigene Klettertechnik erfordert teilweise spezielle Kletterhilfen. Spreizklimmer bevorzugen Gerüste mit möglichst vielen waagerechten Sprossen. Schlingpflanzen sind für senkrechte Stäbe dankbar, erklettern aber auch jedes Spalier oder Gitter. Je mehr waagerechte Verstrebungen ein Gerüst auf-

Die Prunkwinde ist eine wahre Pracht. Die anfangs tiefroten Blüten des einjährigen Schlingers färben sich später lila und himmelblau um.

weist, um so besser der Halt. Für Rankpflanzen wiederum haben sich Netze, Gitter und Spaliere als ideal erwiesen. Bei starken mehrjährigen Pflanzen müssen die Gerüste sehr stabil sein, der Blauregen vermag sogar Dachrinnen einzuschnüren. Für die schwachwüchsigen mehrjährigen Kletterpflanzen (Hopfen) und alle einjährigen Vertreter reichen leichtere Bauweisen, zum Teil geben sie sich sogar mit einfachen Drähten und Schnüren zufrieden.

Meistens bewachsen Gebäude mit nur einer Fassadenpflanze. Dies kann auch sehr effektvoll wirken, ökologisch und optisch interessanter sind jedoch Mischbegrünungen. Sie bestehen aus 2–5 verschiedenen, miteinander verträglichen Arten, die ineinander und durcheinander wachsen. Jedoch sind nur im Wuchs gleichstarke Arten empfehlenswert. So lassen sich etwa Efeu mit Wildem Wein oder Alpenwaldrebe, ein Geißblatt und die Kapuzinerkresse schön kombinieren.

Schlinger, Ranker, Kletterer

Generell erweisen sich gerade die nicht so starkwüchsigen Kletterstauden als optimal für Mischbegrünungen geeignet. Pflanzt man einen schnellwüchsigen Selbstklimmer wie den Dreiblättrigen Wilden Wein mit einem langsamem Gerüstranker wie etwa der Trompetenblume zusammen, läßt sich oft sogar die technische Kletterhilfe einsparen. Die Trompetenblume windet sich zwischen dem Wein hoch, der die Hauswand bereits erobert hat. Der Knöterich hingegen ist so konkurrenzstark, daß er jede andere Art auf die Dauer unterdrücken würde. Er bleibt solo.

Kletterpflanzen ABC

Die Auswahl ist riesengroß, die Möglichkeiten sind dadurch zahllos. Praktisch alles läßt sich in irgendeiner Weise begrünen. Ein- oder mehrjährige Arten stehen zur Verfügung, mit oder ohne Klettergerüst erklimmen sie Wände, Balkongeländer oder Bäume. Manche benötigen die Sonne, andere wachsen auch im Schatten. Hier der Überblick.

Das heimische Waldgeißblatt bildet bis in drei Meter Höhe einen sehr dichten Vorhang aus Blättern und Blüten.

Pflanze / Pflanzenart	Hauswand ganz	Hauswand teilw.	Garage	Balkon	Pergola	Baum/Strauch	Zaun	sonnig	halb-	schattig	Kletterhilfe
einjährig											
Asarine		●	●	●	●	●		●			+
Bittersüßer Nachtschatten		●		●	●	●	●		●		+
Duftwicke		●	●	●	●		●	●			+
Explodiergurke	●	●	●		●	●	●	●			+
Feuerbohne	●	●	●	●	●		●	●	●		+
Flaschenkürbis	●	●	●		●	●		●			+
Glockenrebe		●	●	●	●		●	●			+
Haargurke		●	●	●	●		●	●			+
Kapuzinerkresse		●	●	●	●		●	●	●		+
Prunkwinde			●	●	●		●	●			+
Schönranke		●	●	●	●		●	●			+
Schwarzäugige Susanne			●	●	●		●	●			+
Sternwinde			●	●	●		●	●			+
Trichterwinde		●	●	●	●		●	●			+
Zaunrübe		●	●		●	●	●	●			+
Zaunwinde		●	●	●	●	●	●	●	●		+
Zierkürbis		●	●	●	●		●	●			+
mehrjährig											
Akebie	●	●		●	●	●	●	●	●		+
Alpenwaldrebe		●	●		●	●	●	●	●		+
Baumschlinge	●	●	●		●	●	●	●	●		+
Baumwürger	●	●	●		●	●	●	●	●		+
Blauregen	●	●	●		●	●	●	●			+
Echter Wein		●	●			●	●	●			+
Efeu	●		●			●			●	●	−
Geißblatt		●		●	●	●	●	●	●		+
Gemeine Waldrebe	●	●	●		●	●	●	●	●		+
Hopfen	●	●	●		●	●	●	●	●		+
Kiwi	●	●	●		●	●	●	●			+
Kletterbrombeere			●		●	●	●	●		●	+
Kletterhortensie	●	●	●		●	●		●	●	●	+−
Kletterrose		●	●		●	●	●	●	●		+
Kletterspindel		●	●	●	●		●	●			+
Knöterich	●				●	●	●	●	●	●	+
Kokkelstrauch		●	●		●	●		●	●		+
Passionsblume		●	●	●	●		●	●			+
Pfeifenwinde	●	●	●		●	●	●	●	●		+
Scheinrebe		●	●		●			●	●		+
Spaltkörbchen		●	●		●			●	●		+
Trompetenblume	●	●	●		●		●	●			+
Wilder Wein	●					●		●	●		−
Winterjasmin		●	●	●				●	●		+
Zuchtwaldreben			●	●	●		●	●			+

Kletterpflanzengarten

Obhut zahlt sich aus

Fassadengrün kann völlig unproblematisch, aber auch ausgesprochen pflegebedürftig sein. Das hängt davon ab, welche Arten wir wo gepflanzt haben.

Der unproblematische Fall zuerst: der Wilde Wein (alternativ: der Efeu) wurde irgendwann in die Erde an der Hauswand gesetzt. Er wächst und gedeiht ohne unser Zutun.

Nun der problematischere Fall: Die Zierliche Kapuzinerkresse läßt schon nach einem Augusttag im Blumenkasten die Blütenköpfchen hängen.

Kurzum: Es kommt ganz auf den Standort und die Kletterpflanzenart an, wieviel Arbeit das Hausgrün bereitet.

Grundsätzlich sollten wir versuchen, den Pflegeaufwand zu minimieren. Dies geschieht schon durch eine geschickte Pflanzung. Möglichst in natürlichen Boden gehen und in den Regen. Unter Umständen kann dies heißen, einen halben Meter von der Hauswand abzurücken und die Distanz für die Pflanzen mit einer Holzlatte, Schnur oder Draht zu überbrücken, an dem die Triebe zur Wand geleitet werden. Einmal dort angelangt, kann diese Kletterhilfe wieder entfernt werden. Bei einer solchen Konstruktion gerät man auch seltener in Gefahr, die Jungpflanzen versehentlich abzumähen oder zu zertreten.

Wer in einem Kübel, Topf oder Blumenkasten etwas sprießen lassen will, sollte beherzigen, daß das größere Gefäß immer das bessere ist. Es hält länger Feuchtigkeit, besitzt ein ausgewogeneres Bodenleben und einen höheren Düngervorrat. Faustregel: bei einjährigen Arten sollten es zwischen 15–30 Zentimeter Erde sein, bei mehrjährigen Arten ist eine Bodentiefe von 30–60 Zentimeter angebracht. Ebenso möglichst großzügig sollten wir bei Pflanzen verfahren, die direkt in das Pflaster oder an Hauswände ohne Erdkontakt gesetzt werden. Bei mehrjährigen Kletterpflanzen, die hochwachsen sollen (Wein, Efeu) empfiehlt sich hier eine Schachttiefe zwischen 80–100 cm und eine Mindestbreite von 30 cm. Doch größer heißt auch hier besser: Gegen einen Kubikmeter Erde hätten die Pflanzen gewiß nichts einzuwenden.

Unabsichtliche Beschädigungen vermeiden hilft ein Schutzgitter, es hält Fußgänger in gebürendem Abstand. Auch eine mindestens 20 cm hohe Umrandung (Holzbohlen, Ziegel, Natur-

Die Zierliche Kapuzinerkresse, hier am Bambusrankgerüst, muß jedes Jahr neu ausgesät werden (oben). Der Dreiblättrige Wilde Wein überzieht als dauerhafte Fassadenpflanze ganze Häuserfronten mit dichtem Grün (rechts).

steine) ist von Vorteil, vergrößert sie doch das Erdvolumen und verhindert Abschwemmungen und hält den Bürgersteig sauber.

Eine Mulchschicht um den Wurzelfuß tut (fast) jeder Pflanze gut. Sie bewahrt die Feuchtigkeit und fördert das Bodenleben. Sie sollte immer dann erneuert werden, sobald sie verbraucht ist.

Zum A und O jeder Pflanzung in Gefäßen, Kästen und Töpfen gehört regelmäßiges Gießen. Der Boden ist ausreichend feucht zu halten. Damit es hier jedoch nicht zur schädlichen Staunässe kommt, sollten alle überirdischen Pflanzgefäße über einen kontrollierten Wasserablauf verfügen. Bei kleinen

Pflege

Töpfen wäre dies die klassische Tonscherbe über dem Abflußloch, größere Gefäße kann man unten mit einer Filterlage und Drainschicht mit Überlauf versehen. Um das lästige Gießen zu reduzieren, bietet der Fachhandel inzwischen die verschiedensten Bewässerungssysteme an, die auch lange (Urlaubs)Zeiten einwandfrei funktionieren.

Nicht vergessen dürfen wir bei Kletterpflanzen die Düngung. Da oft nur wenig Raum zur Verfügung steht, sind die Nährstoffvorräte schnell erschöpft. Dies trifft insbesondere für mehrjährige Arten zu. Ein altbewährtes Düngemittel bildet etwa der Gartenkompost. Geeignet sind des weiteren aber auch organische Handelsdünger mit Langzeitwirkung, die in den Boden schon beim Pflanzen eingemischt werden können. Hornspäne halten hierbei länger vor als Hornmehl. Auch Kombinationspräparate sind zu empfehlen. Je nach Pflanzenbedürfnissen können außerdem auch Steinmehle zum Einsatz kommen. Gedüngt wird normalerweise im Frühjahr vor Wachstumsbeginn.

Die oft exotische Herkunft der Kletterpflanzen birgt noch ein spezielles Problem: das des Frostschutzes. Viele Mehrjährige sind nur bedingt winterhart und frieren bei den hiesigen oft strengen Frösten leicht zurück. Abhilfe schafft mancherorts bereits ein ausreichender Wurzelschutz. Durch Anhäufeln mit einer 20–30 cm hohen Erdschicht, Überdecken mit Stroh, Rindenmulch oder Reisig läßt sich das Schlimmste verhindern. Bei einigen Arten, etwa dem Blauregen, sind solche Schutzmaßnahmen sowieso nur in jungen Jahren angebracht. Ältere Pflanzen überstehen auch Tiefsttemperaturen unbeschadet. Im Zweifelsfall greift man auf weniger empfindliche Arten zurück oder wählt besonders geschützte Standorte direkt auf der Südseite des Hauses. Die Einjährigen sind generell frostempfindlich und dürfen erst nach den Eisheiligen Mitte Mai ins Freie.

Als letztes sei noch Anbinden sowie der Schnitt von Kletterpflanzen erwähnt. Er betrifft allerdings nur einen Bruchteil der Arten. Mit Schnüren oder Draht müssen wir diejenigen Pflanzen befestigen, die nicht von allein halten oder anfangs gerne losreißen (Kletterhortensie, Fünfblättiger Wein, Efeu, Rosen, Brombeeren, Winterjasmin). Kletterrosen werden wie andere Rosen von Zeit zu Zeit durch Rückschnitt verjüngt, bei Kiwis, Brombeeren und Weintrauben ist der Pflegeschnitt für einen ordentlichen Fruchtansatz unabdingbar. Hier gelten die üblichen Regeln des Obstschnittes. Ansonsten darf man sich genüßlich zurücklegen und die Kletterpflanzen das tun lassen, was sie am liebsten machen: Wachsen, wachsen, wachsen. Auf daß alle unsere Gärten, Häuser und Städte ein hübsches Pflanzenkleid bekommen.

Dachgarten

Wildgärtner denken an die Natur in allen Etagen. Dies gilt sogar für das Dach. Wie leicht kann auf Haus, Windfang, Garage oder Schuppen Grünes wachsen. Das kommt oft nicht teurer als ein Ziegeldach oder die häßliche Abdeckung mit Bitumen. Das natürliche Vorbild grüner Dächer bilden dabei Naturlebensräume wie Magerrasen, Trockenwiesen, Steinmauern und Felsen. Doch gerade solche Standorte fallen in freier Landschaft der Rationalisierung zum Opfer oder sie sterben den Tod durch Überdüngung. Um so wichtiger ist die Naturschutz-Aufgabe der Dachgärtner. Sie kultivieren hoch über Menschenköpfen ein uraltes Naturerbe, das in Eigenart und Anmut seinesgleichen sucht.

Ein naturnahes Trockenrasenbiotop auf dem Flachdach ist keine Zauberei, sondern Beweis für ökologisches Verständnis.

Dachgarten

Geschenk an den Himmel

Die Frage heißt nicht, warum so wenige Gründächer gebaut werden. Sie heißt: Wieso werden nicht alle Dächer begrünt? Aus ökologischen und auch ökonomischen Gründen wäre dies sinnvoll. Die Argumente sprechen für sich: Gründächer speichern Regenwasser, befeuchten die Stadtluft. Sie dienen der Schalldämmung, können bei Hitze kühlen und vor Kälte schützen. Sie werten die Wohnqualität auf und bieten Tieren und Pflanzen Lebensraum. Sie sind unwesentlich teurer als das herkömmliche Ziegeldach, verursachen aber nach 20 Lebensjahren noch keine Reparaturkosten. Und schließlich geben sie das Stück überbaute Fläche wieder an die Erde zurück.

Wie ein Hausdach zu begrünen ist, hängt zunächst einmal von der Bauweise ab. Am einfachsten funktioniert dies bei Flachdächern, wie sie etwa für Hochhäuser oder Garagen typisch sind. Rund 120 000 Hektar Flachdachfläche liegen in Deutschland bislang noch brach. Ein flaches Gründach dichtet sogar erheblich besser ab als die übliche Bitumenschicht mit Kiesauflage. Ein Grund also, bei der nächsten Sanierung auf Dachgrün umzusteigen. Obwohl die Statik dafür in der Regel ausgelegt sein sollte, ist es besser, wenn Sie vorher den Architekten oder Zimmermann fragen. Etwas anders ist die Situation bei Steildächern. Bis zu einem Neigungswinkel von 20 Grad ist die Begrünung problemlos möglich. Zwischen 20–30 Grad sind gegen Erdrutschungen Schubsicherungen aus Holzbalken notwendig. Die gleiche Funktion erfüllen die sogenannten Krallmatten (Fadengeflechte oder Strukturvliese. Bei einer Dachneigung zwischen 30–45 Grad sind diese Schutzmaßnahmen zu verstärken, für noch steilere Dächer ist von einer Begrünung abzuraten.

Die Schichtdicke hängt von zwei Faktoren ab: Von den statischen Rahmenbe-

Planung

Auf dem Flachdach wächst Ruprechtskraut **1**. Ein Erzgrüner Schnellläufer **2** überwältigt gerade eine Raupe des Wolfsmilchschwärmers **3** auf der Gelbgrünen Zypressenwolfsmilch **4**. Auf dem Weißen Mauerpfeffer **5** packt eine Krabbenspinne **6** die Honigbiene **7**. Spinnwebenhauswurz **8** als Futterpflanze für die Apollofalterraupe **9**. Unter Echter Hauswurz **10** eilt ein Erzfarbener Kamelläufer **11** durch. Weiter hinten blühen Grasschwertlilien **12**, Sonnenröschen **13**, Alpenmohn **14** und Garganoglockenblume **15**. Neben der Golddistel **16** wächst eine Taubenskabiose **17**, auf der sich gerade ein Apollofalter **9** niedergelassen hat. Eine Grabwespe **18** legt in dem sandigen Boden ihr Brutnest an. Scharfer Mauerpfeffer **19** und Septembersedum **20** wuchern flächendeckend. Mehlige Königskerze **21** und Sarmatische Glockenblume **22**. Oben wachsen Färberkamille **23**, Zwergmandel **24**, Kopflauch **25**, Sandginster **26**, Bergaster **27**, Hängepolsterglockenblume **28**. Ein Star **29** landet just zum Insektenfang.

dingungen sowie der geplanten Pflegeintensität. Bei Altbauten erlaubt die Statik oft nur eine dünne extensive Begrünung. Sie erfordern bei Konstruktion und Wartung einen Minimalaufwand: Die Vegetationschicht variiert zwischen 2 und 8 cm, das Gewicht bleibt gering. So wiegt eine 4 cm starke Erdmischung zwischen 50 und 60 kg. Entsprechend wachsen hier nur sehr anspruchslose, niedrige Pflanzen, wie sie auf extremen Trockenstandorten vorkommen.

Anders bei der intensiven Begrünung. Sie bedingt einen vielschichtigeren Dachaufbau und eine insgesamt größere Substratmenge. Die Vegetationsschicht mißt meist zwischen 8 und 15 cm, kann aber bei geeigneter Statik auch 90 cm betragen. Das Gewicht liegt wesentlich höher. So bringt ein 10 cm dickes Erdgemisch ungefähr 180 kg auf die Waage. Auch die Flora sprießt nun kräftiger – es sind echte Grasdächer, auf denen höhere Wildstauden, Strauchwuchs und sogar Bäume gedeihen können. Bei einer 10 cm dicken Vegetationsmatte kann bereits ein typischer Trockenrasen von ungefähr 30 cm Höhe wachsen. Grasdächer benötigen mindestens 15 cm Erdgemisch, anspruchsvolle Kleingehölze eine Schichtdicke von 20 cm. Ökologisch wünschenswert und ökonomisch vertretbar wären Gründächer mit einer maximal 15 cm starken Wachstumsschicht. Sie sollten möglichst ohne Bewässerung und mit wenig Pflege auskommen. Bei einem Neubau ergibt sich der große Vorteil, daß man die Traglast des Dachstuhls gleich für diese Erfordernisse berechnen kann und keine herkömmliche Dachdichtung benötigt.

Apropos Kosten: Da eine Vielzahl von Begrünungssystemen miteinander konkurriert, können hier nur Näherungswerte angegeben werden. Für die Extensivbegrünung eines Garagenflachbaus mit 4 cm Substratschicht muß man Ausgaben von mindestens 30–50 Mark pro Quadratmeter einkalkulieren, bei einem Hausdach mit 10 cm Erdgemisch sind wenigstens 40 bis 80 Mark für einen Quadratmeter zu veranschlagen. Bei dickeren Schichten schnellt der Preis in die Höhe, auf bis zu 200 Mark pro Quadratmeter. Auch die Kosten für die Gründachflora können erheblich schwanken. Ein fix und fertiger Rollrasen oder eine komplette Vegetationsmatte mit Trockenpflanzen schlagen naturgemäß stärker zu Buch als eine Packung Dachgartensämereien.

Intensive Begrünung mit Trockengräsern und Wildstauden auf einem Steildach (links).
Extensive Begrünung mit Mauerpfeffer, Fetthenne und Dachwurz auf einem Flachdach (rechts).

Dachgarten

Das Revier von Mauerpfeffer und Zwergmandel

Schon der Laie kann kleine Dachflächen in Eigenregie begrünen. Mit etwas Handwerkertalent sind kleine Dächer und Garagen in duftige Oasen zu verzaubern. An einem Tag läßt sich so ein tristes Garagendeck in einen bald blühenden Blumenteppich verwandeln. Besonders leicht fällt die Begrünung von bereits bestehenden Flachbauten, da hierfür fertige Begrünungssysteme im Handel sind. Für größere Projekte lohnt die Hilfestellung der Fachbranche. Bei Neubauten bietet der Markt etliche Grünvarianten für unterschiedliche Dachtypen mit verschiedenen Substratmischungen und Stärken feil – eine für Laien auf den ersten Blick verwirrende Vielfalt.

Beginnen wir mit dem kleinsten gemeinsamen Nenner, der stabilen, belastbaren und vor allem langlebigen künstlichen Abdichtung. Es gibt sie aus zwei Materialien, als 1 oder 1,2 mm starke PVC-Folie und 1,3 mm oder 1,5 mm dicke Kautschukfolie. Für größere Flächen greifen bestimmte Anbieter von Begrünungssystemen gern auf den natürlichen Kautschuk zurück. Andere arbeiten grundsätzlich nur mit PVC. Doch jedes Material hat seine Nach- und Vorteile (siehe Seite 80/81). Die Dachdichtungsfolie kommt beim unisolierten Kaltdach auf die Holz- oder Betondecke, beim isolierten Warmdach liegen darunter noch Wärmedämmschicht und die notwendige Dampfsperre. Als Vorsichtsmaßnahme zum Folienschutz raten einige Hersteller, unter und über die Abdichtung eine dünne Kunststoffmatte (Geovlies) auszubreiten.

Anschließend folgt eine gesonderte Wurzelschutzfolie, die inzwischen auch aus beständigem Polyethylen angeboten wird (1 mm Stärke genügt). Sie verhindert das Durchwachsen von Pflanzenwurzeln und verleiht – als Zweitabdichtung – zusätzliche Sicherheit. (Andere Systeme installieren die Isolierung über der Dachdichtungsbahn, wieder andere verzichten ganz auf eine spezielle Wurzelschutzfolie).

Nun wird die Dränschicht aufgebaut. Sie soll überschüssiges Wasser schnell ableiten. Für diesen Zweck sind 16 mm dicke Kunststoffgeflechte (Dränmatten aus Polyamid), Polystyrolkugeln oder Schaumstoff-Flocken, aber auch Schaumlava und Tongranulate im Handel. Teilweise wird sogar zur Drainage Kies oder Blähton verwendet. Bei Steildächern und Flachdächern sammelt man das abfließende Wasser mit einem Rohr und leitet es ab. Um eine Verstopfung durch Erdreich zu vermeiden, müssen Drainstoffe mit einer Filterschicht (Polyester-Spinnvlies) abgedeckt werden; eine Maßnahme, die sich bei kompletten Dränmatten erübrigt. Soweit der Aufbau eines Steildaches oder neugebauten Flachdachs.

Bei der nachträglichen Begrünung eines Altbauflachdaches, etwa einer Garage, bleibt der Aufwand geringer. Hier muß bereits eine wasserdichte Abdichtung vorhanden sein, so daß wir auf die teure Dachdichtungsfolie verzichten können. Im Regelfall reicht zur Abdichtung die Wurzelschutzbahn allein aus. Der wei-

Der anmutige Natternkopf, ein Trockenrasenbewohner, benötigt auf Dächern eine mindestens fünf Zentimeter dicke Vegetationsschicht.

Intensive Flachdachbegrünung mit 10 cm dicker Vegetationsschicht (links) und extensive Variante mit 4 cm Erdmischung (rechts).

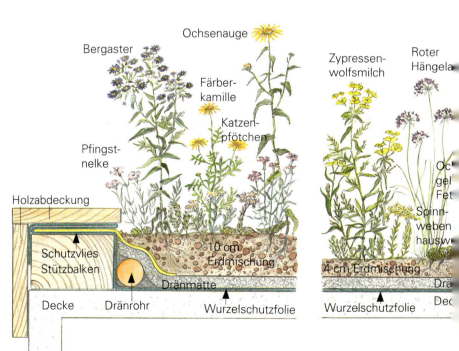

144

Begrünungselemente

tere Aufbau entspricht dem Neubau: Drainschicht und Substratmischung.
So viele Hersteller es gibt, so unterschiedlich leider auch die angebotenen Substratmischungen. Sie bestehen aus Erdanteilen, Lava, Schlacke, Tongranulaten, Ton, Ziegelsplitt und – neuerdings – Recyclingmaterial aus ehemaligem Bauschutt (Recyclit). Welcher Stoff auch immer zum Einsatz kommt, das Grundprinzip liegt darin, daß er das Gewicht vermindern und gleichzeitig große Wassermengen speichern kann. Für Extensivbegrünungen läßt sich auch eine Mischung individuell herstellen: Blähton und einen mineralischen Unterboden, Lehm oder Ton im Verhältnis 1:1 mischen. Dieses Substrat kommt der typischen Dachflora sehr entgegen, weil es wenig Nährstoffe enthält, Überschußwasser schnell ableitet und ausreichend Wasser speichert.
Die Schichtdicke bestimmt schließlich auch die Pflanzenwahl. Wie bei den Kletterpflanzen (siehe Seite 136/137) weichen wir teilsweise auf nichtheimische Vertreter oder Zuchtformen aus, allerdings nur, wenn für die speziellen Zwecke nicht genügend Wildpflanzen zur Verfügung stehen. Flachdächer mit

2–4 cm Erdmischung sind das ideale Terrain für Moose und die große Gruppe der Mauerpfeffer und Dachwurze. Daneben gedeihen dort etwa Zypressenwolfsmilch, Reiherschnabel und Erdsegge. Selbst die Pflaumenduftiris oder den Kopflauch finden wir. Die Pflanzen solcher Standorte sind allesamt Überlebenskünstler, die sich an Extremtemperaturen und Trockenheit angepaßt haben.
Ab 5–7 cm Vegetationschicht in voller Sonne erweitert sich die Florenliste schon zugunsten höherer Stauden und Gräser: Thymian, Schafschwingel, Karthäusernelke, Katzenpfötchen, Färberkamille oder Ochsenauge sind nur Beispiele. Sogar mit Besonderheiten wie dem blaublütigem Natternkopf oder zitronengelben Sonnenröschen ist hier zu rechnen.

Karthäusernelke (links) und Bergaster (rechts) geben einen Eindruck von dem wieder, was ohne Dachbegrünung verlorenginge.

Verdoppeln wir die Substratschicht noch einmal auf 8–15 cm, blüht in sonniger Lage bereits die violette Nesselblättrige Glockenblume in Gesellschaft von blauer Bergaster, weißer Silberwurz, gelbem Hufeisenklee und der hellrosa Moschusmalve. Im Halbschatten oder Schatten dagegen gelangt eine andere Gruppe zur Geltung, etwa mit Gewöhnlicher Akelei, mit Kriechendem Günsel oder Pfennigkraut. Falls wir es wünschen, können wir im Dachgarten sogar Pflanzengemeinschaften natürlicher Standorte nachempfinden. Vorbild wären hierbei Trockenrasen und Felsbewohner.
Gehölze wachsen frühestens ab Substratdicken von 8 cm. Doch auch hier weist die Wildflora Mitteleuropas einiges Sehenswertes auf. Erinnern wir uns an die Zwergmandel, den Sandginster, den Niederliegenden Geißklee. Um im Wildgarten zu ebener Erde für solche Raritäten einen passenden Standort auszumachen, müssen wir lange suchen. Mit dem Dachgarten eröffnet sich die Chance dazu großflächig. Nutzen wir sie!

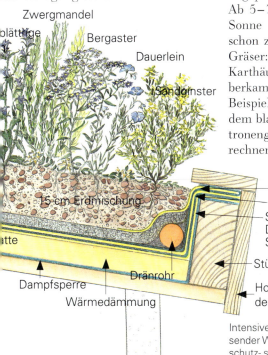

Intensive Steildachbegrünung mit 15 cm messender Wuchsschicht, Dränmatte, Wurzelschutz- sowie Dachdichtungsfolie.

Dachgarten

Extensiv bedeutet wenig Pflege

Der Glücksfall sieht so aus: Sie wissen, daß ein grün-buntes Dach Ihr Haus bedeckt, finden das auch wundervoll, aber – Sie kümmern sich nicht drum. Es wächst so, wie es wächst.

Das Gegenteil tritt bedauerlicherweise auch auf: Es handelt sich um Gärtner, die mit Gießkanne und Gartenschlauch bewaffnet Leitern erklimmen, um ziemlich verzweifelt dürre Grasstengelchen auf dem Dachgarten zu bewässern. Selbst mit Düngerstreuer und Rasenmäher wurden solche Kollegen schon über den Wohnungen angetroffen.

Es scheint, als wäre ihnen etwas zu Kopf gestiegen, denn es gibt wohl kein unpassenderes Vorhaben, als ausgerechnet auf dem Dach ein Stück Erde intensiv bewirtschaften zu wollen.

Der unzugängliche Dachgarten sollte immer extensiv gepflegt sein, was nichts anderes heißt, als fast gar nicht. Passen die Pflanzen an den Standort, ist das Gründach fachgerecht installiert, gibt es hier oben fortan (fast) nicht mehr zu tun. Die niedrig wachsenden Wildblumen und Gräser benötigen keinen Schnitt, abgestorbene Pflanzenreste dürfen liegenbleiben und zu neuem Humus verwittern. Auch Düngen bringt Dachpflanzen nichts Gutes, es reizt sie nur zum mastigen Wuchs mit all seinen Folgeschäden bei Frost und Dürre. Viele Arten gehen dadurch ein.

Allenfalls intensivere Begrünungen sollten zu Beginn der Vegetationszeit etwas organischen Volldünger erhalten. Und höchstens bei durch starke und auch nährstoffreichere Substratschichten gekennzeichneten Verhältnissen kann die einmal jährlich fällige Mahd von Vorteil sein. Bei längerhalmigen Dachwiesen wird sie im Spätsommer erfolgen. Sind nur einzelne Stauden übermäßig gewachsen, kürzt man sie am besten im Frühjahr ein.

Wässern entspricht ebenfalls nicht den Intentionen des Wildgärtners, denn er sollte Pflanzen gesetzt haben, die mit dem knochentrockenen und brütendheißen Standort zurechtkommen. So ist es allenfalls ausnahmsweise angebracht. Und nicht vergessen: Die sommerliche Hitzewelle kann immer auch als hervorragende Selektion gegen standortfremde Pflanzen gesehen werden, die sich hier im Laufe des Jahres ansiedeln konnten. Sie vertrocknen einfach.

Was alle paar Jahre anfällt, ist das Jäten von keimenden Bäumchen. Die Flugsamen von Birken, Ahorn, Weiden und anderen Arten werden immer wieder auf das Dach geweht und fassen dort Fuß. Sie würden auf die Dauer die Folie schädigen und müssen deshalb systematisch ausgerissen werden. Doch dies erfordert maximal fünf oder zehn Minuten Zeit im Jahr.

Jedes Gründach benötigt im Frühjahr und Herbst einen Kontrollgang. Dabei ist die Dachentwässerung zu überprüfen, sind Abflüsse und Zuläufe zu reinigen. Auch kann ein Blick auf den Bewuchs nicht schaden. Falls Frost oder Hitzewellen kleine Lücken gerissen haben, darf man sie sich getrost selbst überlassen – sie werden sich in der Regel von alleine schließen. Große Lücken aber sollte man stopfen. Damit sind wir bei der Pflanzenansiedlung, dem wichtigsten Kapitel beim Thema Dachgrün. Am schnellsten, aber auch am teuersten ist es, vorkultivierte Vegetationsmatten oder Pflanzpaletten auszubringen. Sie werden einfach ausgerollt beziehungsweise nebeneinander gestellt und befestigt. Innerhalb von kurzem haben sich die jungen Pflänzlein verwurzelt und bilden eine dichte erosionsunempfindliche Schicht. Vorsicht ist jedoch bei Rollrasen geboten. Nicht selten sind die enthaltenen Grasarten nicht für Dächer ge-

Pflege

eignet, außerdem fehlen auch blühende Kräuter.

Eine weitere elegante Methode ist die Aussaat von Sproßteilen. Speziell *Sedum*-Arten schlagen hierauf gut an. Dazu werden 3–5 cm lange Sprosse von den Mutterpflanzen im Spätsommer abgeschnitten und zu 20–30 Stück pro Quadratmeter auf dem Substrat verteilt, leicht mit Erde bedeckt und angegossen. Die Sproße treiben dann aus und durchwurzeln schnell die ganze Fläche. Vergleichbar ist die Pflanzung von Jungstauden und Gräsern, die für Dächer in besonderen Flachballen angezogen werden. Durchschnittlich 20 Stück reichen für einen Quadratmeter. Dank der Ballen verlängert sich die Pflanzsaison von April bis September, wobei die besten Anwuchserfolge im Frühjahr zu erwarten sind.

Am billigsten, natürlich auch am lang-

Eine Dachbegrünung aus Multitopfpaletten kann kaum mißlingen. Die vorgezogenen Pflanzen werden auf der Dränmatte einfach nebeneinandergestellt (links). Kleingehölze wie die Zwergmandel benötigen eine Erdschicht von mindestens acht Zentimetern (oben).

atmigsten ist letzlich die Einsaat mit geeigneten Wildpflanzenmischungen für Trockenstandorte (siehe Seite 72/73). Das Saatgut muß gleichmäßig verteilt und sollte höchstens 1 cm hoch mit Sand oder Steinsplitt abgedeckt werden. Weil diese Methode sehr zeitraubend ist – ein halbwegs erkennbarer Keimerfolg zeigt sich oft erst nach Monaten, kommt sie allenfalls für Flachdächer in Frage. Bei geneigten Dächern hätten Gewitterregen Saatgut oder Keimlinge vorher längst heruntergespült. Auch läßt dieses Verfahren nur relativ unkontrollierten Bewuchs zu, da nie gewiß ist, welche Arten wann und wo aufgehen. Keimkräftige und schnellwüchsige Spezies werden von daher den Platz längst unter sich aufgeteilt haben, bevor die (vielleicht gerade interessanten) Nachzügler aufgehen. So mag dann – last but not least – der Schlüssel zum Begrünungserfolg in einer individuellen Mischstrategie bestehen: Ansaat aus der Samentüte für Dachstauden plus Pflanzung plus Sproßaussaat. Wertvolle Arten wird man dabei schon als Großpflanzen einbringen, die anderen säen und ausstreuen. Das klappt 99prozentig. Und falls es – mit dem einen Prozent rechnerischer Unwahrscheinlichkeit – doch nicht funktionieren sollte, dann hat es vielleicht an Petrus, aber wenigstens nicht an Ihnen gelegen.

Der ideale Wildgarten

Der Garten aller Gärten ist der Traumgarten. Doch wie könnte er aussehen? Hat er einen Teich? Ein Stück Blumenwiese? Eine Trockenmauer? Woraus werden die Wege sein? Wo wird man sitzen können? Fragen über Fragen, trotzdem haben wir unseren Traumgarten einmal entworfen. Daß wir damit wahrscheinlich ins Fettnäpfchen treten werden, ist uns klar. Wer schließlich hat so viel Platz, geschweige denn Geld für eine solche Gestaltung? Und viele werden sagen: So etwas paßt in meinen Garten sowieso nicht, der sieht ja ganz anders aus!
Trotz alledem, wir bleiben dabei. Dieser »ideale« kostet nicht die Welt und ist nicht überdurchschnittlich groß. Und als Ideal kann und soll er nicht mehr als eine praktische Anregung sein.

Eine durch und durch naturnahe Gartengestaltung mit allem, wovon der Wildgärtner träumt.

Der ideale Wildgarten

Planung eines idealen Gartens

Er ist 20 Meter breit und 30 Meter lang. Neubaugelände, nichts Bemerkenswertes, Durchschnitt sozusagen. Doch aus dem Nichts der Baustellenwüste haben wir einen traumhaften Wildgarten gestaltet: Den Garten aller Gärten.
Doch wenn Sie selbst etwas ratlos vor Ihrem eigenen Gartenplan sitzen, verlieren Sie nicht den Mut. Auch die professionellen Wildgartengestalter stehen in der Praxis vor immer neuen Gärten mit immer individuellen Herausforderungen. Und es muß etwas daraus werden, ungeachtet aller anfallenden Probleme. So auch bei uns: Hier zeigen wir Ihnen, daß man für einen Orginal-Wildgarten keine zwei Hektar Land benötigt. In unserem Fallbeispiel mißt die Gartenfläche rund 600 Quadratmeter und ist geschnitten wie ein Handtuch. Der Garten zeigt nach Süden, der Boden war kiesig – eine optimale Ausgangslage für Trockenstandorte und Magerwiesen. Als Wunschtraum gingen in die Planung ein: der eigene Naturteich sowie eine Dach- und Hausbegrünung. Auch sollten wenigstens zwei Sitzplätze vorhanden und durch Wege verbunden sein. Gestaltungsziel war ferner, möglichst viel Abwechslung und Erlebnis zu schaffen. Trotz einer Vielzahl von Kleinstlebensräumen durfte das Gesamtbild allerdings nicht unruhig wirken. Und so sieht das Ergebnis aus – ein Ideal mit 36 verschiedenen Wildgartenelementen.

Elemente

Feuchtbiotope

① Sumpfgraben
Ein in drei Becken unterteilter, sich entlang der Hauses schlängelnder Sumpfgraben transportiert und reinigt das Wasser von den Dachrinnen zum Naturteich. Dichtungsmaterial: Kautschuk. Gesamtlänge: 14 Meter.

② Großer Naturteich
Der große Naturteich mit diversen Flach- und Tiefwasserzonen wurde direkt vor dem Haus angelegt. Sein Aushub bildet die erhöhte Terrasse. Tiefe maximal 60 Zentimeter. Die Kautschukfolie ist vollständig mit Sand oder Kies bedeckt.

③ Kleiner Naturteich
Als eigenständiges Feuchtbiotop liegt im hinteren Gartenbereich ein kleinerer Weiher mit reinem Rollkies. Er wird nur vom Regenwasser gefüllt. Tiefe: 0,40 Meter.

Trockenbiotope

④ Dachgrün
Bei dem 15-Grad-Winkel des Schrägdachs ließ sich optimal eine pflegeleichte extensive Dachbegrünung anlegen. Die Substratdicke beträgt 10 Zentimeter. Die Fläche wurde mit Wildstauden und Zwergsträuchern besät und bepflanzt.

⑤ Natursteinterrasse
Der Tagessitzplatz besteht aus großen Naturbruchplatten aus Kalkstein. Er befindet sich etwa 1 m über dem Gelände und sogar 1,5 m höher als der Freisitz für den Abend.

⑥ Naturplattenweg
Aus dem gleichen Kalkstein wurde auch der Plattenweg zwischen Trockenbeet und Sumpfgraben verlegt.

⑦ Legstufentreppe
Fünf Legstufen aus Kalksteinplatten führen von der Terrassenostseite hinunter zur Holzbohlenbrücke und zum Plattenweg.

⑧ Blockstufentreppe
Sieben Blockstufen aus Kalksteinblöcken überwinden den Höhenunterschied zwischen Terrasse und Rollkiesweg. Am Wegende führen drei Stufen hoch zur Wiese.

Jeder Garten ist anders, ein jeder einzigartig. Selbst eine Trockenmauer aus Steinplatten gibt es nicht ein zweites Mal. Vielleicht sieht eine der Trockenmauern im idealen Wildgarten gerade so aus?

⑨ Rollkiesweg
Während des Hausbaues fielen mengenweise Flußkiesel an. Sie wurden nach Größen sortiert. Die mittelgroßen Steine bilden den Wegbelag für 10 m Rollkiesweg. Er verläuft 0,3–0,5 m tiefer als das Umland und erweckt so den Eindruck eines Hohlweges. Zum Sitzplatz aus Katzenkopfpflaster hin fällt er um 20 cm Höhe ab.

⑩ Sitzplatz mit Katzenkopfpflaster
Aus den größeren Flußkieseln wurde der Freisitz für den Abend gepflastert. Er liegt 0,5 m unter Geländeniveau und damit windstill. Das helle Katzenkopfpflaster korrespondiert dabei gut mit dem Kalkstein der Trockenmauern.

⑪ Große einseitige Trockenmauern
Die maximal 1,5 m hohe einseitige Trockenmauer aus Kalk schirmt den Sitzplatz einmal gegen den Teich und Wildblumenbeet ab und speichert zum anderen die Tageswärme für den Abend. Sie wurde mit typischen Steingartenpflanzen und Kleinsträuchern bepflanzt.

⑫ Kleine einseitige Trockenmauern
Kleinere Mäuerchen aus Kalkstein setzen sich längs des Rollkiesweges fort und bilden auf der Westseite die Umrandung für ein Trockenbeet.

⑬ Zweiseitige Trockenmauer
Sie grenzt den Hohlweg zur Blumenwiese nach Westen ab und schafft gleichzeitig eine harmonische Verbindung zwischen dem ersten und zweiten Sitzplatz.

⑭ Kiestrockenflächen
Links und rechts des Rollkiesweges wurden mit dem ursprünglichen Kiesboden Trockenbeete angelegt und mit Wildstauden standortgerecht bepflanzt. Eine dritte Trockenfläche dieser Art befindet sich unter dem Dachüberstand zwischen Naturstein-Plattenweg und Hausmauer.

⑮ Kalkschottertrockenfläche
Eine Mischung aus grobem Kalkschotter und Kalksand mit einzelnen Findlingen bildet den Steilhang zwischen Terrasse und Teich. Im unteren Bereich ist sie teilweise feucht. Bepflanzung mit typischer Flora.

⑯ Sandwall
Der wechselfeuchte Sandwall vermittelt zwischen der Kalkschotterfläche und dem anschließenden Sandhaufen. Er steigt um etwa 30 cm an und wurde in der nassen Zone mit einer Samenmischung für Feuchtwiesen, im trockenen Teil mit einer Mischung für Trockenrasen besät.

⑰ Sandberg
Als Pionierstandort sich selbst überlassen wurde dagegen ein Sandberg am Teichrand. Er soll sich spontan begrünen und schließt direkt an die Trockenmauer an.

⑱ Mauerschutt
Zwischen Teichrand und Mulchweg aufgehäufter Mauerschutt bildet einen typischen Wuchsort für die Gruppe der Schuttpflanzen. Auch dieser Platz bleibt Jahre unbeeinflußt.

151

Der ideale Wildgarten

Das Wildblumenbeet ist etwas für's Auge, zum Schauen so schön wie Mohnblütenblätter. Es ist aber auch etwas für's Ohr, zum Erhören des Schwebfliegensummens. Es ist etwas zum Schmecken, für den Wildkräuter-Kamillentee. Mag sein, daß es sogar etwas für's Gespür ist, zum Ertasten und Sich-gut-fühlen. Kurzum: Eine Angelegenheit für alle Sinne. Ein wahrhaft betörendes Naturerlebnis.

Gehölzbiotope

㉘ Wildsträucherhecke
Als Lärmschutz zur Straße ließ sich diese Hecke aus heimischen Sträuchern anlegen. Sie besteht aus 15 Arten, verläuft mehrfach gestuft, buchtet sich aus und schafft so viele ökologische Nischen. Höhe: 2–6 m. Breite: 1–5 m.

㉙ Wildrosenhecke
Mit 10 heimischen Wildrosenarten wurde hier eine niedrigere Wildhecke geschaffen. Höhe: 1–4 m. Breite: 2–3 m.

㉚ Solitärsträucher
Dekorative Wildsträucher sind hie und da an prominente Stellen verteilt worden. Sie unterstreichen die Gestaltung.

㉛ Totholzhaufen
Im Heckenschatten der Totholzhaufen aus Ästen und Baumstämmen. Als lebendige Begrünung wurde an seinen Rand das Waldgeißblatt gesetzt.

㉜ Baumstamm und Wurzelstock
Sie gehören zur Teichrandgestaltung und dürfen langsam vermodern und überwachsen.

㉝ Holzbrücke
Eine kleine Brücke aus Holzbohlen überquert den Sumpfgraben und schafft die Verbindung von der Terrasse zum Mulchweg.

㉞ Apfelbaum
Die altbewährte Apfelhochstammsorte »Jakob Lebel« ist halb in die Hecke integriert.

㉟ Fassadenbegrünung und Spalierobst
Die warme Südfront ließ sich mit Rieslingreben und Blauregen begrünen. Außerdem wächst hier noch ein Aprikosenspalier.

㊱ Holzzaun mit Schlingpflanzen
Am Staketenzaun ranken sich vor allem einjährige Schling- und Kletterpflanzen hoch. Aber auch einige schwachwüchsige mehrjährige Arten wie Alpenwaldrebe und Jelängerjelieber sind darunter.

⑲ Ziegelmäuerchen
Ausgehend vom Schutthaufen verläuft eine kleine, trocken aufgesetzte Mauer aus Abbruchziegelsteinen bis zur Treppe. Sie umrahmt und begrenzt ein Wildblumenbeet für Ackerwildkräuter.

⑳ Mulchweg
Ein Weg aus Rindenmulch begleitet und trennt Teich und Blumenwiese. Er führt bis zum Totholzhaufen.

㉑ Steinhaufen
An der Wegbiegung, halb im Schatten einer solitären Berberitze, wurde aus größeren Flußkieseln (vom Grundstück!) ein Steinhaufen aufgeschichtet.

Wiesenbiotope

㉒ Feuchtwiese
Im Anschluß an den Naturteich liegen rund 10 Quadratmeter Feuchtwiese. Der eingebrachte und verdichtete Lehmboden wurde besät und bepflanzt.

㉓ Blumenrasen
Im stärker genutzten Gartenteil herrscht ein öfters gemähter Blumenrasen vor. Entlang der Wildsträucherhecke darf er jedoch höher wachsen.

㉔ Zweischürige Magerwiese
Ausgehend vom mageren Kiesboden konnte mit wenig Aufwand eine magere Blumenwiese gesät werden. Mahd: Mitte Juni und Mitte August.

㉕ Einschürige Magerwiese
Im am wenigsten betretenen Grundstücksabschnitt darf eine Blumenwiese hochwachsen, die nur einmal jährlich im September gemäht wird.

㉖ Rasenweg
Entlang der Wiesen verläuft ein nach Bedarf mit dem Rasenmäher freigehaltener Rasenweg.

㉗ Wildblumenbeet
Das Beet zwischen den beiden Trockenmauern wurde als Standort für Ackerwildkräuter hergerichtet.

Wildpflanzen – Auswahl für alle Ansprüche

Das Angebot ist riesig: Für Wildgärten steht eine große Menge von heimischen Pflanzen zur Verfügung. Mit Wildpflanzen lassen sich nahezu alle Ansprüche der Gartengestaltung erfüllen. Hier der Überblick.

Die Flora der Bundesrepublik Deutschland umfaßt sage und schreibe 2476 Pflanzenarten. Davon können mindestens 1000 Spezies auch in Wildgärten wachsen – eine für alle Ansprüche genügende Zahl. Die hiesige Artenfülle reicht vollkommen aus, um die verschiedensten Wildgartenelemente mit dem passenden Pflanzenspektrum zu versehen – sei es der Magerrasen, die Hecke, ein Wildstaudenbeet oder ein Heidestandort. Weder aus ästhetischen Motiven noch aus gestalterischen Gründen besteht von daher die Notwendigkeit, exotische Arten oder Zuchtformen zu verwenden. Die einzige Ausnahme bilden die Kletterpflanzen und manche Dachstauden. Hier deckt die heimische Flora nicht sämtliche Bedürfnisse ab, weswegen wir gezielt auch auf nichtheimische Arten zurückgreifen.

Bezüglich der Beschaffung der Arten wendet man sich am besten an seriöse Fachbetriebe, die sich auf Wildgärten spezialisiert haben. Hier bekommt man praktisch alle genannten Arten der Wildstauden, der Wildsträucher, Kletterpflanzen und Dachgewächse. Auch gefährdete Arten kann man so leicht beschaffen. Die im Bezugsquellenverzeichnis genannten Anbieter versenden ihre Ware in ganz Deutschland, so daß für jeden Ort ein geeignetes Artenspektrum zur Verfügung steht. Speziell bei den Stauden sind viele Arten nicht nur als Jungpflanzen, sondern auch als Samen erhältlich. Die Anzucht von Wildstauden bereitet viel Freude und ist zudem bedeutend billiger. Andererseits hat man mit fertigen Topfpflanzen weniger Mühe und oft einen Entwicklungsvorsprung. Hier kommt es auf die persönliche Vorliebe an, was und wie man bestellt. Bei Sträuchern und Bäumen werden die meisten wohl automatisch auf Jungpflanzen setzen – nur Hobbybotaniker ziehen die Arten für die Wildstrauchhecke zuhause an.

Eventuelle Lücken im Angebot lassen sich unter Umständen auch aus der Natur schließen. Hier wird aber ausdrücklich nicht zur allgemeinen Selbstbedienung aufgerufen. Grundsätzlich sollte dies bei geschützen Arten gar nicht geschehen. Am unproblematischsten ist die Entnahme von Wildpflanzensaatgut aus dem Freiland. Wer ganze Pflanzen ausgraben will, darf dies nur dann tun, wenn am Standort eine große Menge derselben Art vorkommt und eine Entnahme keinen Schaden anrichtet. Manche Arten lassen sich auch über Wurzelsprosse und Ausläufer leicht vermehren, so daß nur ein Stück einer Pflanze entnommen werden muß.

Vor dem Besorgungsgang in die Natur wäre allerdings der Blick in andere Naturgärten angebracht. Teilweise bekommt man wertvolle Wildpflanzen. Eine weitere Beschaffungsmöglichkeit besteht durch Wildpflanzenbörsen, wo Samen oder Jungpflanzen getauscht oder verschenkt werden. Mit etwas Glück erhält man hier sogar hochgradig gefährdete Arten.

Bei der Auswahl der Pflanzen mit der Tabelle orientiere man sich am besten anhand der lateinischen Namen, die sich über ein gutes Pflanzenbestimmungsbuch ermitteln lassen. Wir haben die Arten alphabetisch geordnet. Für die deutschen Bezeichnungen wäre dies nicht praktikabel, da viele Spezies verschiedene Artnamen haben. Auch variieren die Bezeichnungen regional.

Wer Pflanzen für einen bestimmten Standort sucht, kann über die Tabelle (und über die gezielte Lektüre der betreffenden Buchkapitel) recht schnell eine passende Auswahl zusammenstellen. Insgesamt sind dort 12 verschiedene Standorte getrennt aufgelistet, wobei naheverwandte zusammengefaßt wurden. Außerdem haben wir die Tabelle unterteilt in ein-, zwei- und mehrjährige Stauden, die mehrjährigen Sträucher und Bäume sowie ein- und mehrjährige Kletterpflanzen. Das Lebensalter und die Standorte sind über Zahlen (s. S. 154) angegeben. Weitere Hinweise für die Gestaltung ergeben sich über die Blütenfarbe, die Blütezeit und die Wuchshöhe. Insgesamt umfaßt unsere Pflanzenliste gut 500 Arten und damit ungefähr die Hälfte der für Wildgärten möglichen Flora.

Der ökologische Wert unserer Wildpflanzen läßt sich nur unzureichend beschreiben, ihre natürliche Vollkommenheit noch weniger. In beiden Fällen hilft die eigene Beobachtung, hier am Beispiel der Gemeinen Waldrebe.

Wildpflanzen

Wildgartenstandorte

① **Naturteich/Sumpfgraben/Wassergraben/Bachlauf**
Beinhaltet Arten der stehenden und fließenden Gewässer vom Tiefwasserbereich bis in die Flachwasserzone.

② **Feuchtwiese/Sumpf**
Schließt alle Vertreter auf staunassen Böden und am Rand von Gewässern ein.

③ **Trockenwiese/Magerrasen**
Arten der Kalk- und Silikatstandorte von mageren und/oder trockenen Standorten.

④ **Blumenrasen/Naturrasen/Fettwiese**
Die Pflanzen auf nährstoffreicheren und -reichen Böden, die öfters geschnitten werden dürfen.

⑤ **Mutterboden/Humus/Acker**
Alle Pionierpflanzen, die offene Bodenstellen besiedeln unter besonderer Berücksichtigung der Ackerwildkräuter.

⑥ **Schutt/Steinhaufen**
Meist mehrjährige Begleiter von Mauerschutt und Steinhaufen (Ruderalpflanzen).

⑦ **Wege**
Arten der Wege aus Stein, Kies, Sand oder Rindenmulch sowie der Graswege.

⑧ **Sandhaufen/Kieshaufen/Sandfläche/Kiesfläche**
Pionierbewuchs auf Trockenflächen aller Art.

⑨ **Trockenmauern**
Bewohner von ein- und zweiseitigen Trockenmauern sowie von anderen Stein- und Felsbiotopen.

⑩ **Dach**
Arten für die extensive Dachbegrünung auf Flach- und Steildächern.

⑪ **Hauswände/Zäune/Pergola**
Ranker, Schlinger und Kletterer für die Vertikalbegrünung von Hauswänden, Mauern, Zäunen oder Holzgerüsten.

⑫ **Einzelsträucher/Hecke/Bäume/Wald**
Unterwuchs für die Lebensgemeinschaft Wildsträucher/Hecke/Wald. Schlag- und Saumpflanzen für Hecke und Waldrand.

Lebensalter

1 einjährige Pflanze
2 zweijährige Pflanze
3 mehrjährige Pflanze

Wildpflanzen

Stauden

Name	Lebens-alter	Standort	Blüten-farbe	Blüte-monat	Höhe in cm
Achillea millefolium Gemeine Schafgarbe	3	3, 4, 6, 7, 8, 10	weiß, rosa	6–10	15–60
Achillea nobilis Edle Schafgarbe	3	3, 5, 6, 7, 8, 10	gelbweiß	6–9	20–60
Achillea ptarmica Sumpfscharfgarbe	3	2	weiß	7–9	15–30
Aconitum vulparia Gelber Eisenhut	3	12	blaßgelb	7–8	60–100
Aconitum napellus Blauer Eisenhut	3	12	blauviolett	6–9	50–150
Acorus calamus Kalmus	3	1	grün	5–7	60–110
Actaea spicata Christophskraut	3	12	weiß	5–6	30–60
Adenophora liliifolia Wohlriechende Becherglocke	3	2, 12	blaßlila	7–9	30–100
Adenostyles alliariae Grauer Alpendost	3	1, 12	fleischrot	7–8	40–150
Adonis aestivalis Sommeradonisröschen	1	5	strohgelb, menningrot	6–8	25–60
Adonis autumnalis Herbstadonisröschen	1	5, 6	dunkelrot	6–9	25–45
Adonis flammea Flammendes Adonisröschen	1	5	scharlachrot	6–8	20–50
Agrimonia eupatoria Odermenning	3	3, 6, 7, 12	honiggelb	7–9	30–60
Agrostemma githago Kornrade	1	5	purpur	6–7	30–100
Ajuga chamaepitys Gelber Günsel	1	5, 6, 7, 8	blaßgelb	5–9	5–20
Ajuga reptans Kriechender Günsel	3	2, 3, 4, 12	blauviolett	5–8	15–30
Alchemilla alpina Alpenfrauenmantel	3	3, 6	gelbgrün	6–8	5–15
Alchemilla vulgaris Gemeiner Frauenmantel	3	2, 4	gelbgrün	5–11	10–30
Alisma plantago-aquatica Froschlöffel	2, 3	1	weiß	6–8	20–90
Alliaria petiolata Knoblauchhederich	2	6, 7, 12	weiß	4–6	20–100
Allium flavum Gelber Hängelauch	3	8, 10	gelb	6–8	20–40
Allium rotundum Runder Lauch	3	3, 5, 6, 7, 8, 10	purpur	6–8	30–60
Allium spaerocephalon Kopflauch	3	3, 7, 8, 10	purpur	6–7	30–90
Allium ursinum Bärlauch	3	12	weiß	5–6	20–50
Allium vineale Weinberglauch	3	3, 7, 8	rosa	6–8	30–60
Althaea officinalis Echter Eibisch	3	1, 2	hellila	7–9	60–130
Anagallis arvensis Ackergauchheil	1	5, 6, 7	menningrot	6–9	3–20

Name	Lebens-alter	Standort	Blüten-farbe	Blüte-monat	Höhe in cm
Anagallis coerulea Blauer Gauchheil	1	5, 6, 7	himmelblau	6–9	3–25
Anchusa officinalis Ochsenzunge	3	5, 6, 7	hellblau	5–9	30–80
Anemona narcissiflora Narzissenwindröschen	3	8, 9, 10	weiß	5–7	20–40
Anemona nemorosa Buschwindröschen	3	12	weiß	3–5	10–30
Anemona ranunculoides Gelbes Windröschen	3	12	gelb	3–5	15–30
Angelica archangelica Echte Engelwurz	3	2, 4, 12	grün	7–9	80–160
Angelica silvestris Waldengelwurz	3	2, 4, 6, 7, 12	weiß	7–9	80–160
Antennaria dioica Katzenpfötchen	3	3, 8	rosaweiß	5–7	3–25
Anthemis arvensis Ackerhundskamille	1	5, 7	weiß	5–10	10–40
Anthemis tinctoria Färberkamille	3	3, 8	gelb	6–9	20–50
Anthericum liliago Astlose Graslilie	3	3, 7, 8	weiß	6–8	30–50
Anthericum ramosum Ästige Graslilie	3	3, 8	weiß	6–8	30–50
Anthriscus silvestris Wiesenkerbel	3	4	weiß	4–6	50–150
Anthyllis vulneraria Wundklee	3	3, 6, 7	gelb	5–8	15–30
Antirrhinum orontium Ackerlöwenmäulchen	1	5, 6, 7	rosarot	7–10	10–40
Aquilegia atrata Schwarzviolette Akelei	3	12	violett	6–7	30–70
Aquilegia vulgaris Gemeine Akelei	3	7, 12	blau	5–7	30–80
Arctium lappa Große Klette	2, 3	6, 7	rot	6–9	30–200
Arctium minus Kleine Klette	1, 2	1, 5, 6, 7	purpur	7–9	50–110
Arctium nemorosum Hainklette	2	1, 12	purpur	6–7	100–200
Arctium tomentosum Filzige Klette	1, 2	1, 5, 6, 7	purpur	7–8	50–130
Armeria maritima Gemeine Grasnelke	3	2, 3, 8, 9, 10	hellkarmin	5–9	10–50
Arnica montana Arnika	3	3, 8	goldgelb	7–8	20–60
Artemisia absinthium Wermut	3	6, 7	gelb	7–9	30–80
Artemisia vulgaris Gemeiner Beifuß	3	5, 6, 7, 8	grün	7–9	60–120
Arum maculatum Gefleckter Aronstab	3	12	weiß	4–7	15–40
Aruncus dioicus Waldgeißbart	3	12	weiß	6–7	80–150

Wildpflanzen

Name	Lebens-alter	Standort	Blüten-farbe	Blüten-monat	Höhe in cm
Asarum europaeum Haselwurz	3	12	braun	3–5	5–10
Asperula cynanchica Hügelmeister	3	3, 12	weiß	6–8	10–30
Asplenium ruta-muraria Mauerraute	3	8, 9, 10			5–20
Aster alpinus Alpenaster	3	3, 8, 10	violett	7–8	5–15
Aster amellus Bergaster	3	3, 7, 8	lila	8–10	20–50
Astragalus glycyphyllos Süße Bärenschote	3	12	gelb	6–7	40–150
Astrantia major Sterndolde	3	3	weißrötlich	6–8	30–90
Athyrium filix-femina Echter Frauenfarn	3	12			30–100
Atropa belladonna Tollkirsche	3	12	dunkelviolett	6–8	50–150
Bellis perennis Gänseblümchen	3	3, 4, 7	weiß	4–11	5–15
Brachipodium pinnatum Fiederzwenke	3	3, 8, 10	grün	6–7	60–100
Blackstonia perfoliata Bitterling	2	1, 2, 3, 8	goldgelb	6–9	10–40
Briza media Zittergras	3	3	grün	5–6	20–50
Bromus erectus Aufrechte Trespe	3	3, 10	grünlich	5–10	30–100
Bromus sterilis Taube Trespe	2	5, 6, 7	grün	6–7	30–80
Bunium bulbocastanum Knollenkümmel	3	5, 6, 7	weiß	6–7	20–60
Buphthalmum salicilfolium Rinderauge	3	3, 8, 10	gelb	6–9	20–60
Butomus umbellatus Schwanenblume	3	1	rosaweiß	6–8	40–160
Calendula arvensis Ackerringelblume	1	5, 6, 7	hellgelb	5–10	10–20
Calendula officinalis Gartenringelblume	1	5, 6	gelbrötlich	6–10	20–50
Calla palustris Sumpfkalla	3	1	weiß	5–9	15–30
Caltha palustris Sumpfdotterblume	3	1	goldgelb	4–6	10–30
Campanula glomerata Knäuelglockenblume	3	3	blau	6–9	20–40
Campanula patula Wiesenglockenblume	3	3, 4, 7, 8	blau	5–7	20–50
Campanula persicifolia Pfirsichglockenblume	3	12	blau	6–7	70–120
Campanula rapunculoides Ackerglockenblume	3	3, 5, 6, 7, 8, 12	blau	6–8	30–70
Campanula rapunculus Rapunzelglockenblume	2	3, 4, 7, 12	blaulila	6–8	30–80
Campanula rotundifolia Rundblättrige Glockenblume	3	3, 7, 8, 10	blau	6–10	10–40

Name	Lebens-alter	Standort	Blüten-farbe	Blüten-monat	Höhe in cm
Campanula scheuchzeri Scheuchzers Glockenblume	3	3, 8, 10	blauviolett	7–8	10–20
Campanula trachelium Nesselblättrige Glockenblume	3	12	blau	7–8	30–110
Cardamine pratensis Wiesenschaumkraut	3	4	lila, rosa	4–6	10–40
Carduus acanthoides Wegdistel	2	5, 6, 7	vielfarbig	6–9	30–100
Carduus crispus Krause Distel	2	1, 5, 6, 7, 12	violett	7–9	60–170
Carduus nutans Nickende Distel	1, 2	3, 5, 6, 7, 8	purpur	7–9	30–150
Carduus personata Klettendistel	2, 3	1, 2, 4	purpur	7–8	60–180
Carex Seggen	3	1, 2, 3, 6, 7, 8, 10, 12	braun	5–7	20–60
Carlina vulgaris Silberdistel	1, 2	3, 7, 8	strohgelb	7–9	10–50
Carlina vulgaris Golddistel	2	3, 7, 8, 10	gelb	7–9	15–40
Centaurea cyanus Kornblume	1	5	blau	6–10	30–80
Centaurea jacea Wiesenflockenblume	3	3, 4	violett	6–10	20–80
Centaurea montana Bergflockenblume	3	2, 4, 12	violett	5–10	30–60
Centaurea nigra Schwarze Flockenblume	3	3, 8, 10, 12	purpur	7–9	20–70
Centaurea pseudophrygia Perückenflockenblume	3	3, 4	hellrot	7–9	30–80
Centaurea scabiosa Skabiosenflockenblume	3	3, 8, 10	violett	6–9	30–100
Centaurea solstitialis Sommerflockenblume	2	5, 6, 7, 8	gelb	7–9	30–80
Centaurea stoebe Rispenflockenblume	3	3, 7, 8, 9, 10	violett	7–9	30–120
Centaurium erythraea Tausendgüldenkraut	1	3, 7, 8, 10	rosa	7–9	10–30
Ceratophyllum demersum Rauhes Hornblatt	3	1	grün	6–9	10–110
Chelidonium majus Schöllkraut	3	5, 6, 7, 12	gelb	5–9	30–70
Chenopodium bonus-henricus Guter Heinrich	3	5, 6	grün	5–8	10–50
Chrysanthemum leucanthemum Wiesenmargerite	3	3, 4, 5, 6, 7, 8	gelbweiß	5–9	20–100
Chrysanthemum corymbosum Doldige Wucherblume	3	8, 10, 12	weiß	7–9	30–50
Chrysanthemum segutum Saatwucherblume	1	5, 6, 7	weiß	6–8	20–60
Chrysanthemum vulgare Rainfarn	3	5, 6, 7, 8, 10	gelb	7–9	60–120
Chrysosplenium alternifolium Wechselblättriges Milzkraut	3	12	gelb	3–5	5–20
Cichorium intybus Wegwarte	2, 3	6, 7, 8	blau	7–10	30–120

Wildpflanzen

Name	Lebens-alter	Standort	Blüten-farbe	Blüte-monat	Höhe in cm
Circaea luteniana Hexenkraut	3	12	weiß	6–8	20–60
Cirsium acaule Stengellose Kratzdistel	3	3, 7	rotviolett	7–9	5–10
Cirsium arvense Ackerkratzdistel	3	5, 6, 7	lila	7–9	60–120
Cirsium oleraceum Kohlkratzdistel	3	1	grüngelb	7–9	50–150
Cirsium palustre Sumpfkratzdistel	3	1	lila, rot	7–9	50–150
Clinopodium vulgare Wirbeldost	3	12	lila	7–10	30–60
Colchicum autumnale Herbstzeitlose	3	1, 4	lila	8–11	5–30
Convallaria majalis Maiglöckchen	3	12	weiß	5–6	10–30
Coronilla coronata Bergkronwicke	3	3, 8, 10, 12	hellgelb	6–7	30–50
Coronilla varia Bunte Kronwicke	3	3, 6, 8, 10	lila	6–8	30–80
Corydalis cava Hohler Lerchensporn	3	12	rot, weiß	3–5	15–30
Corydalis intermedia Mittlerer Lerchensporn	3	12	purpur	3–4	10–20
Corynephorus canescens Silbergras	3	3, 7, 8, 10	silbergrau	6–7	10–30
Crepis biennis Wiesenpippau	3	3, 4, 6, 7	gelb	5–9	30–100
Crepis paludosa Sumpfpippau	3	2	gelbweiß	6–8	40–80
Cruciata laevipes Kreuzlabkraut	3	12	gelb	4–6	10–50
Cymbalaria muralis Zimbelkraut	3	9	lila	6–9	5–10
Cynoglossum officinale Hundszunge	2	5, 6, 7	rotbraun	5–7	20–80
Datura stramonium Stechapfel	1	5, 6, 7	weiß	6–10	30–200
Daucus carota Wilde Möhre	2	3, 6, 7, 8, 10	weiß	6–9	30–100
Delphinum consolodia Ackerrittersporn	1	5, 6	blau, rosa	5–8	20–40
Dentaria bulbifera Zwiebeltragende Zahnwurz	3	12	violett	4–6	30–70
Dentaria pentaphyllos Gefingerte Zahnwurz	3	12	lila	4–6	20–50
Dianthus armeria Rauhe Nelke	2	3, 10	rot	6–7	10–40
Dianthus carthusianorum Karthäusernelke	3	3, 7, 8, 10	purpur	6–8	10–50
Dianthus deltoides Heidenelke	3	3, 7, 8, 10	purpur	6–9	10–30
Dianthus grationopolitanus Pfingstnelke	3	3, 8, 10	rosa	5–6	10–15
Dianthus superbus Prachtnelke	3	1	lila	6–10	30–60

Name	Lebens-alter	Standort	Blüten-farbe	Blüte-monat	Höhe in cm
Dictamnus albus Diptam	3	3	rosa	5–6	60–120
Digitalis grandiflora Großblütiger Fingerhut	2	12	ockergelb	6–8	60–120
Digitalis lutea Kleinblütiger Fingerhut	3	6, 7, 8, 10, 12	zitronengelb	6–8	30–70
Digitalis purpurea Roter Fingerhut	2	6, 7, 12	rot, violett	6–8	30–150
Dipsacus pilosa Behaarte Karde	2	12	gelbweiß	7–8	60–120
Dipsacus silvestris Wilde Karde	2	5, 6, 7, 8	lila	7–8	70–150
Echinops spaerocephalus Wilde Kugeldistel	3	1, 5, 6, 7, 8	blaugrün	6–8	60–150
Echium vulgare Natternkopf	2	3, 5, 6, 7, 8, 10	blau	6–8	30–80
Elodea canadensis Wasserpest	3	1	grün	5–8	10–200
Epilobium angustifolium Schmalblättr. Weidenröschen	3	6, 7, 8, 10	rosa	7–8	50–160
Epilobium hirsutum Rauhhaariges Weidenröschen	3	1	rosa	6–9	60–120
Erigeron acris Scharfes Berufkraut	2	3, 5, 6, 7, 8	lila	6–9	10–40
Eriophorum angustifolium Schmalblättriges Wollgras	3	1	grünlich	4–5	30–60
Eriophorum latifolium Breitblättriges Wollgras	3	1	grünlich	4–5	30–60
Eryginum campestre Feldmannstreu	3	3, 8, 10	graugrün	7–8	10–60
Eryginum planum Flachblättriges Mannstreu	3	1, 3	amethystblau	7–9	30–60
Eupatorium cannabium Wasserdost	3	1, 2, 12	rosa	7–9	50–200
Euphorbia amygdaloides Mandelwolfsmilch	3	12	gelbrün	4–5	30–60
Euphorbia cyparissias Zypressenwolfsmilch	3	3, 6, 7, 8, 10	gelbrün	4–6	10–40
Euphorbia verrucosa Warzenwolfsmilch	3	3, 8, 10	gelblich	5–6	30–50
Euphrasia stricta Steifer Augentrost	2	3, 4, 7, 8, 10	weiß	5–6	5–20
Filipendula ulmaria Mädesüß	3	1, 2	weiß	7–9	50–150
Filipendula vulgaris Knolliges Mädesüß	3	3	weiß	6–7	30–70
Fragaria vesca Walderdbeere	3	3, 4, 7, 8, 12	weiß	5–6	5–20
Fritillaria melagris Schachbrettblume	3	2	purpur, weiß	4–5	10–30
Fumaria officinalis Erdrauch	1	5, 6, 7	rosa	5–9	10–30
Galanthus nivalis Schneeglöckchen	3	12	weiß	2–4	10–20
Galeopsis tetrahit Stechender Hohlzaun	1	5, 6, 7	rot	6–10	10–60

Wildpflanzen

Name	Lebens-alter	Standort	Blüten-farbe	Blüte-monat	Höhe in cm
Galium mollugo Wiesenlabkraut	3	3, 4, 6, 7, 8	weiß	5–9	20–80
Galium odoratum Waldmeister	3	12	weiß	5–6	10–30
Galium silvaticum Waldlabkraut	3	12	weiß	6–8	30–100
Galium verum Echtes Labkraut	3	3, 6, 7, 8, 10	gelb	6–9	10–100
Gentiana acaulis Blauer Enzian	3	3, 8, 9, 10	azurblau	6–8	5–10
Gentiana asclepiadea Schwalbenwurzenzian	3	1, 2	blau	7–9	30–80
Gentiana ciliata Gefranster Enzian	2, 3	3, 7, 8, 10, 12	blau	7–9	5–25
Gentiana cruciata Kreuzenzian	3	3, 7, 8, 10, 12	blau	6–8	10–50
Gentiana germanica Deutscher Enzian	2	2, 3	violett	5–10	5–30
Gentiana lutea Gelber Enzian	3	2, 3, 10, 12	blaßgelb	6–8	50–140
Gentiana purpurea Purpurenzian	3	2, 12	purpur	7–8	20–60
Gentiana verna Frühlingsenzian	3	2, 3, 6, 7, 8, 10	azurblau	3–4	5–15
Geranium dissectum Schlitzblättr. Storchschnabel	2	6, 7, 8, 9, 10	rosa	5–9	10–40
Geranium palustre Sumpfstorchschnabel	3	1, 2	purpurrot	6–9	30–80
Geranium pratense Wiesenstorchschnabel	3	2, 4	blauviolett	6–8	30–60
Geranium pyrenaicum Pyrenäenstorchschnabel	3	3, 6, 7	purpurviolett	5–9	20–50
Geranium robertianum Ruprechtskraut	2	6, 7, 8, 9, 10	rosa	5–10	20–50
Geranium sanguineum Blutstorchschnabel	3	1, 2, 12	rot	6–8	10–50
Geranium silvaticum Waldstorchschnabel	3	1, 2, 12	purpur	6–9	20–60
Geum rivale Bachnelkenwurz	3	1, 2	rotbraun	5–6	20–60
Geum urbanum Echte Nelkenwurz	3	6, 7, 12	gelb	5–9	30–60
Glaucium flavum Gelber Hornmohn	1, 2, 3	5, 6, 7, 8, 10	zitronengelb	6–8	30–60
Glechoma hederacea Gundelrebe	3	2, 7, 9	lila	4–6	20–30
Globularia elongata Gemeine Kugelblume	3	3, 9, 10	violett	5–6	5–30
Glyceria maxima Wasserschwaden	3	1, 2	gelbbraun	7–8	50–250
Helianthemum nummularium Gelbes Sonnenröschen	3	3, 8, 9, 10	gelb	6–9	10–30
Helleborus foetidus Stinkende Nieswurz	3	12	grüngelb	3–4	20–50
Hepatica nobilis Leberblümchen	3	12	blauviolett	3–5	5–30

Name	Lebens-alter	Standort	Blüten-farbe	Blüte-monat	Höhe in cm
Heracleum sphondylium Wiesenbärenklau	3	4	weiß	6–9	70–160
Hieracium aurantiacum Orangerotes Habichtskraut	3	2, 3	orange	6–8	20–50
Hieracium lachenalii Gemeines Habichtskraut	3	8, 12	gelb	6–7	30–100
Hieracium lactucella Ohrhabichtskraut	3	2, 3	gelb	5–7	10–30
Hieracium pilosella Kleines Habichtskraut	3	7, 8, 9, 10	sonnengelb	5–9	10–30
Hieracium silvaticum Waldhabichtskraut	3	12	gelb	5–8	20–60
Hieracium umbellatum Doldenhabichtskraut	3	3, 8, 12	gelb	7–9	50–150
Hippocrepis comosa Hufeisenklee	3	3, 6, 7, 8, 10	gelb	5–8	10–20
Hippuris vulgaris Tannenwedel	3	1	grünlich	6–8	20–200
Holcus lanatus Wolliges Honiggras	3	2, 4, 12	rötlich	6–8	30–60
Hydrocharis morsus-ranae Froschbiß	3	1	weiß	6–8	10–30
Hyoscyamus niger Schwarzes Bilsenkraut	1, 2	6, 7, 9, 10	gelblich	6–10	30–60
Hypericum montanum Bergjohanniskraut	3	3	gelb	6–8	30–60
Hypericum perforatum Tüpfeljohanniskraut	3	3, 6, 7, 8, 10, 12	gelb	7–8	30–60
Hypericum tetrapterum Geflügeltes Johanniskraut	3	2	gelb	7–8	30–60
Hypochoeris radicata Gewöhnliches Ferkelkraut	3	3, 8, 10	gelb	6–9	20–40
Impatiens glandulifera Drüsiges Springkraut	1	5, 6, 7, 12	rosa	7–10	50–300
Impatiens noli-tangere Rühr-mich-nicht-an	1	7, 12	gelb	7–8	30–80
Inula britannica Wiesenalant	3	1, 2, 7, 12	gelb	6–9	20–60
Inula conyza Dürrwurz	3	3, 8, 10	gelb	7–9	40–80
Inula salicina Weidenalant	3	2, 3, 12	gelb	6–10	20–60
Iris graminea Grasschwertlilie	3	3, 8, 10	gelbrot	5–6	10–30
Iris pseudoacorus Sumpfschwertlilie	3	1, 2	gelb	5–6	50–120
Iris sibirica Sibirische Schwertlilie	3	2	violett	5–6	30–80
Isatis tinctoria Färberwaid	2	3, 5, 6, 7, 8, 10	gelb	5–6	50–120
Jasione levis Ausdauerndes Sandglöckchen	3	3, 7, 10	blaulila	7–8	20–40
Jasione montana Bergsandglöckchen	3	3, 7	blaulila	7–8	20–40
Jovibarba sobolifera Sprossende Steinwurz	3	8, 9, 10	gelbgrün	7–8	5–20

Wildpflanzen

Name	Lebens-alter	Standort	Blüten-farbe	Blüte-monat	Höhe in cm
Juncus / Binsen	3	1, 2, 3, 6, 7, 12	grün	6–9	30–100
Knautia arvensis / Ackerwitwenblume	3	3, 4, 5, 6, 7, 8, 10	lila	7–8	30–80
Knautia dipsacifolia / Waldwitwenblume	3	12	lila	6–9	30–90
Lamium album / Weiße Taubnessel	3	6, 7, 12	weiß	4–10	20–60
Lamium galeobdolon / Goldnessel	3	12	goldgelb	4–6	10–60
Lamium maculatum / Gefleckte Taubnessel	3	6, 7, 12	rot	4–9	20–60
Lathyrus montanus / Bergplatterbse	3	12	purpur	4–5	10–30
Lathyrus nissola / Blattlose Platterbse	1	5, 6	purpur	5–7	20–50
Lathyrus pratensis / Wiesenplatterbse	3	3, 4	gelb	6–8	30–100
Lathyrus silvestris / Waldplatterbse	3	12	rot	7–8	90–200
Lathyrus tuberosus / Knollenplatterbse	3	5, 6, 7	karmin	6–8	20–100
Lathyrus vernus / Frühlingsplatterbse	3	12	purpurrot	4–5	10–30
Legousia speculum-veneris / Venusspiegel	1	5	violett	6–8	10–30
Leontodon autumnalis / Herbstlöwenzahn	3	4, 6, 7, 12	gelb	7–9	10–40
Leontodon hispidus / Rauher Löwenzahn	3	4, 6, 7	gelb	7–9	10–40
Leonurus cardiaca / Herzgespann	3	6, 7, 8, 10	purpur	7–9	30–100
Leucanthemum vulgare / Wiesenmargarite	3	3, 4, 6, 7	weiß	6–10	20–50
Lilium martagon / Türkenbundlilie	3	3, 12	rot	6–7	30–100
Linaria alpina / Alpenleinkraut	3	1, 7, 8	violettorange	6–8	5–10
Linaria vulgaris / Gemeines Leinkraut	3	3, 5, 6, 7, 8, 10	gelborange	6–10	20–60
Linum catharticum / Wiesenlein	1	3	weiß	6–7	10–30
Linum perenne / Dauerlein	3	3	blau	6–8	20–80
Linum usatissimum / Flachs	1	5, 6	blau	6–7	30–60
Lithospermum officinale / Echter Steinsame	3	1, 12	grüngelb	5–7	30–100
Lotus corniculatus / Hornklee	3	3, 4, 6, 7, 8, 10	gelb	5–8	5–30
Luzula pilosa / Behaarte Hainsimse	3	12	braun	3–5	10–30
Luzula silvatica / Waldhainsimse	3	12	braun	4–6	30–90
Lychnis flos-cuculi / Kuckuckslichtnelke	3	1, 2, 3, 4	rosa	5–7	30–80
Lycopus europaeus / Wolfstrapp	3	1, 2, 12	weiß	7–8	20–60
Lysimachia nemorum / Haingilbweiderich	3	12	gelb	5–8	10–30
Lysimachia nummularia / Pfennigkraut	3	1,2,3,4,7,9,10,12	gelb	5–8	5–20
Lysimachia thyrsiflora / Straußgilbweiderich	3	1, 2	gelb	5–6	30–60
Lysimachia vulgaris / Gewöhnlicher Gilbweiderich	3	1, 2, 12	gelb	6–8	50–150
Lyhrum salicaria / Blutweiderich	3	1, 2	violett	6–9	50–130
Majanthemum bifolium / Schattenblümchen	3	12	weiß	5–6	5–20
Malva alcea / Rosenmalve	3	6, 7, 8, 10	lila	6–10	50–120
Malva moschata / Moschusmalve	3	3, 6, 7, 8, 12	weiß, lila	6–10	30–80
Malva neglecta / Kleine Malve	2	6, 7, 9	rosa	6–10	10–40
Malva silvestris / Große Malve	2, 3	6, 7, 9	purpur	6–10	40–120
Matricaria chamomilla / Echte Kamille	1	5, 6, 7	weißgelb	5–7	10–40
Medicago falcata / Sichelklee	3	3, 6, 7, 9, 12	gelb	6–9	20–50
Medicago lupulina / Hopfenklee	3	3, 5, 6, 7	gelb	5–10	10–40
Medicago sativa / Saatluzerne	3	3, 6, 7, 8, 10	violett	6–9	30–80
Melampyrum arvense / Ackerwachtelweizen	1	3, 5, 6	vielfarbig	5–8	10–30
Melampyrum pratense / Wiesenwachtelweizen	1	3, 8, 12	weißgelb	5–9	10–50
Melica nutans / Nickendes Perlgras	3	12	braun	5–6	30–60
Melilotus alba / Weißer Steinklee	2	6, 7, 8, 10	weiß	6–9	30–120
Melilotus officinalis / Echter Steinklee	2	6, 7, 8, 10	gelb	6–9	30–110
Melittis melissophyllum / Immenblatt	3	12	rosaweiß	5–7	20–60
Mentha aquatica / Wasserminze	3	1, 2	lila	7–9	20–80
Mentha longifolia / Roßminze	3	2	lila	7–9	30–80
Menynanthes trifolia / Fieberklee	3	1, 2	rosa	4–5	10–40
Mercurialis perennis / Waldbingelkraut	3	12	grün	4–5	10–30
Molinia caerulea / Gemeines Pfeifengras	3	2	bläulich	6–9	50–100
Muscari comosum / Traubenhyazinthe	3	3, 7, 8, 10	blau	4–5	30–70
Mycelis muralis / Mauerlattich	3	3, 12	gelb	7–8	40–80

159

Wildpflanzen

Name	Lebens-alter	Standort	Blüten-farbe	Blüte-monat	Höhe in cm
Myosotis arvensis Ackervergißmeinnicht	1	5, 6, 7	hellblau	5–7	20–60
Myosotis palustris Sumpfvergißmeinnicht	3	1, 2	hellblau	5–9	20–60
Myosotis silvatica Waldvergißmeinnicht	2, 3	7, 12	himmelblau	5–6	10–40
Myriophyllum spicatum Ähriges Tausendblatt	3	1	rosa	6–8	20–200
Nardus stricta Borstgras	3	3, 7, 8, 10	graugrün	5–6	10–30
Narthecium ossifragum Beinbrech	3	2	grüngelb	7–8	10–30
Nasturtium officinale Brunnenkresse	3	1, 2	weiß	5–9	30–80
Nepeta cataria Echte Katzenminze	3	1, 5, 6, 7	gelb, rosa	7–9	50–100
Nuphar lutea Teichmummel	3	1	gelb	6–8	20–200
Nymphaea alba Seerose	3	1	weiß	6–8	20–200
Nymphoides peltata Seekanne	3	1	gelb	6–8	20–150
Odonites rubra Roter Zahntrost	1	5, 6, 7	rot	8–10	10–40
Oenothera biennis Gemeine Nachtkerze	2	6, 7, 8, 10	schwefelgelb	6–9	40–100
Oenothera parviflora Kleinblütige Nachtkerze	2	5, 6, 7, 8, 10	hellgelb	6–8	50–100
Onobrychis viciifolia Saatesparsette	3	3, 8, 10	rosarot	5–7	30–60
Ononis repens Kriechende Hauhechel	3	3, 8, 10	rosa	6–8	20–50
Ononis spinosa Dornige Hauhechel	3	3, 6, 7, 8, 10, 12	rosa	6–8	20–50
Onopordum acanthium Gewöhnliche Eselsdistel	2	5, 6, 7, 8	rötlich	7–9	30–200
Origanum vulgare Wilder Majoran	3	3, 7, 8, 10, 12	rosa	7–9	20–80
Oxalis acetosella Sauerklee	3	12	weiß	4–5	5–10
Papaver dubium Saatmohn	1	5, 6, 7	rot	5–7	20–60
Papaver rhoeas Klatschmohn	1	5, 6, 7, 8, 10	rot	5–7	20–80
Paris quadrifolia Einbeere	3	12	grün	5–6	10–40
Parnassia palustris Sumpfherzblatt	3	2	weiß	7–9	10–30
Pastinaca sativa Echter Pastinak	3	3, 7, 8, 10	gelb	6–9	40–120
Petasites alba Weiße Pestwurz	3	2	weiß	3–5	10–50
Petasites officinalis Gewöhnliche Pestwurz	3	2, 12	rötlich	3–5	10–50
Phalaris arundinacea Rohrglanzgras	3	1, 2	graugrün	5–9	20–50

Name	Lebens-alter	Standort	Blüten-farbe	Blüte-monat	Höhe in cm
Phragmites australis Schilf	3	1, 2	grün	7–9	10–400
Phyteuma orbiculare Kugelige Teufelskralle	3	3, 8	blau	5–7	10–30
Phyteuma spicatum Ährige Teufelskralle	3	12	weiß	5–7	20–60
Picris echioides Großes Bitterkraut	1, 3	5, 6, 7	gelb, purpur	7–8	30–60
Picris hieracioides Gewöhnliches Bitterkraut	2, 3	4, 5, 6, 7	gelb	7–10	30–60
Pimpinella saxifraga Kleine Bibernelle	3	3, 4, 12	weiß	7–9	10–50
Plantago lanceolata Spitzwegerich	3	4, 5, 8	braun	4–9	10–40
Plantago major Breitwegerich	3	6, 7, 8	braun	6–10	5–30
Plantago media Mittlerer Wegerich	3	3, 4, 8	grünlila	5–9	10–50
Polemonium coeruleum Himmelsleiter	3	2, 4	himmelblau	6–7	30–80
Polygala chamaebuxus Buchsblättrige Kreuzblume	3	3, 8, 12	gelbweiß	4–6	10–20
Polygala comosa Schopfige Kreuzblume	3	3, 8	rötlich	5–6	10–30
Polygala vulgaris Kreuzblümchen	3	3, 8	blau	5–6	10–20
Polygonatum multiflorum Vielblütige Weißwurz	3	12	weiß	5–6	30–70
Polygonatum odoratum Wohlriechende Weißwurz	3	12	weiß	5–6	10–50
Polygonatum verticillatum Quirlblättrige Weißwurz	3	12	weiß	5–6	30–70
Polygonum amphibium Wasserknöterich	3	1, 2	rosa	6–9	30–300
Polygonum bistorta Schlangenknöterich	3	2, 4	rosa	5–7	30–80
Polygonum persicaria Flohknöterich	1	5, 6, 7	rosa	7–10	10–80
Potamogeton natans Schwimmendes Laichkraut	3	1	grün	6–8	50–150
Potentilla anserina Gänsefingerkraut	3	7, 8, 10	gelb	5–7	5–30
Potentilla argentea Silberfingerkraut	3	3, 6, 7, 8, 10	gelb	6–10	5–30
Potentilla erecta Blutwurz	3	3, 12	gelb	6–7	5–30
Potentilla recta Aufrechtes Fingerkraut	3	3, 7, 8, 10	schwefelgelb	6–7	30–70
Potentilla reptans Kriechendes Fingerkraut	3	5, 6, 7, 10	gelb	6–8	5–20
Prenanthes purpurea Roter Hasenlattich	3	12	lila, rot	7–8	50–150
Primula elatior Hohe Schlüsselblume	3	2, 4, 7, 12	hellgelb	3–5	10–20
Primula veris Wiesenschlüsselblume	3	3, 12	dunkelgelb	4–6	10–30

Wildpflanzen

Name	Lebens-alter	Standort	Blüten-farbe	Blüte-monat	Höhe in cm
Prunella grandiflora Große Braunelle	3	3, 7, 8, 10, 12	violett	6–8	10–30
Prunella vulgaris Kleine Braunelle	3	3, 4, 6, 7	violett	6–9	10–20
Pulicaria dysenterica Flohkraut	3	2, 12	goldgelb	7–8	30–60
Pulmonaria officinalis Lungenkraut	3	12	violett	3–5	10–30
Pulsatilla vulgaris Echte Küchenschelle	3	3, 9, 10	violett	2–4	10–20
Ranunculus aconitifolius Eisenhutblättriger Hahnenfuß	3	2, 12	weiß	5–7	20–60
Ranunculus aquatilis Wasserhahnenfuß	3	1	weiß	5–8	10–20
Ranunculus arvensis Ackerhahnenfuß	1	5	gelb	5–7	20–60
Ranunculus bulbosus Knolliger Hahnenfuß	3	3, 8, 10	gelb	5–7	10–40
Ranunculus ficaria Scharbockskraut	3	2, 12	sonnengelb	3–5	5–20
Ranunculus lanuginosus Wolliger Hahnenfuß	3	12	gelb	5–7	30–70
Ranunculus lingua Zungenhahnenfuß	3	1, 2	gelb	6–8	40–150
Ranunculus repens Kriechender Hahnenfuß	3	2, 4, 7, 12	gelb	5–8	10–50
Reseda lutea Gelber Wau	2, 3	3, 6, 7, 8, 10	gelb	6–9	20–50
Reseda luteola Färberwau	2, 3	3, 6, 7, 8, 10	gelb	6–9	50–120
Rhinanthus alectorolophus Zottiger Klappertopf	1	3, 4, 5, 6, 7	hellgelb	5–9	10–80
Rhinanthus minor Kleiner Klappertopf	1	3, 8, 10	gelb	5–8	10–40
Rumex acetosella Kleiner Sauerampfer	3	3, 5, 6, 7	rötlich	5–8	10–30
Sagina procumbens Liegendes Mastkraut	3	5, 6, 7	weiß	5–9	3–5
Sagittaria sagittifolia Pfeilkraut	3	1	weiß	6–8	30–120
Salvia glutinosa Klebriger Salbei	3	12	gelb	7–10	50–120
Salvia pratensis Wiesensalbei	3	3, 8	blau	4–9	30–60
Salvia verticillata Quirlblättriger Salbei	3	3, 5, 8, 10	violett	6–9	20–60
Sambucus ebulus Zwergholunder	3	5, 6, 7, 12	rosa	6–8	50–150
Sanguisorba minor Kleiner Wiesenknopf	3	3, 6, 8	rot	5–8	30–60
Sanguisorba officinalis Großer Wiesenknopf	3	4	rot	7–9	30–80
Sanicula europaea Sanikel	3	12	weiß	5–6	20–50
Saponaria officinalis Echtes Seifenkraut	3	2, 5, 6, 7, 12	rosa	7–9	30–80

Name	Lebens-alter	Standort	Blüten-farbe	Blüte-monat	Höhe in cm
Saxifraga caesia Blaugrüner Steinbrech	3	9, 10	weiß	7–9	5–10
Scabiosa canescens Wohlriechende Skabiose	3	3, 12	hellblau	7–11	20–50
Scabiosa columbaria Taubenskabiose	3	3, 10	lila	7–10	20–60
Scabiosa ochrolauca Gelbe Skabiose	2, 3	3, 7, 10	gelb	7–10	20–60
Schoenoplectus lacustris Zweiblättrige Teichbinse	3	1, 2	grünbraun	6–7	80–300
Scilla bifolia Blaustern	3	12	blau	3–4	10–20
Sclerantus perennis Ausdauernder Knäuel	3	3, 8, 10	grün	5–10	5–15
Scrophularia nodosa Knotige Braunwurz	3	12	braun	6–9	50–150
Scutellaria galericulata Sumpfhelmkraut	3	2	blau	6–9	10–40
Sedum acre Scharfer Mauerpfeffer	3	7, 8, 9, 10	gelb	6–7	5–15
Sedum album Weißer Mauerpfeffer	3	6, 7, 8, 9, 10	weiß	6–7	5–20
Sedum dasyphyllum Dickblättrige Fetthenne	3	8, 9, 10	zartrosa	6–8	5–20
Sedum forsterianum Zierliche gelbe Fetthenne	3	8, 9, 10	gelb	7–8	15–20
Sedum ochroleucum Ockergelbe Fetthenne	3	8, 9, 10	ockergelb	6–7	10–20
Sedum reflexum Tripmadam	3	8, 9, 10	goldgelb	6–7	15–30
Sedum rupestre Felsenmauerpfeffer	3	7, 8, 9, 10	gelb	6–8	10–30
Sedum spurium Kriechende Fetthenne	3	7, 8, 9, 10	rosa	7–8	5–20
Sedum maximum Große Fetthenne	3	7, 8, 9, 10, 12	grüngelb	7–9	20–50
Sempervivum arachnoideum Spinnwebenhauswurz	3	7, 8, 9, 10	karminrot	7–9	5–10
Sempervivum tectorum Echte Hauswurz	3	8, 9, 10	rosenrot	7–9	10–50
Senecio aquaticus Wassergreiskraut	2	1, 2	gelb	7–10	20–60
Senecio erucifolius Raukenblättriges Greiskraut	3	3, 8	gelb	6–8	30–120
Senecio fuchsii Fuchsgreiskraut	3	12	gelb	7–8	60–150
Senecio jacobaea Jacobsgreiskraut	2, 3	3, 8, 12	gelb	6–10	30–120
Sherardia arvensis Ackerröte	1	5	lila	6–10	5–20
Serratula tinctoria Färberscharte	1, 2	2, 12	purpur	7–9	30–100
Silaum silaus Wiesensilau	3	3, 4, 8	gelb	6–9	30–100
Silene alba Weißes Leimkraut	2	6, 7	weiß	6–9	30–100

161

Wildpflanzen

Name	Lebens-alter	Standort	Blüten-farbe	Blüte-monat	Höhe in cm
Silene armeria / Nelkenleimkraut	1, 2	7, 8, 10	kirschrot	6–9	10–60
Silene dioica / Rotes Leimkraut	2, 3	2, 4, 12	rot	4–6	30–80
Silene nutans / Nickendes Leimkraut	3	3, 8, 9	weiß	5–9	30–60
Silene rupestris / Felsenleimkraut	2, 3	8, 9, 10	weiß	6–9	5–30
Silene vulgaris / Taubenkropfleimkraut	3	3, 6, 7, 8, 10	weiß	5–9	10–50
Silybum marianum / Mariendistel	1, 2	5	purpur	7–8	60–150
Solanum nigrum / Schwarzer Nachtschatten	1	5, 6	weiß	6–10	10–60
Soldanella montana / Bergtroddelblume	3	2, 8, 12	blauviolett	5–6	10–20
Solidago canadensis / Kanadische Goldrute	3	6, 7, 8, 12	gelb	7–9	50–250
Solidago virgaurea / Echte Goldrute	3	12	gelb	7–10	20–100
Sparganium erectum / Ästiger Igelkolben	3	1, 2	grün	7–9	30–50
Stachys officinalis / Heilziest	3	12	rosa	6–8	20–70
Stachys palustris / Sumpfziest	3	2	rosa	6–9	30–100
Stachys silvatica / Waldziest	3	12	violett	6–9	30–100
Stellaria graminea / Grassternmiere	3	3, 7, 8, 10	weiß	4–6	10–50
Stratoides aloides / Krebsschere	3	1	weiß	6–8	20–30
Succisa pratensis / Teufelsabbiß	3	2, 3	lila	7–9	20–80
Symphytum officinale / Beinwell	3	2, 4	violett	5–7	30–100
Teucrium chamaedrys / Echter Gamander	3	3, 7, 8, 10	rot	7–9	10–30
Teucrium montanum / Berggamander	3	3, 8, 10, 12	blaßgelb	6–8	5–35
Teucrium scorodonia / Salbeigamander	3	12	gelb	7–9	30–60
Thalictrum aquilegifolium / Akeleiblättrige Wiesenraute	3	12	lila	5–7	40–120
Thlaspi arvense / Ackerhellerkraut	1	5, 6	weiß	4–9	10–40
Thymus pulegioides / Gewöhnlicher Thymian	3	3, 4, 6, 8, 9, 10	rosa	6–10	5–20
Thymus serpyllum / Sandtymian	3	3, 7, 8, 10, 12	rosa	5–10	10–30
Tofieldia calyculata / Simsenlilie	3	2	grüngelb	6–8	10–40
Tragopogon dubius / Großer Bocksbart	2	3, 5, 6, 7	hellgelb	5–7	30–60
Tragopogon pratensis / Wiesenbocksbart	2, 3	3, 4, 8, 10	gelb	5–7	30–70
Trinia glauca / Seegrüner Faserschirm	2, 3	3	weißgrün	4–5	10–50
Trollius europaeus / Trollblume	3	2	gelb	5–7	30–60
Tunica saxifraga / Felsennelke	3	3, 8, 9	weißpurpur	6–9	10–30
Tussilago farfara / Huflattich	3	5, 6, 7, 8	gelb	2–4	5–20
Typha angustifolia / Schmalblättriger Rohrkolben	3	1, 2	braungelb	7–8	50–250
Typha latifolia / Breitblättriger Rohrkolben	3	1, 2	braunschwarz	7–8	100–250
Typha minima / Zwergrohrkolben	3	1, 2	braun	5–6	30–60
Utricularia vulgaris / Gemeiner Wasserschlauch	3	1	gelb	6–8	10–200
Vaccaria hispanica / Saatkuhkraut	1	5, 6	rosa	5–7	30–70
Valeriana dioica / Sumpfbaldrian	3	2	rosa	5–6	10–30
Valeriana officinalis / Echter Baldrian	3	2	rosa	6–8	30–150
Verbascum densiflorum / Großblütige Königskerze	2	5, 6, 7, 8, 10, 12	gelb	7–9	50–200
Verbascum lychnites / Mehlige Königskerze	2	3, 7, 8, 10	hellgelb	6–9	60–100
Verbascum nigrum / Schwarze Königskerze	2	5, 6, 7, 12	gelb	6–8	50–150
Verbascum phoenicum / Violette Königskerze	2	3, 8, 12	purpur	5–7	30–60
Verbascum thapsus / Kleinblütige Königskerze	2	5, 6, 7, 10, 12	gelb	7–9	20–70
Verbena officinalis / Echtes Eisenkraut	3	3, 6, 7, 8, 10	lila	7–9	20–80
Veronica beccabunga / Bachbunge	3	1, 2	blau	5–9	20–60
Veronica latifolia / Nesselblättriger Ehrenpreis	3	12	lila	6–8	20–60
Veronica officinalis / Waldehrenpreis	3	3, 12	hellblau	6–8	10–30
Veronica serpyllifolia / Quendelblättriger Ehrenpreis	3	2, 4, 5, 7	weißblau	4–9	5–20
Veronica teucrium / Großer Ehrenpreis	3	3, 7, 8, 10, 12	himmelblau	5–8	20–100
Vinca minor / Immergrün	3	12	blau	4–5	10–20
Viola alba / Weißes Veilchen	3	7, 12	weiß	3–4	5–10
Viola arvensis / Ackerstiefmütterchen	1	5, 6	hellgelb	4–10	5–20
Viola mirabilis / Wunderveilchen	3	12	blaßlila	4–5	10–30
Viola odorata / Duftveilchen	3	7, 11, 12	violett	3–4	5–10
Viola palustris / Sumpfveilchen	3	1, 2	blaßlila	5–6	5–20

162

Wildpflanzen

Name	Lebens-alter	Standort	Blüten-farbe	Blüte-monat	Höhe in cm
Viola tricolor Wildes Stiefmütterchen	3	5, 6, 7	bunt	5–9	5–30
Viscaria vulgaris Pechnelke	3	3, 7, 10	purpur	5–7	10–60

Kletterpflanzen

Name	Lebens-alter	Standort	Blüten-farbe	Blüte-monat	Höhe in cm
Actinidia arguta Wilde Kiwi	3	11	weiß	6	300–1000
Adlumia fungosa Adlumie	1	11, 12	blaßrosa	7–8	100–200
Akebia quinata Akebie	3	11, 12	purpur	4–6	500–800
Ampelopsis aconitifolia Scheinrebe	3	11	grünweiß	7–8	300–400
Aristolochia macrophylla Pfeifenwinde	3	11, 12	gelbgrün	6–7	500–1500
Asarina barclaiana Asarine	1	11	purpur	6–10	200–300
Bryonia dioica Rote Zaunrübe	3	6, 7, 8, 11, 12	weiß	6–7	50–300
Campsis radicans Trompetenblume	3	11	orangerot	7–8	500–1000
Celastrus orbiculatus Baumwürger	3	11, 12	grün	7–8	800–1200
Clematis alpina Alpenwaldrebe	3	9, 11, 12	violett	5–7	100–300
Clematis montana rubens Anemonenwaldrebe	3	11, 12	rosa	5–6	300–800
Clematis recta Aufrechte Waldrebe	3	9, 10, 11, 12	weiß	6–7	50–150
Clematis vitalba Gemeine Waldrebe	3	11, 12	weiß	5–6	200–1200
Cobea scandens Glockenrebe	1	11	blauviolett	7–10	300–400
Coccolus trilobus Kokkelstrauch	3	11, 12	grünweiß	6–7	300–400
Cucurbita pepo Zierkürbis	1	11	honiggelb	7–9	100–500
Cyclanthera brachystachya Explodiergurke	1	11	weiß	7–9	300–500
Echinocystis lobata Igelgurke	1	11	weiß	7–8	400–500
Eccremocarpus scaber Schönranke	1	11	orange	7–10	200–400
Euonymus fortunei Kletterspindel	3	11, 12	gelbgrün	6–7	300–500
Hedera helix Gemeiner Efeu	3	9, 10, 11, 12	grün	8–10	500–3000
Humulus lupulus Gemeiner Hopfen	3	11, 12	grün	7–8	300–800

Name	Lebens-alter	Standort	Blüten-farbe	Blüte-monat	Höhe in cm
Humulus scandens Japanhopfen	1	11, 12	gelbgrün	8–9	300–400
Hydrangea anomala Kletterhortensie	3	11, 12	weißgrün	6–7	600–1000
Ipomea tricolor Prunkwinde	1	11	violett	7–10	200–300
Jasminum nudiflorum Winterjasmin	3	11	hellgelb	1–3	100–400
Lagenaria siceraria Flaschenkürbis	1	11	weiß	6–9	300–600
Lathyrus odoratus Duftwicke	1	11	vielfarbig	6–9	100–200
Lonicera caprifolium Jelängerjelieber	3	9, 11, 12	gelbweiß	6–8	100–300
Lonicera henryi Immergrünes Geißblatt	3	11	gelbrot	6–7	300–400
Lonicera periclymenum Waldgeißblatt	3	9, 11, 12	weißrosa	6–8	100–300
Menispermum canadense Mondsame	3	11	grünlich	6–7	300–400
Parthenocissus quinquefolia Fünfblättriger Wilder Wein	3	11, 12	grün	6–8	800–1500
Parthenocissus tricuspidata Dreiblättriger Wilder Wein	3	9, 11, 12	gelbgrün	6–7	1200–2000
Passiflora coerulea Passionsblume	3	11	gelbviolett	7–10	200–400
Pharbitis nil Trichterwinde	1	11	blaurot	6–9	200–300
Phaseolus coccineus Feuerbohne	1	11	rotorange	6–9	300–400
Polygonum aubertii Schlingknöterich	3	11, 12	weiß	7–10	800–2000
Quamoclit lobata Sternwinde	1	11, 12	vielfarbig	7–9	100–300
Rosa kordesii Kletterrose	3	11, 12	vielfarbig	6–9	200–500
Rubus henryi Kletterbrombeere	3	9, 11, 12	hellrosa	6–9	200–300
Schisandra chinensis Spaltkörbchen	3	11	hellrosa	5	500–800
Solanum dulcamara Bittersüßer Nachtschatten	3	11, 12	violett	6–8	30–200
Tamus communis Schmerwurz	3	11, 12	grün	4–6	50–300
Thunbergia alata Schwarzäugige Susanne	1	11	orangegelb	7–10	100–200
Tropaeolum peregrinum Zierliche Kapuzinerkresse	1	11	vielfarbig	6–10	100–300
Vicia cracca Vogelwicke	3	4, 11, 12	violett	6–8	30–100
Vicia sepium Zaunwicke	3	3, 11, 12	violett	5–8	30–80
Vitis vinifera Echter Wein	3	9, 11	grüngelb	5–6	300–1000
Wisteria sinensis Blauregen	3	11, 12	blauviolett	5–6	500–1200

Wildpflanzen

Sträucher/Bäume

Name	Lebens-alter	Standort	Blüten-farbe	Blüte-monat	Höhe in cm
Amelanchier ovalis Gemeine Felsenbirne	3	3, 6, 8, 10, 12	weiß	4–5	100–300
Berberis vulgaris Gemeine Berberitze	3	3, 8, 12	goldgelb	5–6	100–300
Calluna vulgaris Heidekraut	3	3, 12	hellrosa	7–9	20–100
Carpinus betulus Hainbuche	3	12	grün	5	300–2000
Colutea arborescens Gemeiner Blasenstrauch	3	3, 8, 12	gelb	5–8	100–300
Cornus mas Kornelkirsche	3	8, 12	honiggelb	2–4	200–600
Cornus sanguinea Roter Hartriegel	3	12	weiß	5–6	200–500
Coronilla emerus Strauchkronwicke	3	8, 12	gelb	5–6	100–200
Corylus avellana Waldhasel	3	12	gelb, rot	2–4	300–500
Crataegus monogyna Eingriffeliger Weißdorn	3	3, 8, 12	weiß	5–6	200–400
Cytisus nigricans Schwarzer Geißklee	3	3, 8, 10, 12	goldgelb	6–8	30–200
Cytisus purpureus Roter Geißklee	3	3, 8, 10	karmin	4–6	30–100
Cytisus scoparius Besenginster	3	3, 8, 10	gelb	5–6	50–200
Cytisus supinus Kopfginster	3	8, 10, 12	gelbbraun	4–8	20–60
Daphne cneorum Rosmarinseidelbast	3	3, 12	pink	4–6	10–40
Daphne mezereum Gemeiner Seidelbast	3	12	rosarot	3–4	50–100
Daphne striata Gestreifter Seidelbast	3	3	hellpurpur	5–7	10–40
Dorcynium germanicum Deutscher Backenklee	3	3, 8	rosaweiß	6–8	15–50
Erica carnea Schneeheide	3	1, 3, 12	rosa	1–4	15–30
Euonymus europaeus Europäisches Pfaffenhütchen	3	12	grünweiß	5–6	200–500
Genista anglica Englischer Ginster	3	3, 8, 10	goldgelb	5–6	10–50
Genista germanica Deutscher Ginster	3	3, 8, 12	goldgelb	5–6	10–60
Genista pilosa Sandginster	3	3, 8, 9, 10	goldgelb	4–7	10–30
Genista sagittalis Flügelginster	3	3, 7, 8, 9, 10	hellgelb	5–7	10–25
Genista tinctoria Färberginster	3	3, 8, 10	goldgelb	6–8	30–60
Hippophae rhamnoides Sanddorn	3	1, 8, 12	braun	4–5	100–400
Hypericum androsaemum Mannsblut	3	12	gelb	7–8	50–100

Name	Lebens-alter	Standort	Blüten-farbe	Blüte-monat	Höhe in cm
Juniperus communis Gemeiner Wacholder	3	3, 8, 12	grünlich	4–5	50–300
Juniperus sibirica Zwergwacholder	3	3, 8, 10, 12	grünlich	5–6	10–50
Ligustrum vulgare Gemeiner Liguster	3	12	weiß	6–7	100–200
Lonicera alpigena Alpenheckenkirsche	3	12	braunrot	5–6	50–150
Lonicera coerulea Blaue Heckenkirsche	3	12	hellgelb	4–5	100–150
Lonicera xylosteum Rote Heckenkirsche	3	12	hellgelb	5–6	100–200
Lycium halimifolium Gemeiner Bocksdorn	3	5, 6, 7, 8, 10, 11	purpur	6–8	100–200
Malus sylvestris Wildapfel	3	12	rosa, weiß	5–6	300–1000
Myrica gale Gagelstrauch	3	1	gelb, rot	3–5	50–150
Myricaria germanica Deutsche Tamariske	3	1	rosa	5–6	50–150
Prunus avium Vogelkirsche	3	12	weiß	4–5	1000–2000
Prunus mahaleb Steinweichsel	3	3, 8, 12	weiß	5–6	150–300
Prunus padus Gemeine Traubenkirsche	3	1, 12	weiß	4–5	300–1000
Prunus spinosa Schlehe	3	3, 8, 12	weiß	4–5	100–300
Prunus tenella Zwergmandel	3	8, 10	rosa	4–5	60–80
Pyrus communis Wildbirne	3	12	weiß	4–5	500–2000
Rhamnus cathartica Gemeiner Kreuzdorn	3	12	gelbgrün	5–6	200–500
Rhamnus frangula Faulbaum	3	1, 12	gelbgrün	5–6	100–200
Ribes alpinum Alpenjohannisbeere	3	9, 12	grüngelb	4–5	50–150
Ribes rubrum Rote Johannisbeere	3	1, 12	gelbweiß	5	50–100
Ribes nigrum Schwarze Johannisbeere	3	1, 12	grünrot	4–5	50–150
Rosa arvensis Feldrose	3	7, 8, 9, 12	weiß	7	50–100
Rosa canina Hundsrose	3	3, 5, 6, 7, 8	rosa	6–7	150–400
Rosa gallica Essigrose	3	12	rot	6–7	50–100
Rosa glauca Hechtrose	3	8, 9, 12	rot	6–7	100–300
Rosa jundzillii Rauhblättrige Rose	3	3, 12	dunkelrosa	6–7	100–200
Rosa majalis Zimtrose	3	12	rosenrot	5–7	100–150

Literatur

Name	Lebens-alter	Standort	Blüten-farbe	Blüten-monat	Höhe in cm
Rosa pendulina Alpenrose	3	12	purpur	5–6	50–300
Rosa pimpinellifolia Bibernellrose	3	8, 12	weiß	5–7	20–100
Rosa rubiginosa Weinrose	3	3, 12	rosa	6–7	100–180
Rosa tomentosa Filzrose	3	12	rosa	6–7	100–200
Rubus fructicosus Wilde Brombeere	3	5, 6, 11, 12	weiß, rosa	6–8	100–300
Salix aurita Ohrweide	3	1, 12	gelb, grün	4–5	50–150
Salix caprea Salweide	3	1, 5, 6, 7, 8, 10, 12	gelb, grün	3–5	100–700
Salix lanata Wollweide	3	10	silbergrau	4–5	30–50
Sambucus nigra Schwarzer Holunder	3	5, 6, 12	gelbweiß	5–6	200–700

Name	Lebens-alter	Standort	Blüten-farbe	Blüten-monat	Höhe in cm
Sambucus nigra Roter Holunder	3	5, 6, 12	gelb	4–5	100–400
Sorbus aria Mehlbeere	3	12	weiß	5–6	500–1200
Sorbus aucuparia Vogelbeere	3	12	weiß	5–6	500–1200
Sorbus chamaemespilus Zwergmehlbeere	3	3, 8, 10	weiß	6–7	50–200
Sorbus torminalis Elsbeere	3	12	weiß	5–6	500–1500
Taxus baccata Gemeine Eibe	3	12	grün	3–5	300–1500
Ulex europaeus Stechginster	3	3, 8	goldgelb	4–6	100–150
Viburnum lantana Wolliger Schneeball	3	3, 8, 12	weiß	5–6	100–300
Viburnum opulus Gemeiner Schneeball	3	1, 12	weißgelb	5–6	100–500

Literatur

Flora Mitteleuropas

August Garcke: Illustrierte Flora. Parey-Verlag, Hamburg 1972. *Ein ausführliches Bestimmungsbuch für die heimische Flora.*

Henning Haeupeler / Peter Schönfelder: Atlas der Farn- und Blütenpflanzen der Bundesrepublik Deutschland. Ulmer-Verlag, Stuttgart 1988. *Derzeit bester Überblick über die aktuelle Verbreitung der heimischen Flora. Die Fundorte in Deutschland sind für 2500 Arten in Punktrasterkarten wiedergegeben.*

Heinz Ellenberg: Vegetation Mitteleuropas mit den Alpen. Ulmer-Verlag, Stuttgart 1982. *Der Klassiker mit vielen Details über die heimischen Pflanzengesellschaften.*

Heinz Ellenberg: Zeigerwerte der Gefäßpflanzen Mitteleuropas. Goltze-Verlag, Göttingen 1979. Detaillierte Standortdefinition für fast alle heimischen Pflanzen.

Fritz Runge: Die Pflanzengesellschaften Mitteleuropas. Aschendorf-Verlag, Münster 1990. *Tabellarische Auflistung der heimischen Pflanzengemeinschaften.*

Bund deutscher Baumschulen: Artenliste Wildgehölze / Handbuch Wildstauden / Handbuch Wildsträucher. Alle bei: BdB, Bismarckstraße 49, D-2080 Pinneberg. *Nützliche, allerdings unvollständige Arbeitsmaterialien, die Handbücher auch mit Farbfotos.*

Wolfgang-Philipp-Gesellschaft: Die Bewahrung der heimischen Straucharten. Bezugsadresse oben: *Eine erstmalig vollständige Auflistung der Wildsträucherflora.*

Wildgärten

Andreas Winkler: Das Naturgarten-Handbuch für Praktiker. AT-Verlag, CH-Aarau 1989. *Eines der kompetentesten Naturgartenbücher auf dem Markt von einem renommierten Wildgartenplaner. Spezielle Berücksichtigung von praktischen Problemen. Für Laien wie Fachleute.*

Alex Oberholzer / Lore Lässer: Gärten für Kinder. Ulmer-Verlag, Stuttgart 1991. *Die Nützlichkeit von Wildgärten, einmal aus der Sicht von Kindern betrachtet. Mit wertvollen Praxistips und Ideen aus 20jähriger Erfahrung im Umgang mit Natur im Garten. Für Hobbygärtner und Experten.*

Adalbert Niemeyer-Lüllwitz: Arbeitsbuch Naturgarten. Maier-Verlag, Ravensburg 1989. *Ein guter Einstieg für Laien in das Thema.*

Alfred Feßler: Naturnahe Pflanzungen. Ulmer-Verlag, Stuttgart 1988. *Ausgezeichnetes Fachbuch mit vielen Praxisbeispielen zur Wildpflanzenvermehrung und Anlage. Empfehlenswert für Fachleute und Laien.*

Jürgen Dahl: Wildpflanzen im Garten. Gräfe und Unzer-Verlag, München 1985. *Eine lobliche Auseinandersetzung mit der Aussaat, Pflanzung, Pflege und Vermehrung von Wildstauden. Für Laien.*

Reinhard Witt: Wildsträucher in Natur und Garten. Kosmos-Verlag, Stuttgart 1989. *Beschreibung des ökologischen Wertes von heimischen Sträucher im Garten. Artenbestimmung. Für Laien.*

Hermann Fuchs: Schöne Steingärten. Ulmer-Verlag, Stuttgart 1991. *Nützliche Beispiele zur Anlage und Bepflanzung. Beschreibung von geeigneten Stauden. Für Laien.*

Karl Ludwig: Kletterpflanzen. BLV-Verlag, München 1985. *Vollständige Beschreibung der Begrünungspflanzen. Für Laien.*

Walter Kolb / Schwarz: Grün auf kleinen Dächern. BLV-Verlag, München 1987. *Empfehlenswerte Beschreibung verschiedener Begrünungssysteme mit dafür geeigneten Pflanzen.*

Inge Kepler: Der Bau eines Naturteiches aus Ton. Arbeit und Ökologie e. V. Amersforterstraße 9, D-2800 Bremen, 1990. *Motivierende Projektbeschreibung zur Entstehung eines Tonteichs.*

Naturgarten e. V. und Deutsches Jugendherbergswerk Bayern: Natur-Schau-Garten Tannenlohe. Gegen 5 DM in Briefmarken beim Naturgarten e. V., Kleinhaderner Weg 1, D-8032 München-Gräfelfing. *Beschreibung eines Modell-Wildgartens bei der Jugendherberge Tannenlohe im Oberpfälzer Wald.*

Naturschutzbund Deutschland: Lebensraum Garten / Heimische Sträucher. Beide Broschüren im Naturschutzbund Deutschland, Am Michaelshof 8–10, D-5300 Bonn 2. *Einführungen mit Schwerpunkt Naturschutz.*

Adressen

Adressen

Information/Beratung/Fortbildung

Naturgarten e. V.
Verein für naturnahe Garten- und Landschaftsgestaltung
Kleinhaderner Weg 1
D-8032 München-Gräfelfing
Seit 1990 in ganz Deutschland tätig. Der Verein möchte die Naturgartenidee verbreiten und alle Interessierten miteinander vernetzen. Umfangreiches Jahresprogramm mit Kursen, Tagungen und Aktionen für Hobbygärtner und Fachleute. Unterhaltung eines Natur-Schau-Gartens. Richtlinien zur Planung, Pflege und Anlage von Naturgärten. Gütesiegel für fachgerecht arbeitende Betriebe.
(Info gegen 3 DM in Briefmarken)

VNG
Verein für naturnahe Garten- und Landschaftsgestaltung
Rebbergstraße
CH-4800 Zofingen
Seit 1985. Schweizer Schwesterorganisation des deutschen Naturgarten-Vereins mit ähnlichen Zielen. Kursprogramm speziell interessant für Fachleute.

Wolfgang-Philipp-Gesellschaft
Ausschuß für naturnahen Gartenbau
Postfach 4366
D-6530 Bingen
Arbeitsgruppe zur Erhaltung und Vermehrung heimischer Pflanzenarten. Schwerpunkt: seltene Wildsträucher, speziell Wildrosen.

Wildblumenfreunde e. V.
Am Wörth 45a
D-8050 Freising
1988 zur Förderung von Wildstauden gegründet. Kurse und Besichtigungen geschützter Wildarten auf einer Demonstrationsfläche.

Bezugsquellen/Planung/Anlage

Deutschland

Fritz Balzer
Oberer Ellenberg 5
3551 Amönau
Bodenuntersuchung

Natur und Garten
Riesenbeckerstraße 63
4530 Ibbenbüren
Wildsträucher, Wildstaudensamen, Kletterpflanzen, Teich- und Dachfolie

Naturwuchs
August-Bebel-Straße 16–18
4800 Bielefeld
Wildgärten, Fassadenbegrünung, Naturteiche, Wildsträucher, Wildstaudensamen und -pflanzen, Klettergewächse, Dachbegrünung, Obstbäume

Hartmut Zipperlen
Bauernwaldstraße 33
7000 Stuttgart 1
Wildgärten

Wolfhart Lau
Lindenweg 17
7881 Großherrischwand
Wildstaudensamen und -pflanzen

Naturwuchs
Kleinhaderner Weg 1
8032 München-Gräfelfing
Wildgärten, Naturteiche, Wildsträucher, Wildstaudenpflanzen, Klettergewächse, Obstbäume

Michael Plogstedt
Am Anger 6
8050 Freising
Wildstaudenpflanzen

Boden und Pflanze
Mooseurach 6
8197 Königsdorf
Bodenuntersuchung

Dieter Köhler
Rainerstraße 4
Biberg
8201 Tuntenhausen
Wildstaudensamen

Joe Engelhardt
Dörfl 20
8314 Gangkofen
Wildstaudenpflanzen nur für Sumpf und Wasser

Bernhard Häring
Kumhausener Straße 1
8900 Landshut
Wildgärten, Bewässerungssysteme

Schweiz

Andreas Schild
3138 Utendorf
Wildgärten

Fredi Zollinger
Noflenweg 7
3177 Laupen
Wildgärten

Bernhard Meyer
Hohle Gasse
3120 Kerzers
Wildgärten

Susann Bracher
Feld
3465 Dürrenroth
Wildgärten

Urtica
Tellstraße 54
4053 Basel
Wildgärten

Karl Egger
Postfach 332
4502 Solothurn
Wildgärten

Andre de Wilde
Stockstraße 4
8330 Pfäffikon
Wildgärten

Grünwerk
Rosenstraße 11
8400 Winterthur
Wildgärten

Biorana
Hintere Bäpur
8618 Ötwil am See
Wildgärten

Biotopa
Asylstraße 46
8708 Männedorf
Wildgärten, Wildstaudenpflanzen

Andreas Winkler
Dorfstraße 12
9545 Wängi
Wildgärten, Wildstaudenpflanzen

Österreich

Jörg Fricke
Weidlinger Hauptstraße 285
3411 Weidling
Wildgärten

Italien

Renatura
Aichweg 20
39050 St. Pauls

Register

A
Aaskäfer 21
Acker 154
Ackergauchheil 74
Ackerglockenblume 71
Ackerhahnenfuß 24
Ackerhornkraut 24
Ackerrittersporn 71
Ackerröte 24, 71
Ackersenf 24
Ackerstiefmütterchen 24
Ackerwildkräuter 20 f., **39**, 43, 69, 71, 75, 152
Ackerwinde 74
Ackerwitwenblume **57**
Ackerziest 24
Adlerfarn 129
Adonisröschen 69, 71
Ahorn 31
Akebie 137
Akelei 72, **127**, 145
Alge **91 ff.**
Alpenjohannisbeere 33
Alpenleinkraut **98**, 115
Alpenrose 121
Alpenwaldrebe 112, 136 f., 152
Ameise 20
Ampfer, Breitblättriger 55
Amsel 28 f.
Apollofalter 24
Aprikose 135
Arnika 112 f.
Aronstab, Gefleckter 129
Artenfülle 79
Artenschutz **18 ff.**, 24, 27, 55, 88
Artenvielfalt 18, 20, 24, 28 f., 37, **56**, 58, 65, 92
Asarine 137
Assel 21
Asthaufen 26
Ästhetik 12, 15
Augenfliege 21
Azalee 42

B
Bachbunge 84, 89
Bachlauf 20 f., 40, **43 ff.**, 51, 77, 88, **90 ff.**, 154
Bachnelkenwurz 129
Bachstelze 28 f.
Bärenklau 63
Bärentraube 33
Bärlauch **129 f.**
Baldrian **85**
Baumgarten 125
Baumschläfer 33
Baumschlinge 137
Baumwürger 136 f.
Begrünung 135
–, extensive **143**, **145 f.**
–, intensive **143**, **145 f.**
Beifuß, Gemeiner 24
Beinwell 129
Berberitze 30 f., 33, **44**, 47, 118, 120 f., 123, 152
Bergahorn 29
Bergaster **145**
Bergmolch 27
Bergnelkenwurz 115
Bergplatterbse 129
Bergsandglöckchen 115
Berufkraut, Kanadisches 70
Besenginster 25, 112 f., **119**, 121
Besenheide 114
Bibernellrose 115, 121
Bilsenkraut 71
Binse **93**
Birke 28 f., **127**

Blasenstrauch 15, 121
Blatthornkäfer 21
Blattkäfer 20, 23, 25
Blattlaus 22 f., 29
Blattwespe 20, 22, 25
Blaufichte 42
Blaugras 112
Bläuling 13
Blaumeise **28 f.**
Blauregen **44**, 135 ff., 139
Blaustern, Zweiblättriger 129
Blindschleiche 26 f.
Blumenhecke 73
Blumenrasen 20 f., 54, **62 ff.**, 152, 154
Blumenvase 38
Blumenwiese 36, **38 f.**, 41 ff., 46, **55 ff.**, 65, 68, 90, **114**, 149, 151 f.
Blutstorchschnabel 129
Blutweiderich 87, 129
Bockkäfer 20, 22
Bodenuntersuchung 55, 115, 126
Borretsch 73
Böschungsmatte 92
Brachfläche 26, 37, 42
Braunelle 56
Braunwurz 73, 129
Brennessel 24, 74, 130
Brennesseleule **25**
Brombeere 121, 139
Buche **126 ff.**
Buchfink 28 f.
Buckelfliege 20, 23
Buddleia **23**
Buschwindröschen **129 f.**

C
Christrose 112, **115**
Cotoneaster 22, 46

D
Dach 154
Dachbegrünung **147**, 150 f.
Dachgarten 141
Dachwurz **104 f.**, **143**, 145
Deutzie 31
Diptam **73**, 129
Distel 24 f., **28**, 70, 73 f., 129
Distelfink **28**
Dompfaff **28 f.**
Dost, Wilder 25
Duftwicke 137
Dünenheide 109, 111, 113
Dünenstiefmütterchen 113
Düngung 55 f., 60, 63, 81, 92, 139, 146

E
Eberesche 112
Edelweiß 73
Efeu 25, 47, 127, 135 ff.
Ehrenpreis, Persisches 24
Eibe 31, 33, 120, 122
Eiche 23, 28 f., **128 f.**
Eichhörnchen **32**
Eidechse 19, 26 f.
Eisenhut 73
Elsbeere 122
Ente 27
Enzian 60, 113
Erdbeerfingerkraut 129
Erdkröte 19, 26 f.
Erdmaus 33
Erdsegge 145
Erle **44**, 128
Eselsdistel **5**, 58, 68, 70 f., 73
Esparsette 25, **59**, 73

Esparsetten-Bläuling **25**
Essigrose 121
Eßkastanie 23
Exoten 10, **14**, 22 f., 29, 31, 46, 58, 92, 136
Explodiergurke 137

F
Faltenwespe 21
Färberginster 33, 60, 106, 121
Färberkamille **60**, 145
Färberwaid 60, 71
Faulbaum 23, 25, 31, 121
Feldahorn 23, 30
Feldmannstreu 25
Feldrose 120 f.
Feldsperling 29
Felsenbirne 33, 120 f.
Felsenjohannisbeere 33
Felsenmauerpfeffer **102**
Felsennelke 58
Felsgarten 95 f., 100, 106
Felsheide 14, 109, 111 f., **115**
Ferkelkraut 64 f.
Fetthenne **143**
Fettwiese 55, **62 ff.**, 154
Feuchtbiotop 93
Feuchtgebiet 14 f., 26, 37, 40, 79, **84 f.**, 93
Feuchtheide 109, **115**
Feuchtstandort 127
Feuchtwiese 20 f., 43, **62 f.**, 73, **80 f.**, 84, 152, 154
Feuerbohne 137
Feuerdorn 31
Fichte 10, 46, 118 f., 126, 128
Filzrose 121
Fingerkraut 111, 129
Fische 13, 26, 42 f., 92
Flaschenkürbis 137
Flatterbinse 86, **98**
Fleischfliege 20, 22
Fliege 21, 24
Flockenblume, Gemeine 58
Flockenblumenscheckenfalter **24**
Flügelginster 112
Folie 63, **79 f.**, 84 f., 87, 93, 144
Frauenmantel 63
Frauenspiegel 71
Frauenwurmfarn 105
Froschbiß 89
Froschlöffel **93**
Frühlingskrokus 62
Frühlingsplatterbse 129 f.
Fuchs 33

G
Gänseblümchen **62 f.**
Gänsedistel, Rauhe 24
Gänsefingerkraut 62, **104**
Gänsefuß 70
Gartenbaumläufer 29
Gartengrasmücke 29
Gartenrotschwanz 29
Gartenschneeball 14
Geburtshelferkröte 27
Geißblatt 25, **136 f.**, 152
Geißklee, Niederliegender 145
–, Roter **114**
–, Schwarzer 121
Gelbbauchunke 19, 26 f.
Gelbhalsmaus 33
Gelbspötter 29
Gelbstern, Gemeiner 129
Giersch 130
Gilbweiderich 25, 129
Gimpel **28**, 29

Ginster, Behaarter 113
–, Deutscher 25, **111 f.**, 114
–, Englischer 112
–, Schwarzer 33
Girlitz 29
Gleditschie 31
Glockenblume **11**, **38**, 56, **60 f.**, 64, **104**
–, Karparten- 58
–, Nesselblättrige 73, 129, 145
–, Pfirsichblättrige 129
Glockenheide 129
Glockenrebe 135 ff.
Goldrute, Echte 126, 129
–, Kanadische 28
Goldwespe 21
Grabwespe 18, 20
Gras **61**
Grasdach **143**
Grasfrosch 19, 26 f.
Grasmauerpfeffer **102**
Grauschnäpper 29
Greiskraut 70
Gründach 20 f., 43
Grünfink 29
Gundelrebe 129
Günsel, Kriechender 129, 145

H
Haargurke 137
Habichtskraut **60 ff.**, **98**
–, Kleines 105
–, Orangerotes **57**, 74, 105
Hahnenfuß 55, **63**
Hainbuche 120 f., **129**
Hainveilchen 25
Halbtrockenrasen 60 f.
Hänfling 29
Hängebirke 112
Hartriegel, Roter 23, 30 f., 33, **44**, **47**, 120 f.
Haselmaus 33
Haselnuß 23, 31, 33, 121
Haselwurz 129
Haselklee 106
Hauhechel, Dorniger 25, 36, 60, 106
Hausbegrünung 150
Hausrotschwanz **28 f.**
Hauswand 154
Hauswurz 106
Hechtrose 121
Hecke 14, 19 ff., 26, 32, 37, 43, 55, 68, 72, **118 ff.**, **122**, 152 ff.
Heckenbraunelle 29, 120
Heckenkirsche, Blaue 33, 121
–, Rote **23**, 25, 31, 33
–, Schwarze 33
Heide 15, 43, 73, 110, **113**, 153
Heidegarten 73, **109 f.**
Heidekraut 23, 33, 110 f., 114 f.
Heidelbeere 33, 113
Heidenelke 60, **111 f.**
Heimisch 14 f., 22 ff., 46, 136, 153
Heinrich, Guter 70
Herzgespann 73
Heuschrecke 21 f., 65
Himbeere 33
Himmelsleiter 73
Hirschwurzhaarstrang 129
Hohlweg **102**, 151
Hohlzahn, Bunter 58
Holunder 30, **47**, 123
–, Roter 33, 121
–, Schwarzer 22 f., 31, 33, 118, 121

Holzapfel 33
Holzpflasterweg 36
Holzweg 20 f., 43
Honigbiene 22
Honiggras, Wolliges 25, 58
Hopfen, Gemeiner 25, 127, 135 ff.
Hopfenklee 63
Hornblatt, Rauhes 89
Hornklee 25, 64
–, Gemeiner 25
Hortensie 136
Hufeisen-Azurjungfer **21**
Hufeisenklee 25, 145
Huflattich 24
Hummel 21, 73
Hummelfliege 21
Humus 154
Humushügel 20 f., 43, 70, 75
Hundertfüßler 21
Hundsrose **30**, 121, 123
Hundszunge 71

I
Igel **32**, 120
Igelkolben **85**, 86
Immenblatt 129
Immergrün 129
Industriebrache 37
Insekten 10, **15**, 18, **22 ff.**, 28, **31**, 73, 92, 119 f.

J
Jakobskreuzkraut 24
Jelängerjelieber 127, 135 f., 152
Johannisbeere 30 f., 33

K
Käfer **21**, 23 f., 120
Kalkstabilisierung 83
Kalmus 14, 86
Kamille **39**, 58, 70
Kamille, Strahlenlose 62
Kammolch 27
Kanariengras 58
Kapillarsperre 81, 85, 92 f.
Kapuzinerkresse 137, **138**
Karde, Wilde **13**, **19**, 36, **50**, 58, 68, 73 f., 106
Karpatenglockenblume 58
Karthäusernelke 56, 64, **101 f.**, **145**
Kastanie 23
Katze 27, 119
Katzenkopfpflaster 32, 95, 103, 151
Katzenpfötchen 112, 145
Kautschukfolie 80, 144, 151
Kiefer 128
Kiesfläche **11**, 20 f., 43, 95, 154
Kieshaufen 20 f., 43, 98, 154
Kiesweg 43
Kiwi 137, 139
Klappertopf **55**, **59**
Klatschmohn **5**, 24, **39**, 58, **70 f.**, **98**, 152
Klee 58, **61**, 63
Kleiber 29, 120
Kletterbrombeere 136 f.
Kletterhortensie 137, 139
Kletterpflanze 20 f., 43
Kletterpflanzengarten 153
Kletterrose **47**, 136 f.
Klettergeißblatt 136 f.
Knäuelgras 25
Knoblauchhederich 69
Knöterich 47, 135, 137

Kohlkratzdistel 28, 129
Kohlmeise 28 ff.
Kokkelstrauch 137
Kompaßlattich 70
Kompost 26, **47**, 57, 89
Königsfarn 113
Königskerze 24 f., **50**, 58, 73, **98**
Kopflauch 145
Kopfsteinpflaster **50**, **103**
Korbweide 121
Kornblume **39**, 58, 71, 73
Kornelkirsche 31, **33**, 121 f.
Kornrade **39**, 69, 71, 73 ff.
Krähenbeere 33, 113
Kratzbeere 33
Kratzdistel, Echte 24
–, Gemeine 28
Kreuzdorn 23, 25, 31, 33, 121, 123
Kreuzkröte 27
Kriechtier 21, 26 f., 92
Kriechweide 113
Krokus, Weißer 62
Kronwicke, Bunte 25, **106**
Küchenschelle, Echte **102**
Kuckuckslichtnelke 25
Kugelblume, Gemeine **102**
Kümmel 63
Kunstrasen 54, 56
Kürbis 136
Kurzflügler 20

L
Labkraut, Echtes 25, **98**
Laichkraut, Gefärbtes 89
–, Schwimmendes 89
Landwanze 20
Langbeinfliege 20
Latschen 112
Laubfrosch **18 f.**, 26 f.
Laufkäfer 18, 20
Leberblümchen 126, **129 f.**
Lehm 79, 82
Lehmteich 79, **82**
Leimkraut **60**
Lein 71
Leinkraut, Gemeines **21**
Lerchensporn, Hohler **129**
Libelle 18, 20, **79**
Liguster 23, 25, 31, 33, 120 ff.
Lokalrassen 15
Löwenzahn 28, **55 f.**, 74
Lungenenzian 113
Lungenkraut 129
Lurche 10, 12, 18 f., 21, 26, 79, 92

M
Mädesüß 28 f., **85**, 87, 129
Magerrasen 14, 20 f., 55, **60 f.**, 153 f.
Magerwiese 55, 59, 64, 150, 152
Mähen 13, **56 f.**, 59, 61 ff., **64**, 65, 75, 146
Mahonie 22
Maiglöckchen 130
Malve 73
Mannsblut 121
Mannstreu 73
Margerite 58, 64
Marienkäfer 20, 22
Märzenbecher 129 f.
Mauereidechse 27
Mauerpfeffer 24 f., 62, **104 ff.**, **143 ff.**
Mauerraute 105

167

Register

Mauerschutt 20 f., 43
Mäusegerste 70
Mauswiesel 120
Meersenf 58
Mehlbeere 122
Melde 25, 58, 70
Merk, Großer 89
Milzkraut 129
Mischbegrünung 136
Mispel 33
Mistel 33
Mohnblüte **152**
Möhre, Wilde 25, **50**, 75, **101**, **104**, **106**
Mönchsgrasmücke 29
Moos 145
Moosbeere 33
Mosaikjungfer **79**
Moschusmalve 25, 73, 145
Mücke 21, 92
Mulchweg 32
Mutterboden 154

N
Nachtigall 23, 29, **31**, 120
Nachtkerze 71, 74, **104**, 106
Nachtnelke, Rote 129
Nachtschatten, Bittersüßer **136 f.**
–, Schwarzer 24
Natternkopf **50**, 60, 70 f., 73, **144 f.**
Naturerlebnis 12
Naturrasen 43, 154
Naturschutz 13, 15, 18 f., 37, 88
Naturteich 20 **f.**, 26, **28**, 32, 38 f., 41 ff., 51, 68, 77, 79, **80 f.**, 85 f., 90, **92 f.**, 99, 102 f., 120, 150, 154
Naturwiese 26, 28 f., 32, 45
Nelkenwurz, Echte 129
Netzflügler 18, 20, 23
Nieswurz, Stinkende 129 f.

O
Obstbaum 20 f., **43 f.**, 55, 152
Ochsenauge **57**, **101**, 145
Ochsenzunge 25, 73
Ohrweide 121
Ökobilanz 11, 28, 80
Ökosystem 14, 91, 131
Osterluzei, Gemeine 25

P
Pappel 28
Passionsblume 137
Pergola 154
Pestwurz, Weiße 129
Pfaffenhütchen 25, **31**, 33, 119, 121
Pfeifengras 113, 129
Pfeifenwinde 136 f.
Pfeilkraut **85**, 89
Pfennigkraut 145
Pflaumenduftiris 145
Pionierart 70 f., 99, 106, 127
Pionierstandort 43, 69, **70 f.**, 151
Polyethylen 80, 144

Polyvinylchlorid 81, 144
Prachtnelke **93**, **98**, **104**
Preißelbeere 33
Prunkwinde 135, **136**

Q
Quelle **44**, **51**, **90 f.**

R
Rainfarn **11**, 70
Rankenplatterbse 71
Rasen 28, 41 f., 54, 57, 60, 62, 81
Rasenweg **65**, 152
Raubfliege 21
Rauke 70
Raupenfliege 18, 20, 22
Rauschbeere 33
Regenrinne 84, 86, **87**, 88
Reiherschnabel 145
Resede 25
Rhododendron 10, 13 f., 42, 118 f.
Riesling 135
Rindenmulchweg 20 f., 43
Ringelblume 73
Ringelnatter 19, **26 f.**
Rispengras, Einjähriges 24 f.
Robinie 23, **47**, 128
Rohrkolben 19, 81, **85 f.**, **93**
–, Breitblättriger 86
–, Schmalblättriger 89
Rose, Rauhblättrige 121
–, Rotblättrige **22**
Rosenmalve 68
Rosmarinheide 113, **115**
Rotbuche 127
Rotdorn **14 f.**
Rotkehlchen 10, 28 f., **31**, 120
Rotklee 63
Ruprechtsstorchschnabel 69, 129
Rüsselkäfer 20, 22

S
Salbeigamander 129
Salomonsiegel **129 f.**
Salweide 22 f., 25, 121
Sanddorn 30 f., 33, **47**, 121, 123
Sandfläche 20 f., 43, 154
Sandginster 145
Sandhaufen 20 f., 43, 95, 98, 106, 151, 154
Sandweg 43
Sanikel 129
Säugetiere 10, 20, 32
Schachbrettblume **62**, 73
Schafgarbe **38**, **61 f.**, 84
Schafschwingel 25, **104**, 145
Scharbockskraut 129
Scheidengelbstern 129
Scheinblüte 12
Scheinrebe 137
Schildlaus 23
Schilf 86 f.
Schirmhabichtskraut 129
Schlangenknöterich 24
Schlehe **22 f.**, 25, 31, 33, **47**, 120 f., 123

Schlupfwespe 18, 20, 23, 120
Schlüsselblume, Duftende 25
–, Echte 129
–, Hohe 129
Schmetterling 18 ff., 22 ff., 41, 73
Schnake 21, **28**
Schnecke 20
Schneeball, Gemeiner 12, 23, 30 ff., **120 f.**
–, Wolliger 12, 22 f., 30 f., 33, 118, 120 ff.
Schneeglöckchen 62, 130
Schneeheide **110 ff.**, **114 f.**
Schnellkäfer 21
Schnepfenfliege 21
Schöllkraut 69
Schönranke 137
Schurrasen **57**, 60
Schutt 26, 37, 75, 154
Schutthaufen 24, 69, 71, 151
Schuttpflanze 71
Schwalbenwurz 129
Schwanenblume 86, **93**
Schwarzäugige Susanne 137
Schwarzschwertlilie 129
Schwebfliege 20, 22, 25
Seekanne **79**, 89
Seerose 81, 89
Segge **93**
Seidelbast, Gemeiner 33, 121
–, Gestreifter 112
Seifenkraut 73
Siebenstern, Europäischer 129
Silbergras 113
Silberwurz 112, 145
Singdrossel 28 f.
Sitzplatz **38**, 40, **47**, 87, 100, 102, 106, 119, 150 f.
Skabiose 73
Skabiosenflockenblume 25, 64, 73
Sonnenblume 58
Sonnenröschen **102**, 145
Spaltkörbchen 137
Spinne **15**, 20 f., 23, 65
Spinnwebenhauswurz **102**
Spitzmaus 32
Spitzwegerich 25
Springfrosch 27
Springkraut, Drüsiges **14 f.**, 58
Springschwanz 20
Stachelbeere, Wilde 31, 33
Star 29
Stechapfel 71
Stechginster 25, 112
Stechpalme 33, **122 f.**
Steinbeet 97
Steinbrech **102**, 105 f.
Steingarten **50**, **95 ff.**, 100, 106
Steinhaufen 20 f., 26, **32**, 43, 47, 68, 106, 152, 154
Steinklee, Weißer 25
Steinmarder **19**, 32 f.
Steinpflaster 43
Steintreppe 95
Steinweg 20 f., 43
Steinweichsel 121
Sterndolde, Große 129
Sternmiere, Große 129
Sternwinde 137
Stiefmütterchen, Wildes 24, 63

Stieglitz **28 f.**
Stilettfliege 21
Stranddistel 113
Strauchkronwicke 119, 121
Straußgilbweiderich 89, **93**
Straußgras, Rotes 25, 113
Streifenfarn, Braunstieliger 105
Sumpfbaldrian 129
Sumpfbecken 87
Sumpfbeet 85, **79**, **84 f.**, 92
Sumpfdotterblume 87, **93**, 129
Sumpffarn 113
Sumpffingerkraut 129
Sumpfgraben 20 f., 32, 36, 40, 43, 46, 77, 79, **86 ff.**, 90, 151, 154
Sumpfkratzdistel 129
Sumpfkresse, Zweischneidige 89
Sumpflabkraut 129
Sumpfpippau 129
Sumpfschafgabe 84
Sumpfschwertlilie 85, 84, 86
Sumpfstorchschnabel **127**
Sumpfvergißmeinnicht 24

T
Tannenwedel 89, **93**
Taubenkropfleimkraut 25, **59**, 73
Taubenskabiose **102**
Taubnessel, Gefleckte 129
Tausendfüßler 21
Teich 68 f., 82
Teichbinse **83**, 86, 89
Teichfrosch 27
Teichmolch 19, **26 f.**
Teichmummel 89
Teichrose, Kleine 89
Teufelsabbiß 25
Thuja 10, 43, 46, 75, 118
Thymian 13, **104**, 111, 145
Ton 87
Tonpulver 82
Tonteich 82
Tonziegel 82
Totholz 20 f., 32, 39, 43, 69, 81, 120, 130, 152
Traubenholunder 31
Traubenkirsche 31, 33, **44**, **47**, 121 f.
Treppe 45, **47**, 58, 72, **104 ff.**, 128, 151 f.
Trichterwinde 135, 137
Trockenmauer 15, 19 ff., 26, 32, 36, 40, **43 ff.**, 69, 72, **80 f.**, 95 ff., **99 ff.**, **105** f., 119 f., 149, **151 f.**, 154
Trockenrasen 55, 60 f., 64, **145 ff.**, 154
Trockenstandort 15, 21, 32, 36, **50**, 38, 44, 51, **80 f.**, **97 f.**, **105 f.**, 107, 127, 145, 147, 150
Trockenwiese 20 f., 43 f., **60**, 73, 81, 154
Trollblume **127**
Trompetenblume **136 f.**
Tüpfeljohanniskraut 58
Türkenbundlilie **129**

U
Umwelterziehung 12, 38

V
Veilchen, Rauhes 129
Vögel 10, 18, 20, 28, 30, 59, 73, 119, 123
Vogelbeere 25, 28, **30 f.**, 121 f.
Vogelkirsche 25, 121 f.
Vogelknöterich 24, 62
Vogelwicke 25

W
Wacholder 31, 33, **47**, **111 f.**
Wacholderheide 109 ff., **113 f.**
Waffenfliege 21
Waldehrenpreis 129
Waldeidechse 27
Waldgarten 125
Waldgeißblatt 25, **136 f.**, 152
Waldgilbweiderich 129
Waldhabichtskraut 129
Waldhasel 23, 31, 33, 121
Waldhimbeere 31
Waldlabkraut 129
Waldmaus **33**
Waldmeister 129
Waldrand 14
Waldrebe 47, 127, 135 f., **153**
Waldschwebfliege **19**
Waldveilchen 27
Waldziest 129
Wanze 18, 22 ff.
Wasserbecken **47**
Wasserfeder **89**
Wasserfenchel 89
Wasserfrosch 27
Wassergarten 50, 77, 86, 89, 92
Wassergraben 20 f., 26, **47**, 77, 79, **88**, 90, 92, 154
Wasserhahnenfuß 89
Wasserkäfer 20
Wasserlinse, Dreifurchige 89
Wasserminze 12
Wassernuß 89
Wasserpest 89
Wasserschierling 89
Wasserschwaden 84, 86 f.
Wasserwanze 21
Weg 19, 26, 32, 36, 43 **f.**, **47**, **50**, 58, 69, 73, 87, 95, 97 **f.**, 100, 102 f., 106, 111, 119, 128, 149, 151 f., 154
Wegerich 62
Wegrain 26
Wegwarte 73
Wegwespe 21
Weichselkirsche 33
Weide 28 f., 31, 33, 123, 128
Weidenröschen, Schmalblättriges 25
Weigelie 31
Wein, Echter 137
–, Fünfblättriger 139
–, Wilder 47, 135 ff.
Weinrose 121
Weißdorn 22 f., 31, 33, **119 f.**, 121 f.
Weißwurz, Vielblütige 129

Wespenspinne **21**
Wicke, Rauhhaarige 24
Wiese 11, 19, **21**, **32**, **55**, 63, 68, 73, 152
Wiesenbocksbart **25**, 56, **59**, 73
Wiesenflockenblume 73
Wiesenkerbel 63
Wiesenknopf 56, 58
Wiesenlabkraut 98
Wiesenmargerite 56, 63
Wiesensalbei **57 ff.**, 73
Wiesenschaumkraut 25, 129
Wiesenstorchschnabel 63
Wiesenveilchen 62
Wiesenwachtelweizen 112
Wildapfel 33, 120 ff.
Wildbiene 18, **20 f.**, 25
Wildbirne 33, 120 ff.
Wildblumenhecke **75 ff.**
Wildbrombeere 23, 31
Wildjohannisbeere 23
Wildrose **22 f.**, 31, 33, **44 f.**, 47, 51, 152
Wildstaudenbeet 19 ff., 29, **32**, 38 f., 43, 55, 68, **69**, 72, 74 f., 100, 110, **151 f.**, 153
Wildstrauch 15, 19, 22, 32 f., 42, 44, 50, 72 **f.**, 75, 90, 88, 117 **f.**, **120**, 152, 154
Wildsträuchergarten 50, 117
Wildstrauchhecke 29
Windröschen, Gelbes 27
Winterjasmin 136 f., **139**
Witwenblume 72
Wolfsmilch, Mandelblättrige 129
Wolldistel 70, 73
Wollgras, Scheidiges 113, 129
Wucherblume **60**
Wundklee 25
Wurmfarn 105

Z
Zaun 154
Zauneidechse 26 f.
Zaungrasmücke 29
Zaunkönig 29, 120
Zaunrübe 136 f.
Zaunwinde 136 f.
Zehrwespe 18, 20, 25
Zeisig 28 f.
Ziegelsteinhaufen 47
Zierkürbis 135, 137
Ziest 73
Zikade 20, 23
Zilpzalp 29
Zimbelkraut **14**
Zimtrose 119 ff.
Zitterpappel 25
Zuchtform **15**, 22, 51, 119
Zuchtwaldrebe 137
Zungenhahnenfuß **83**, 86, 89
Zwergglockenblume **101**
Zwergigelkolben 89
Zwergmandel **144 f.**, **147**
Zwergmehlbeere 112
Zwergmispel 33
Zwergseerose 89
Zwergwacholder 112
Zypressenwolfsmilch 25, 145